JN409767

여성 리더십의 공간과 철학

윤 혜 린 지음

여성 리더십의 공간과 철학

윤 혜 린 지음

철학과현실사

이 땅의 어머니, 그리고 어머니의 어머니
이분들의 분투와 용기를 날마다 기억하며 힘을 얻는
여성주의자 딸들에게 이 책을 바칩니다.

책을 펴내며

공간적 리더십을 구현하는 여성

리더십 광풍과 안개 사이에서 길을 찾아서

모든 사회조직이 '리더십'을 입에 달고 산다. 기업도 학교도 군대도 교단도 미래를 이끌어 갈 전문 인력을 양성한다는 공통의 기치 아래 리더십 교육에 박차를 가하고 있다. 사정이 이렇다 보니, 아이 어른 할 것 없이, 여성 남성 할 것 없이, 나이와 관계없이, 직책과 관계없이 리더십 훈련을 요청받고 있다.

우리를 흔들어 놓고 있는 이 바람의 근원이 무엇이고 정체가 무엇인가? 혹자는 지구적인 신자유주의가 우리 각자에게 자기 개발의 미명하에 사회적 책임을 전가하고 있다고 한다. 사회의 안전판이 느슨해지고 있는 사이에 무한 경쟁의 사회에서 살아남기 위해서는 학교 졸업장이나 기존의 직업 인증 갖고는 안 되고 지속적으로 자기의 미래에 투자해야 한다면서 모든 것을 개인의 책임으로 만들고 있다는 것이다. 이런 맥락에서 요청되고 훈련받은 리더십은 경쟁에서 이기기 위한 수단적 가치, 일에서 성공하기 위한 절대 명령을 벗어나기 어렵다. 우리 각자가 자신의 삶을 풍요롭고 행복하게 만들어 줄 비법을 찾고 있지만 그러한 수단적 가치를 많이 갖는다고 해서 그 목표가 이루어질 것인가? 리더십 노하우에서 벗어나 왜 리더십인가, 어떤 리더십인가, 누구와 함께 하는 리더십인가, 무엇을 지향하는가 등을 함께 물어야 할 때다.

여성의 경우 성차별과 편견 등 명시적이고 암묵적인 여러 장애를 딛고 직장에서 직업에서 가정에서 스스로를 성취해 왔기 때문에 분명 사회적으로 리더십이 검증된 것이다. 그동안 여성에게 실력을 발휘할 기회가 주어지지 않았을 뿐 이젠 어떤 자리에서든 훌륭한 리더로서 역할을 할 수 있다는 것을 보여주었다. '남자 못지않다'는 말이 여성에 대한 최대의 찬사였던 것에서 이제는 '여자들이 더 잘하지 않을까'라는 기대감과 여자들에게 추월당하지 않나 하는 남자들의 우려가 한데 섞인 반응들을 접하게 되었다. 우리 사회의 여성 금지 구역들은 거의 없어진 반면, 여풍이니, 알파 걸의 등장이니 하는 신조어가 익숙한 상태가 되었다.

(후남이 세대와 달리) 가정에서 딸로서 별 차별 없이 자랐거나 혹은 오히려 더 기대 받고 격려 받았거나, 학교에서도 양성 평등에 대한 사회화를 잘 이루고, 직장에서도 자신의 실력으로 당당히 리더의 반열에 오르는 등 개인적으로 성공적인 삶을 살고 있는 여성들이 많아졌다. 사방으로 눈을 돌리면 괄목할 만한 다른 여성의 성공 케이스들이 넘쳐 나는 지금 무엇이 더 문제란 말인가라고 반문을 하는 경우들도 본다. 모순과 적이 분명하면 투쟁은 쉽다. 하지만 사회가 여성 리더가 일정 수를 채우는 것을 어느 정도 받아들일 때, 즉 여성의 대표성을 인정하면서 여성의 목소

리를 반영하려고 노력할 때는 그 다음 지향이 어떠해야 하는지 흐릿해진다.

사실 이러한 성과는 양성 평등에 대한 사회적 합의를 도출하기 위한 선배 여성 리더들의 불꽃 투혼과 뱀 같은 지혜와 소걸음으로 걸어온 노고가 삼중주를 이루어 내었기 때문에 가능했다. 지금의 젊은 여성들은 이들의 어깨 위에서 새 세상을 보고 있다는 것을 잊어서는 안 된다는 뜻이다. 그러나 우리가 차세대에게는 또 어떤 세상을 위한 디딤돌 역할을 해야 하는 것일까? 여성들의 리더십 릴레이가 어떻게 이어져야 하는가?

리더십 광풍과 여성 리더십의 안개를 뚫고 나가기 위한 나의 작은 제안은 여성주의 리더십이다. 여성주의 리더십은 리더십 스킬이 아닌 가치적 차원의 메타 리더십이다. 훌륭한 여성 리더들이 발휘하는 리더십 안에 공통으로 담겨 있는 내용을 추출한 것이라기보다는 여성주의적 가치 지향 안에서 여성들이 사회 변화를 집단적으로 이끌어 내는 힘을 말한다. 구체적으로 여성주의 리더십은 가부장적 내지 유사가부장적 체제로부터 좀 더 평등하고 평화적이며 상호 보살핌의 사회를 지향하는 방향성을 지닌다. 이를 리더십 유형으로 굳이 분류하자면, 리더 개개인의 액션을 바꾸는(transactional) 리더십이 아닌, 모든 사회적 공간들의 포메이션을 바꾸는(transformational) 리더십, 즉 우리 사회의 가치관과 규칙을 통째로 환골탈태시키는 리더십에 속한다.

모든 리더십은 조직에 기반하지만, 여성주의 리더십 조직은 정당이나 전선으로 가시화되지 않는다는 점에서 보면 조직적 리더십이라고 하기는 어렵다. 그렇지만 조직은 무형인데 내용적 실체는 있어야 하는 부담을 갖는 리더십이다. 우리 사회의 각급 조직,

집단, 공동체는 발전적으로 여성주의화할 수 있는 잠재적 현장이고 그곳에서 여성주의 가치가 실현될 수 있게끔 조직 원리와 의사결정구조, 직급 체계 등을 재구성할 수 있다.

동시에 여성주의 리더십은 확산적이고 과정적인 속성을 갖는다. 우리 사회를 여성주의적으로 변혁시키는 데서 사회적 약자로서 여성의 권익 증진이 대대적으로 필요한 시기에 그러한 활동은 분명 여성주의적인 것이다. 여성뿐만 아니라 빈민, 장애인, 이주노동자, 10대 여성, 성적 소수자, 소비자 등 우리 사회에서 온전한 시민권을 보장받지 못하는 집단에 대한 지원 활동 또한 여성주의적인 것이다. 환경과 평화 등의 생명 가치를 주창하는 활동 역시 여성주의적인 것이다.

여성주의 리더십은 무한 경쟁의 승자 독식의 사회, 자원 독과점의 위계 사회를 변혁시키려면 약자에 대해 힘을 북돋아서 그들이 스스로의 힘으로 사회를 평평하게 만들 수 있게 돕는 역할을 한다. 그래서 여성주의자는 평화를 지향하고 경쟁을 지양하지만 투쟁을 하고 목적적 가치의 경쟁을 벌인다. ‘여성계’나 ‘여성부’는 마치 여성주의자의 일이 우리 사회의 한 부문 활동에 속하는 것처럼 오해하게 하지만 사실 여성주의 가치를 전면화시키는 것이 핵심이다.

세계적인 리더십 학자인 워렌 베니스의 말처럼, 매니저는 일을 제대로 하는 사람이고 리더는 ‘제대로 된 일’을 하는 사람이라면, 리더는 자신이 어떤 가치를 지향하고 어떤 비전을 갖고 그리하여 스스로는 어떤 사명을 맡아야 하는지를 아는 사람이다. 이 점에서 여성주의 리더는, 리더십이 단지 나의 성공 수단도 아니고 팔로워(follower)가 내 파워를 지탱해 줄 수단적 자원도 아니며 내

선배 리더는 나를 출세시키는 사다리가 아니라는 점을 확인해야 한다.

여성 이슈와 리더십 역량의 관계에 주목하여 최근 흐름을 되돌아볼 필요가 있다. 몇 년 전(2005년) 우리 사회 가부장제 유지의 주요 기제였던 호주제가 법적 효력을 상실하게 된 것은 여성의 집단적 리더십을 보여준 사건이었다. 가족 내 당당한 구성원이자 주체가 되고자 했던 여성들의 오랜 숙원을 사회적 합의 도출을 통해 철폐하기로 한 것이다. 이를 두고 혹자는 마땅히 없어져야 할 반(反)여성적 제도가 역사의 뒤편으로 사라지는 당연한 일이 진행되고 있을 뿐이어서 별 감흥이 없다고 하는 반면, 여성운동의 실천과 투쟁 그리고 그 과정에서 리더들의 헌신과 비전의 몫이 중요했다고 보는 시각에서는 또 다른 평가를 내리고 있다. 문제를 제기하고 사회적으로 공론화하고 변화를 지지하는 수를 확보하려는 노력 없이 시간이 저절로 문제를 해결해 주리라는 안이한 기대를 할 수 없기 때문이다. 현실의 여건에 굴하지 않고 한 걸음 앞서 나갔던 선배들의 용기와 통찰력에 대한 평가 없이 뒤따라 무임승차하는 일이 없는지 자성하게 된다. 더 근본적으로는 여성 억압의 상징들을 하나하나 해체하는 작업의 성과에 머물지 말고 큰 그림을 그려야 할 때라는 요구도 제기된다.

21세기가 여성의 시대, 혹은 여성 리더십이 부각되는 시대라는 담론에 대해서도 마찬가지 기대와 경계심이 혼재한다. 여성은 감성적이고 보살핌 능력이 본래 탁월하다는 식으로 말하면서 역사적으로 구성되어 온 성역할의 이분법을 여전히 유지하고자 하는 견해들이 있다. 이들은 직장이든 가정이든 여전히 여성에게 제한적 역할을 부여하면서도 여성의 사회 참여에 대해서는 막연하게 시대정신이라고 강조하는 모호성을 드러내기 일쑤다. 여성의 직업 진출을 경제 발전의 양적 도구로만 삼고자 하는 정책적 방향에 대해서는 여성에 대한 환대가 일시적이거나 제한적일 수도 있음에 대한 경계심도 필요하다. 각종 조직의 의사결정구조 안에까지 진입하지 못한 채 하위 직군에 대량 포진해 있는 여성 리더십의 현주소에 대해 문제의식을 가져야 한다.

사회활동의 진입에서 여성에 대한 배제나 공사 영역의 엄격한 분리 속에 사적 영역에 대한 여성의 일방적 배치 등이 가부장제하 공간 정치학의 내용이라면, 여성주의적 지향점은 공간 안에서 치열하게 표출될 수밖에 없다. 각종 공간의 여성주의화는 실제적이며 새로운 프로젝트다. 현실의 문제점을 극복하는 이상적 가치는 이러한 대안적 공간 창출과 결부되어 나타난다.

여성이 각종 사회적 공간에 진입하는 것에 만족하지 않고 경력을 개발하고 네트워킹을 통해 파워를 창출하기 원한다면 그것 자체로 기존 가부장제적 직장문화와 갈등 관계를 만들어 낼 수 있다. 여성 리더는 이 점을 회피하거나 애써 무시하기보다는 발전적으로 적극적으로 해석하는 것이 필요하다. 그러나 그 대응의 방식이 개인적이거나 단기간이어서는 성과를 내기 어렵다. 집단 내의 조직적 비협조나 여성 상사에 대한 비가시적 저항 등에 직면했을 때, 보이지 않는 유리천장과 유리벽에 막혔을 때, 유연하고 장기적인 협상 전략이 필요하다.

실제로 사회적 생존을 위해서 여성성을 강조하거나 자신을 중성적 인물로 부각시키거나, 남성 후원자들과의 연결망을 강화하는 전략은 성공한 여성들 안에서 적지 않게 발견된다. 하지만 이는 성평등에 대한 관념과 현실 변화 사이의 문화적 지연 혹은 지체의 현상을 보여줄 뿐 여성주의 리더 재생산의 관점에서는 매우 제한적이다. 특히 여성 리더 개개인의 능력에 따른 성공을 넘어서서 차세대 여성 리더에게 발판이 되어 줄 역할을 등한시하는 방어적 리더십이 되기 쉽다.

큰 구도에서 보면 지구적 환경 변화는 성평등 지수가 높은 다른 사회의 면모들을 통해 한국 여성의 리더십 발휘에 매우 유리한 환경을 제공하면서 동시에 리더십이 질적으로 비약할 수 있는 새로운 기회를 조성하고 있다. 하지만 그와 동시에 리더가 되고자 하는 여성 개개인은 한국사회 내의 각종 압력에서 자유로울 수 없다는 점이 현실적 제약이라고 볼 때 그 부담을 자신의 세대 내에서 끝내려고 하는 것이 아니라 리더십 릴레이의 관점에서 여유 있게 해소할 수 있는 장기 전망을 확보하는 길을 찾아야 할 것이다. 다음은 여성이 여러 차원에서 공간적 리더십을 실현하게 될 때 대면하는 국면들이다.

첫째, 소위 성평등의 주류화(mainstreaming) 정책을 실시함으로써 전 지구적 차원에서 여성 집단의 지위와 권한을 증진하려는 국제사회의 글로벌 스탠더드를 활용하는 국면이다. 국제사회의 긍정적 압력이 가해지고 각 사회의 여성 지위가 공개적으로 비교되며 국가경쟁력을 제고하려는 한국사회의 전망과 맞물리면서 개선의 추동력이 확보되는 효과를 낳고 있다. 이는 우리 사회의 가부장제적 제도와 관행을 극복하고 성평등을 주류화하는 구체적 정책, 입법의 실현 계기로 작용한다.

둘째, 여성이 가정이나 섹슈얼리티 등 관계적 영역에서 적극적인 행위의 주체가 되어 친밀성의 구조 변동을 가져오고 지나친 가족중심주의로부터 벗어나 사회적 존재로 자신을 확장하는 국면이다. 성적 자기결정권을 포함하여 다양한 가족 구성 모형에 대한 상상력을 발휘하면서 삶의 방식에 대한 총체적 자기 선택을 높이는 일이 표면 위로 부상한다. 이러한 과정에서 궁극적으로 여성이 사적 영역의 주체이고 남성이 공적 영역의 주체라는 공간적 이분법이 폐지된다.

셋째, 여성의 사회 진출을 통해 여성 리더의 양을 확보하는 차원을 넘어서서 리더십의 내용적 발전을 도모하는 국면이다. 성별화된 여성 특유의 리더십 개념은 그 자체로 한계적이다. 일반적으로 여성 리더가 남성 리더와 변별성을 갖는 지점을 다시 해석해 보면 여성적 특성과 남성적 특성이 이분법적으로 분류되고 고착화되는데, 남성 중심적 조직문화의 해체와 리더십의 구성 요소 자체를 재구성하고 변화시킬 수 있는 적극적 대안 마련이 중요하다. 기존 공간의 질서마저 해체할 때 여성주의의 역량은 극대화된다.

넷째, 각종 공간에서 위상을 확립한 여성 리더들이 지역 활동가로서뿐만 아니라 다시 국제무대로 진출하여 서로 네트워크를 이룸으로써 지구 공간의 생활양식 자체를 여성주의화하는 데 기여하는 국면이다. 이는 여성주의 리더십에 참여하고 이를 내용적으로 발휘할 수 있는 인적 구성에 지구적 시민의식과 성 인지적 관점(gender cognitive perspective: 여성과 남성이 역사적으로 사회적으로 상이한 위치에 있기에 이를 개선하고 변화시키려는 실천적 지향성이 필요하다는 입장)을 가지면서 시대 변화에 민감하게 대응하는 남성 여성주의자도 또한 포함할 수 있음을 의미한다.

따라서 시대 발전에 호흡할 수 있는 참여적 리더십의 확보를 위한 여성주의 의식의 철학적 기초들을 다져 나가면서, 여성 전문인력의 개발 및 활용과 양성에도 주력할 때 사회적 여건의 변화와 여성의 역량 성숙 면에서 상호적인 발전이 담보될 수 있을 것이다. 이를 위해 21세기 여성주의 리더십의 철학과 전망을 정립하고 다양한 현장, 사회적 공간들에서 성장한 여성주의 리더들의 경험을 이론화하는 등의 학문적 연구가 필요하다. 이는 역으로 새로운 지도자의 역할 모형들이 생산되어 사회 안으로 파급되고, 그 실천들을 증폭시킬 수 있을 것이다. 지구화 안에서 사회적 공간들의 다변화는 지구적으로 소통하고 지역에서 실천하는 여성주의 지도자를 육성하는 계기로 작용한다.

필자가 여성주의 리더십에 관심을 갖게 된 것은 2003년 이화리더십개발원의 여성 리더십 연구 프로젝트에 결합하면서부터다. 신인령 전총장님과 조형 선생님은 우리 사회의 여성 활동가들에게 일종의 교육 복지 서비스를 제공하고자 하는 목적에서 '이화리더십개발원'이라는 공간을 만들어 내었다. 구체적으로 공공 영역, 기업, NPO 섹터, 정치무대의 여성 기간 활동가들에게 이론적이면서 동시에 실천적인 리더십 콘텐츠를 제공하려고 하였다. 이들에 대한 교육적 임파워먼트는 곧 한국사회를 변화시킬 인적 토대를 만들고자 하는 장기적 관점에서 행해졌다. 즉 단지 시대의 흐름에 편승하여 경영 마인드에 의한 이익 추구 수단에 국한된 의미는 아니며, 더더구나 리더 개개인의 성공만을 지원하는 짧은 호흡의 교육 과정은 아니라는 것이다. 그러한 믿음과 정신을 공유하면서 필자를 포함한 연구진들은 여성 리더십을 본격적으로 여성주의 리더십으로 질적 변화시키기 위해 필요한 이론적 구조를 모색하였다. 이상화 선생님과 장필화 선생님의 지도하에 작지만 소중한 결실이 『여성주의 가치와 모성 리더십』(조형 편, 정대현, 윤혜린, 양민석, 김영옥, 정지영 공저, 2005), 『여성주의 시티

즌십의 모색』(조형, 윤혜린, 양민석, 양난주, 최진, 이은희 공저, 2007), 『여성주의 리더십 새로운 길 찾기』(윤혜린, 김영옥, 양민석, 조형, 정지영 공저, 2007)의 출판으로 나타났다.

이러한 이론화 작업과 병행하여 필자는 NPO 섹터의 여성주의 리더십 강의를 통해 많은 열정적인 활동가들을 만났다. 이들은 리더의 자리에 대한 무거운 책임감과 함께 개인과 조직이 좀 더 발전적인 경로를 밟기 위한 리더십 교육을 요청했다. 이들의 진지한 문제의식을 토대로 우리는 어려움과 성취감을 서로 공유하고 소통함으로써 한 발 한 발 여성주의 리더십의 진정성과 가치에 다가가고 있다. 그리고 자신의 현장에서 실현할 수 있는 방법에 대한 궁리를 통해 대안을 함께 모색해 가고 있는 중이라고 믿는다. 조형 전원장님에서 시작된 바통을 이어받은 최선열 전원장님, 함인희 원장님, 강민아 부원장님의 리더십 릴레이가 현재 이어지고 있고, 이은희 선생님, 명진숙 선생님, 최진 선생님, 김보연 선생님 등이 보여준 훌륭한 조직력 덕분에 리더십 교육의 장이 질적으로 변모하고 있음을 확신한다.

많은 사람들이 리더십 교육과 함양을 개인적 성공을 위한 수단적 가치로 인식할 때, 필자는 진정한 리더십이란 그 자체로 추구해 볼 만한 목적적 가치를 갖는다고 보는 점에서 차별적 관점에 서 있다. 리더로서의 성장 과정은 자신의 잠재력을 온전히 실현해 내는 것이며, 그리고 그러한 개인들이 결합하여 사회가 여성주의적 공간으로 환골탈태할 것임을 의심하지 않는다.

2009년 2월

윤 혜 린

차 례

제 1 장

모성 리더십에 관한 대화

지금 시대는 여성이라고 해서 꼭 자녀의 출산 및 양육과 결부된 역할을 강요받지는 않는다. 자녀와의 관계에서도 우리는 몸으로 낳을 수도 있고 마음으로 낳을 수도 있는 식으로 다양한 경로를 밟는다. 그리하여 내가 딸/아들을 낳거나 기르지 않을 수 있지만, 우리 각자는 반드시 한 생물학적 어머니의 자식이라는 필연성과 공통성은 남는다.

이때 자식으로서 어머니(부모)와의 관계 경험은 상당한 양으로 축적된다. "자식 이기는 부모 없다."는 경험을 하기도 하고, "부모님 말씀 잘 듣는 것이 결국 좋더라."는 때늦은 후회를 하기도 하고, 그토록 싫어했던 부모 모습을 어느덧 닮아 가는 자신을 보면서 성찰하기도 한다. 여전히 "열 손가락 깨물어 안 아픈 손가락

---

* 이 장은 「내일을 향해서 본 모성의 문제: 모성 양식과 여성주의적 보살핌 양식 사이에 다리를 놓기 위하여」(『여성주의 가치와 모성 리더십』, 이화여자대학교 출판부, 2005에 수록)를 수정 · 보완한 것이다.

있다.”는 편애의 경험을 하게 될 때는 관계성을 서로 좀 더 성찰해야 할 몫이 있는 것이 아닐까 생각한다.

개개인이 축적한 자식 노릇의 경험은 모성의 가치 부여에 반영된다. 때로는 가슴 뭉클한 긍정성으로 기억되기도 하고, 또 때로는 씻을 수 없는 부정성의 상처로 각인되어 있는, 그리고 각자마다 매우 다르게 체험되는 이 관계성은 우리에게 모성은 어떤 것인지를 묻게 한다. 어머니 자리에 들어가게 된 여성의 필연적이고 공통적인 속성이 아니라 어머니 노릇을 하면서 체득된 역할 혹은 기능을 살펴보자는 뜻이다.

어머니 노릇은 어떤 보살핌의 가치를 내재하고 있는가? 어머니 노릇은 어떤 종류의 리더십인가? 어떤 영향력과 효과를 가져다주는가? 일단 생명을 낳고 기르는 일에 내재한 무한 가치를 인정할 수 있을 것이다. 또한 도움을 필요로 하는 약자인 자녀가 정확히 무엇을 필요로 하는지 알아채는 능력, 상대방의 발전을 위해 어떤 도움을 주어야 하는지 판단하는 능력도 겸비하고 있다고 인정할 수 있을 것이다.

그러나 이러한 보살핌의 능력은 약자 일반에 대한 사랑, 포용, 헌신 등으로 확산되어야 한다. 보살핌은 비계약적 가치이기에 가족 이기주의 혹은 과도한 가족 중심성을 청산하지 못하면 그 빛을 잃게 된다. 그간 모성 리더십에 지적된 치명적인 문제점들, 즉 연민의 덫이나 빈둥지 증후군 등은 어머니 노릇에서 셀프 리더십이 빠졌을 때 나타난다. 이는 모성 리더십을 ‘자신에 대한 보살핌을 포함하는 보살핌’으로 전환시켜야 함을 말해 준다.

더 나아가 모성의 이름으로 발휘되는 리더십 콘텐츠는 영구불변의 어떤 것이기보다 시대 변화에 따라 변주되는 그런 유동적인 것은 아닌지를 생각하게 한다. 부모와 자식의 관계성 역시 시민 대 시민의 관계로 다시 인식될 수 있을까, 전통사회의 모자녀, 부자녀 관계의 어려움과 무거움보다 더 쿨하고 편안해지는 것이 문화적 진화일까, 두 항의 관계가 리더 대 차세대 리더의 관계로 정립되면 어떤가 등등을 우리는 연속적으로 물을 수 있을 것이다. 궁극적으로 모성 리더십이 사회적으로 확장되는 것, 즉 보살핌의 사회화를 실현할 수 있는 능력으로 자리매김되는 그 경로를 탐색해 볼 수 있을 것이다.

이를 위해 필자는 이 장에서 여성의 전통적 자원으로 상정되는 '모성'에 대한 새로운 해체적 재구성을 시도한다. 모성은 마치 본능처럼 혹은 자연적 소질처럼 몸 안에 들어 있다가 작동되기 시작하는 것이 아니다. 사회에 의해 학습되고 문화화되고 제도화된 형태, 그리고 그 구조에 여성 개인의 행위성이 교차하면서 모성은 수행적으로 나타난다. 따라서 모성의 협소한 실천이 가부장제와 공모한 유해한 측면들로부터 자유로워져야 할 것이다.

1. 들어가는 말

흔히 우리는 모성에 대해 다음의 세 가정을 갖고 있다. 첫째, 모성의 본질성, 즉 여성이면 누구나 선천적으로, 생물학적으로 아이들에 대해 보살피고 배려하는 속성을 갖는다는 것이다. 둘째, 모성의 무조건성, 즉 모성은 어떠한 경우에도 무한 책임을 지며 무한 희생과 인내를 보인다는 것이다. 셋째, 모성의 대치 불가능성, 즉 어머니 노릇은 제3자에 의해 절대 대치될 수 없다는 것이다.

우리가 현실에서 목격하는 사례들은 이 가정이 얼마나 허구인가를 가감 없이 전달해 준다. 현실의 어머니는 타자에 대한 베풂에 인색한 극히 이기적인 존재일 수도 있고, 갓난아기의 안전에 대한 생각보다는 자신의 성적 욕망에 추동되어 밤에 아이를 뒤로 하고 집을 뛰쳐나가기도 하며, 아이에 대해 어머니로서 사회화된 규정성을 스스로 충족하지 못하여 자책과 우울에 시달리기도 한다. 그런가 하면 자기 자식이 아닌데도 도움이 필요한 아이를 정성껏 보살피는 사회적 어머니들을 만나 보는 일도 어렵지 않다.

이에 모성이 여성 집단에게 성별적으로 주입된 이데올로기로 기능하고 동원되는 측면을 밝히는 일은 개별 어머니에 대한 현실적 억압을 푸는 일이며, 향후 모성 이데올로기의 허구적 재생산을 차단할 수 있는 인식적 근거를 제공한다. 어머니 노릇이 가부장제의 규범성에서 풀려나 자율 선택적 사항이 될 때, 자기 존재감과 개성, 창의성이 발현될 수 있는 리더십의 자원이 되지 않겠는가 생각한다.

여성주의에서 '모성'에 대한 성찰은 가부장제의 긴 역사에 비하면 상대적으로 최근의 시각이라고 볼 수 있다. "여성은 여성으로 태어나는 것이 아니라 만들어진다."는 보부아르의 명제는 모성 역시 사회역사적인 구성물임을 주장하는 명제와 동일한 인식론적 전환이었다. 가시적인 모성 담론은 서구 여성주의가 1970년대 소위 제2의 물결 때부터 모성의 여성 억압성에 주목하고 여성운동의 새로운 정체성을 모색하던 시점에 출현하였다.

미국의 여성주의 시인 아드리엔느 리치는 『더 이상 어머니는 없다(*Of Woman Born*)』(1976)에서 가부장제 사회 안의 가설들, 즉 검증되지 않았지만 여성에게 강요되는 가설들을 다음의 세 가지로 정식화하였다.

(1) 엄마는 엄마로서의 정체성 외에 다른 것이 필요 없는 존재다.

(2) 엄마와 아이는 집 안에 고립되어야 한다.

(3) 엄마는 시간적 단절 없이 끊임없이 가족을 사랑하고, 헌신하고, 보살펴야 한다.

그러나 그녀 자신을 포함하여 수많은 그녀들의 경험에서 우러나오는 내면의 목소리는 또 다른 어떤 것이 아니었을까? 리치는 "나의 욕구는 항상 아이들의 욕구와 엇갈렸고, 그들의 욕구에 밀렸다. 15분간만이라도 이기적이고 평화롭고 아이들한테서 떨어져 있으면 훨씬 더 잘 사랑할 수 있을 거라고 생각했다."(아드리엔느 리치, 1995:22) 그러면서 "내게 있어서 시는 내가 그 누구의 어머니가 아니라 내 자신으로 존재하는 영역이었다."라는 자기 고백을 하였다. 여성이 엄마로서의 역할 말고도 자아실현을 위한 에너지를 쏟아야 하는 장은 다양하게 열려 있다. 여성이 자주적(심리적, 물리적, 사회적인 측면에서) 주체가 될 수 없고 단지 아이와 더불어 사회적 주체로 전화된다는 일반 사회의 관념은 여성주의 쪽에서 공사 영역의 공간적, 성별적 분할 통치, 즉 사적 영역에 대한 여성 배치에 대한 근본적인 문제 지점에 눈뜨게 된 계기가 되었다.

우리 사회에서는 모성에 대한 뿌리 깊은 신비화 및 강한 모성적 실천을 토대로 한 문화와 학문으로서의 여성주의의 실천이 서구와 다소 시차를 갖는 조건 속에서 모성에 대한 성찰은 다소 늦게 전개되어 온 것으로 보인다. 그렇지만 여성주의의 학문적 수혜를 받고 어머니 노릇(mothering)에 대한 자기 경험과 제도화된 모성 문화 사이에 갈등하면서 선험적 모성을 몸으로 거부한 젊은 여성들이 스스로 목소리를 내기 시작했다.

왜 모성에 대해 여성 스스로 목소리를 내는 것이 중요한가? 그리고 어떤 여성의 목소리를 듣는 것이 중요한가? 가부장제의 가치 규범을 내재화한 채로 모성 역할을 수행하지 않음으로써 사회적으로 비난받는 집단은 사회의 타자다. 이들은 모성을 헌신적으로 담지함으로써 보답을 되돌려주는 사회적 인정 투쟁의 규칙에 항의하는 존재들이다. 그러나 이들은 모성의 신비를 탈각하여 자신의 경험에서 우러나오는 진솔한 모성 담론을 개시하자고 용기 있게 발언함으로써 가부장제의 주변부에서 정치적으로 올바른 담론을 생산하는 주체로 등장한다.

한 예로 일하면서 아이를 키우는 선배 엄마들은 초보 엄마들에게 '러브레터'(김미경 외, 2002:13)를 보냈다. 임신과 육아 등의 경험을 나누어 주기 위한 육필 체험수기인 셈이다. 이들은 이념형으로서의 사회에 대해 말하는 대신 모성을 구현해야 하는 위치에 있는 후배 여성 집단을 향해 자신의 생생한 고심과 고통, 즐거움 등 경험적 자원들을 공유하였다.

"모성에 대한 그 무엇은 아이가 세상에 모습을 내놓은 순간부터 깨박살이 나기 시작했다. 젖을 쫙쫙 빠니까 내 젖꼭지 한 쪽이 찢어져 피가 줄줄 흘러내렸다. 피가 질질 흐르는 젖꼭지를 또 물어뜯는 아기. 이런 상황에 젖을 물리는 엄마의 평화로운 모습은 내 어디서도 찾을 수 없었다."(김미경 외, 2002:20)라는 육아 수기는 모성 담론의 실질적 자료가 된다.

이들은 여성이 과연 자신의 욕구에 눈감은 채로 감정 노동자로 헌신할 때 존재 가치가 부여되는가, 아이를 낳고 기르는 일에 대한 사회적 인식틀 즉 그 과정에서 여성은 완전한 어른으로 인정

받는 여성이 된다는 것, 다른 여성과 같은 보편적 사회적 정체성을 획득한다는 것 등은 합당한 것인가, 어머니는 실존적 의존적 타자인 어린이와의 관계에서 "사랑한다면 분노해서는 안 된다."는 규범을 체화하면서 자기의 삶을 죽이는 삶을 아이를 키우는 가치 있는 삶으로 승화시키는 존재인 것인가 등등에 관한 질문들을 쉼 없이 쏟아 놓았다.[1)]

그녀들의 질문에 대해 즉각적으로 단 하나 올바른 답을 내리기는 어려울 것 같다. 우리의 경험과 관찰 안에 들어오는 어머니는 무수하게 다양하고 혼종적이며 어머니들이 발현하는 속성들은 무규정적이다. 단지 좋은 어머니를 찬양하고 숭모하는 문화의 이면에 소위 '나쁜' 어머니에 대한 사회적 추방, 완벽한 어머니라는 이상형을 충족시키지 못하는 여성의 배제, 불임 여성에 대한 딱지라는 비가시적 문화 폭력이 존재함을 더 이상 간과할 수 없음을 느낀다.

가부장제와 여성주의 사이의 인식적 격차는 매우 크다. 현실에서 목도하는 모성의 탈신비화 경향은 가부장제의 수혜자에게는 '모성의 부재', '가족 해체', '사회 재생산의 위기'로 과잉 해석되고 있다. 가부장제 사회가 재생산의 위기를 여성의 덕성 부재나 모성 결여에서 찾으면서 여성주의에 대해 이념적 반격을 강화한 대표적인 영역이 신비화된 모성 공간이다. 모성 공간은 극히 젠더적으로 이념화되어 있다. 젠더의 의미가 "사회성원들을 남녀라는 생물학적 범주로 이분화하고 각각의 범주에 속한 이들에게 다른 사회적인 의무와 책임, 권리, 규범 등을 부여하는 원칙을 중심

---

1) 『엄마 없어서 슬펐니?』 자체가 이러한 질문들과 저자들 나름의 답변의 성격을 갖는다.

으로 조직화된 사회제도, 조직, 질서"(허라금, 2004:22)라면, 모성은 여성에게 할당되고 기대되고 상징화된 극히 젠더화된 속성이다. 여성 일반에게 허용된 사회적 공간들 내의 역할 분담(즉 사회적, 정치적, 경제적 권리의 비대칭성)에 대해 비판적인 조명인 제1물결이 도래한 후에야 제2물결로서 모성에 대한 탈신비화 담론이 대두된 것도 여성보다 '어머니'에 대해 덧씌워진 신비화가 더 강고하고 두터운 것이었음을 보여준다고 할 것이다.

여성이 여성으로 태어나지 않았듯이 어머니는 어머니로 태어나지 않았다는 것을 증언하는 일 역시 여성 집단이 앞설 수밖에 없다. 젠더 분할 통치 대신에 자율 통치를 희구하는 사람들의 사회적 목소리가 커질 때까지 무비판적인 모성 찬양은 예리하게 비판되어야 한다.

모성에 관한 두 가지 질문은 구별될 수 있다고 본다. 하나는 "누가 모성을 이야기할 수 있는가?"로서 담론의 주체를 확정짓는 물음이다. 여기에는 앞에서 소개한 대로 어머니 노릇을 해본 사람(주부 및 노동자 어머니 포함), 어머니와의 실질적 관계 경험을 나눈 자녀들이 인식적 우선성을 갖는 주축이 될 것이다. 어머니로서의 정체성을 부여받게 된 여성이 목소리 내기를 할 때 가부장제 문화는 변수화된다. 하지만 침묵 속에서 젠더 통치에 응할 때는 상수가 된다. 모성을 사회역사적인 구성물로 인식한다는 것은 여성에 대한 사회의 기대와 사회에 대한 여성의 행위성이 시간 축을 따라 교차하면서 창출되는 문화적 효과에 주목한다는 것이다. 그 교차의 장에서는 다양한 모성 기대들과 목소리, 삶의 경험, 심리적 긴장과 갈등이 변주되기 때문에 몰역사적이고 일의적인 모성 규명보다는 의미 있는 현실 연관성을 확보하려는 작업이 요청된다.

두 번째 국면은 "어떻게 모성을 이야기할 수 있는가?"이다. 이 내용은 모성을 역사화하는 작업 안에서 모성을 성찰해 보는 2절에서 본격적으로 다루어진다. 당대에 무자녀 가정이 다수 생기면서 어머니 노릇이 선택이 되었다고 하지만, 아직 우리 각자는 한 어머니의 자식이라는 보편적 공통성 위에서 삶을 영위하고 있다. 따라서 자녀의 자리에서 어머니와의 관계를 성찰해야 하는 일반적인 문제와 더불어 우리 사회의 어머니 노릇이 처해 있는 여성주의적 위치성(positionality)에 주목하면서 탈가부장제 사회와 연관하여 향후 전망을 모색해야 하는 과제를 갖고 있다.

한편으로 모성이 이미 생물학적 사실이 아니라 제도적 사실에 속하는 문제라고 인식하면서도 모성 양식 안에 축적되어 온 보살핌이라고 하는 여성주의적 가치의 계기조차 방기할 수는 없다는 여성 주체 스스로의 성찰은 모성의 작동에 대한 적극적 사유를 생산해야 하는 분기점이 되었다. 그 작업 안에서 역사적 어머니 노릇에 대한 비판적 검토가 모성에 대한 전면적 부정이라기보다는 경험적 모성 안에 이물질처럼 침윤되어 있는 문화적 지체 현상들에 대한 척결이라는 방향으로 진행되고 있다. 즉 모성 양식을 근원적 문제 기제로 설정하지 않고, 모성의 적극적이고 긍정적인 골간들을 새로운 틀로 재구성하려는 것이다. 필자는 이와 관련하여 모성의 확장 가능성은 모성 자체로서가 아니라 보살핌 양식으로 전화될 때, 그리고 가부장제에 대한 저항적 행위성과 교차할 때 담보된다는 것(3절)과, 이들이 어머니이면서 동시에 여성 시민으로서의 발전에 대한 긍정적 전망 속에서 탈가부장제를 전망하는 개성주의적 주체로 연결되어야 함(4절)을 주장하고자 한다.

2. 모성을 역사화하기

시대를 거슬러 가보면 조선사회에서 가부장제의 여성 일반에게 주어진 책무는 남아 출산자로서 '가(家)'라는 집단적 생명을 보전해 가는 것, 일상적 · 세대적 재생산 노동을 하는 것, 아들을 교육시켜 출세하게 만드는 것(김경아, 1999:392)이다. 여성은 이러한 규범적 책무와 함께 일상의 실생활에서는 생산 노동자로서의 역할을 요구받았다. 당시 생산양식인 소농경작에서 필수적인 가족 노동자의 일원으로, 또 생계유지를 위한 각종 생산노동을 담당하였으며 특히 가족 경제의 위기 시에 헌신적으로 가계를 유지해 가는 노역을 하였다.

조선시대 양반가, 즉 중산층 이상에 해당되는 여성의 책무는 '봉제사 접빈객'으로 대표되듯 남성 사회의 관계 유지와 가부장의 품위 유지 지원 활동이었고, 중하위 일반 여성의 경우 '길쌈 잘하는 것'이 최고 덕목(김경아, 1999:392)이었던 것을 보면 계급 계층을 막론하고 여성의 일은 가장의 책무에 대한 보완적이고 부가적인 측면이 강하다고 볼 수 있을 것이다.

가부장제 이데올로기에 따라 자녀 돌보기, 남자와 연장자를 포함한 다른 사람에 대한 보살핌, 정서적 노동을 제공하는 능력을 십분 발휘(김현숙 외, 1999:280)하고자 한 소위 '내부'의 여성은 자신의 중심을 건설했을까? 가부장제하 최대 수혜자인 상층부 남성들이 '자기완성과 사회의 완성'을 도모하면서 지성사의 한 페이지를 채우고 있는 사이에 그 집안의 여성들에게 부과된 책임과 의무는 무엇이었던 것일까? 이문열의 『선택』에 대한 행간 읽기를 통해 양반가에서 젠더화된 삶의 지향을 살펴볼 수 있을 것이다.

"하인들 집에 연기가 나는가를 통해 살림을 살피는 장씨 여인의 실사구시 정신, 친정 집안, 시가는 물론 동네 살림을 도맡는 일꾼으로서의 면모가 유감없이 나타났다. … 그런데 역설적으로 장씨 여인이 만났던 남성들인 친정아버지, 시아버지, 아들들은 이름 있는 남인 학자들로서 이들이 장씨의 실질적인 뒷바라지를 받고 연구를 거듭한 사항은 주대의 왕실에 대한 예의, 1, 2년여의 짧은 벼슬길을 제외하고는 실용적인 일과는 담을 쌓은 학문을 위한 학문에의 천착뿐이었다."(이정옥, 1999:64-65)

이 작품에서 우리는 쇠락해 가는 양반가를 다시 일으켜 세우는 일도 그 집안의 며느리가 할 탓이고, 집안 어른들을 소리 안 나게 모시고 아들들을 선비로 올곧게 성장하게 하고 하인들을 잘 다스려 집안 경제를 풍족하게 하는 일도 여성의 어깨에 얹혀 있었음을 알 수 있다. 작가가 현대 여성의 본보기로 장씨 여인을 형상화한 것인지에 대한 논의는 차치하고라도, 조선시대 전천후 슈퍼우먼이 우리의 문화적 원형으로 재현되고 있음은 분명하다.

일반 상민가의 경우 여성 일상의 고단함은 더욱 증폭되어 시간적, 공간적 과잉 노동으로 이어진다. 농사에서 주력 노동의 위치를 차지하는 남성의 경우 노동과 휴식의 공간이 집 밖과 안으로 어느 정도 구분이 되는 데 비해, 여성의 경우는 일상적 노동이 집 안에서 이루어짐으로써 공간적으로 분리될 수 없다. 시간적으로도 물레를 자아 실을 뽑고 길쌈을 해야 하는 일은 낮과 밤의 시간적 분리 없이 이루어진다(이이효재, 2003:157-159). 휴식의 공간도, 휴식의 시간도 없는 여성 농민의 삶은 가부장제의 벼랑으로 몰린 존재의 일상이었던 것이다.

강인하고 질긴 생명력과 가족에 대한 헌신 뒤편에 여성 희생을 전제로 해서만 가동되는 가부장제의 근본 모순을 누가 느낄 수 있었을까? 피지배 계급의 노동이 지배 계급에게 전유되듯이 여성의 헌신이 젠더 통치에 의해 전유되어 여성이 가부장제 사회의 원초적 인프라 역할을 했다는 것을 여성은 스스로 인식할 수 있었을까? 가족의 위기 때마다 억척스레 거친 일에 뛰어들고 등줄이 휘도록 신산한 삶을 넘나들었던 어머니의 삶은 가부장제의 내적 모순에 대한 대안이었던 것이 아니라 위기 탈출용 보완책이었던 것이 아닌가? 어머니는 가장에 대한 기능적, 일시적, 비가시적 대치자였던 것이 아닌가? 그분들의 실질 역량에도 불구하고 근본적으로 탈가부장제의 지평에서 여성의 삶에 대한 인식과 평가를 전환시킬 수 없었던 것은 왜 그럴까? 우리가 표상하는 무한 책임을 지닌 어머니들의 모습은 어떤 조건에서 가부장제의 젠더 통치를 무력화하는 힘으로 전화될 수 있는가?

양반가 여성의 의식적 층위를 보면, 자신의 희생을 담보로 남편－아들의 부계 혈통을 잇는 매개자 역할에 따라 정체성을 보장받거나 그 역할을 못할 경우 외부로 몰리게 되어 결국 심층적 주변성을 벗어나지 못했다. 계급사회의 기득권으로부터 비교적 자유로운 하층에서는 그에 따라 자율적이고 해방적인 사고의 생성이 기대되지만 조선시대 사회와 가족을 연구한 이이효재에 의하면 “효부 · 열녀와 정절이 가족의 신분 상승의 수단이 됨으로써 상민 · 노비층 여성들 사이에서도 생명보다 중요한 미덕이 되었다. 그 시대를 반영한 『춘향전』을 통해서 정절의 미덕은 양반 여성의 독점일 수 없으며, 천민 여성도 정절을 지킴으로써 양반과 같은 인간 대접을 받으려 하였고 … 따라서 서민층의 신분 상승은 성차별과 신분차별의 질서를 해체시키기보다 오히려 용납하고 재

생산하는 결과를 가져왔다."는 것이다(이이효재, 2003:324-325).[2)]

정절을 지켜야 한다는 규범은 여성이 자기 신체에 대한 통제권을 스스로 갖는 선택의 측면이기보다 지키지 않았을 때 오는 사회적 낙인과 지켰을 때 주어지는 신분 상승의 기회가 있다는 점에서 사회적 교환 관계와 의미망에 포획되어 있다. 일개 여성의 몸이 가(家)를 지키고 신분 상승하는 고리가 되느냐 아니냐의 절박성을 담지하게 될 때, 이는 여성 개인의 결단이 아니라 여성 집단의 사회적 취약성을 드러내는 것이다.

조선시대 여성은 가부장제 사회라는 문화적 질서의 타자의 모습을 전형적으로 보여준다. 의식 내면에까지 심층적으로 주변화된 입장에서 가부장제 사회의 문화와 구조에 대한 성찰과 전망을 획득하기까지 여성 의식화가 필요조건이 된다. "여성 교육이 시행되기 전까지 여성문제는 없었다."는 어느 여성주의자의 말을 맥락적으로 해석해 보자면, 여성이 보통교육과 인권의 주체라는 틀 아래 자신의 문화에 대한 평가와 자신의 삶에 대한 가치 체험을 자주적으로 해내기 전에 여성문제는 문제로서 부상되지 않는다는 뜻이다. 최대 다수, 최장 기간에 걸친 사회적 소수자로서 여성 집단은 있었지만, 그 여성들 개개인이 숙명처럼 사회구조에 편입되어 있는 질서가 자연시되고 여성 의식의 경계가 자기 집 담을 못

2) 한 여성 사학자(정지영 교수)는 이 대목에 대해 필자가 참조하는 저서 내용 중 춘향이 일반 하층 여성을 대표할 수 있는지, 그리고 그 텍스트를 근거로 하층 여성의 성적 규범을 해석해 내는 논의가 사적 타당성을 갖는지의 문제를 제기하였다. 또한 다른 역사적 자료들에서는 오히려 하층 여성들이 정절 이데올로기에 포획되지 않았던 경우가 많았음을 환기시켜 주었다. 논평에 감사드리며 향후 좀 더 풍부한 역사적 전거들을 수렴할 수 있는 방향으로 연구를 진전시키고자 한다.

넘을 정도로 제한적인 조건이라면 두터운 가부장제의 지층에 균열을 낼 수 없다. 또한 어머니의 일에 대한 가치 평가를 시정하기 위해서라도 전통적 가치관과의 단절이 필요하다는 뜻이다.

비교적 가까운 시대 어머니의 초상은 직접적 경험자나 문화적 재현자들에 의해서 다양하게 현시된다. 일제강점기 조선 여성의 궁핍화를 배경으로 한 강경애의 『소금』과 1990년대 국민국가로서 한국에 거주하는 자기중심적인 어머니의 실제를 드러낸 전혜성의 『마요네즈』 사이에는 어머니의 원초적 영상에 어떤 차이가 있는 것일까? 전자에서 봉염어미는 남편과 자식을 잃고 만주국 지주에게 강간당하여 임신을 하고 또 버림을 받은 한계상황에서 음식에 대한 욕망에 안절부절못한다. 냉면 생각만 하면 "목이 가렵도록" 먹고 싶은 것이다(이경, 2004:158). 후자에서는 남편이 식물인간처럼 누워 있는 죽음 직전의 숨 막히는 시간 안에서 그녀는 촉촉하고 윤기 나는 머리칼을 만들기 위한 행위, 즉 '마요네즈 바르기'를 행한다. 헌신적으로 간호해야 할 조강지처의 규범적 행위라고는 도저히 찾아볼 수 없는 뻔뻔스러움에 대한 역겨움과 경멸의 시선이 딸로부터 발사된다. 전자에서 원초적 자기 보존 욕구가 중심이라면 후자에는 미적 추구의 욕구가 깔려 있는 것이지만, 공통점은 아내나 어머니의 자리에서 기대되는 행위가 아닌 자기 자신의 욕구에 따른 행위가 발동된다는 점이다. 이들은 가부장제가 식민화시킨 삶의 방식 외부로 나와 버린 존재들이다. 재미있는 것은 우리는 그녀들의 모습에서 가부장제 사회의 훌륭한 모성이 아니라 '어머니답지' 않은 불충실성이 적나라하게 재현됨을 보면서도, 이들이 자신의 몸의 욕구에 가장 충실한 모습을 간직하고 있음을 발견하게 된다는 점이다. 가부장제가 여성의 몸에 대한 통제를 이념적으로 실천적으로 압박해 가는 엄혹함 속에서 들풀처럼 살아남아 있는 것은 그녀들 자신의 몸에 대한 긍정성이다.

모성의 구성이 시대성의 영향을 받는다는 점을 부인할 수 없다 하더라도 그 구조에 대한 협상력은 개개인마다 다르게 행사되어 왔다. 거다 러너의 용어에 따르면 역사적 발명품(creation)인 '가부장제'와 함께 모성 역시 사회적 발명품이되, 시간 축을 따라서 그리고 동시에 개인의 행위성과 맞물리면서 변주된다고 볼 수 있겠다.

특히 근대의 모성은 가족 공간과 노동 공간, 교육 공간이 중첩되어 있는 전통 대가족 제도의 사회와 달리 타 공간으로부터 상대적으로 자율적인 가족 공간에서 발현되는 속성이 되었다. 모성은 전통 세대로부터 전승되어 온 방식에서가 아니라, 사회적으로 우선 보호되는 대상으로서의 아동에 대한 전문적 보육 기술과 교육 내용을 요구받게 되었다(이은경, 2004:120). 어머니 노릇도 과학적, 근대적, 교육적, 전문적이어야 한다는 시대적 요구 속에서 어머니들은 또 분할 통치되고 모성은 또다시 새롭게 업그레이드된다.

> "아동, 아동기가 '발견'되자 이와 더불어 모성 역시 '발명'된다. 엄격한 수유, 배변, 영양, 위생 등으로 아이들을 양육하는 새로운 모성은 가장 상처 입기 쉬운 시기로서의 아동기라는 개념이 수립된 후 탄생한 것이다."(이은경, 2004:121)

근대 시기에 우리나라가 자본주의 사회로 본격 편입하면서 생성된 핵가족 중심의 가족 구성에서는 미래의 유수 인력으로서의 삶을 준비하는 아동기 및 청소년기의 개념에 따라 어머니 노릇에 대한 집중성이 그 어느 때보다 강하다. 요사이 어머니 노릇은 살림 잘하는 것뿐만 아니라 양육, 정서적 지원과 교육 경영 관리까지 포함하게 됨으로써 어머니는 '뛰모'(자녀의 하루 일과에 따라 함께 뛰는 엄마. 심영희, 1999:370에서 나온 표현)가 된다. 어찌 보면 '양처'보다 더 무거운 심리적 압박인 '현모' 노릇에 허덕거리면서 살아가는 것이 당대 어머니들의 자화상이 아닐까? 이 어머니의 모습들을 미래 시점에서 회고해 본다면 어떻게 평가받을 것인가? 우리 자녀에게 비칠 어머니의 원초적 영상은 무엇이 될 것인가? 미래가 우리의 의지와 상관없이 다가오게 되는 것이 아니라면 오늘날 우리의 의지는 무엇으로써 미래 세대에게 전승될 것인가? '가부장제'의 발명과 '모성'의 발명은 동시적인 사건인 만큼 가부장제와 모성은 그 유지 및 변형 기제가 연동되어 있는데, 가부장제와 모성의 긴밀한 동반 관계는 언제까지 계속될 것인가?

3. 사회적 관계로서 어머니 자리에 대한 성찰

어머니 됨은 자녀 출산과 동시에 일어난다. 한 아이가 출생하는 사건과 동시에 그녀는 어머니가 된다는 것, 즉 일어난 것은 한 사건이되 마치 두 사건처럼 기술될 수 있는 것이다. 그러나 모성은 출생/출산 사건과 동시적으로 발동되는 성질이 아니다. 모성은 어머니 됨에 뒤이어 여성 개인에게서 불균등하게 전개되는 성질로서 한 여성이 어머니 노릇이라는 관계적 자리에 들어갔을 때 수행되는 것이다. 모성은 여성 일반에게 마치 본능처럼 혹은 자연적 소질처럼 내재화되어 있다가 어머니가 된 순간 작동되기 시작하는 것이 아니라는 뜻이다. 사회에 의해 학습되고 문화화되고 제도화된 형태, 그리고 그 구조에 여성 개인의 행위성이 교차하면서 모성은 수행적으로 나타난다.

어머니 노릇이 '관계적'이란 것은 여러 가지 의미인데, 하나는 아이와의 관계이며 또 다른 하나는 아이 아버지와의 관계다. 그뿐만 아니라 모성은 앞 절에서 살펴본 대로 가부장제 사회구조와의 거시적 관계에 놓인 항이기도 하다.

만일 우리가 '모성'을 여성이 어머니라는 사회적 자리 안에서 담당하는 보살핌의 기능을 특징화하는 것으로 받아들인다면, 모성은 누구에게 순기능을 발휘하는가? 직관적으로 모성 안에는 심신을 통틀어 의존적이고 미성숙한 개인을 키우고 보호하고 보살피는 일에 소중한 가치가 들어 있다고 평가한다.

보살핌이란 집 안에서 여성이 치르는 한갓 사적이고 정서적인 활동이라고 폄하했던 전통 도덕의 '감성의 벙어리 관점'[3]과 성별적 맹안(gender-blindness)을 지적한 것은 보살핌과 모성적 사유의 긍정성을 주장한 사라 러딕에 이르러서 본격적으로 발견된다. 러딕에 의하면 자녀에 대한 보살핌은 어린이의 생명을 보존하고 삶을 보호하는 가치 있는 활동이다. 성장 과정에서는 어린이의 정서적이고 지적인 발달을 촉진시키기 위해서 어린이의 변화를 잘 인지할 수 있는 능력이 요구된다. 또한 어린이와의 분리를 통해 어린이가 잘 성장하도록 수용하는 능력이 있어야 한다. 이러

3) 기존 철학에서 감성을 사고에 매개되지 않은 저열한 수준의 감정으로 취급하고 이를 여성의 특성으로 연관지은 것. 윤혜린(1997) 참조.

한 요구들은 단순히 보살핌이 정서적 본능이 아니며, 사랑이나 감정이입과 같은 감정적 요소들이 아니고, 반성, 지식, 이성, 지혜, 판단의 통합적 능력을 요구한다는 뜻이다. 따라서 모성적 프락시스는 특별한 통찰력, 진리의 기준들과 가치들을 끌어 낼 수 있는 지적 활동이다(Maihofer, 1998).

러딕의 뒤를 이어 트론토는 보살핌의 네 가지 윤리적 요소들을 유사하게 열거하고 있다. 염려하고 주의하는 것(caring about)은 보살핌이 필요하다는 것을 인식하는 주의 깊음(attentiveness)이다. 돌보는 것(taking care of)은 보살핌의 책임을 떠안는 것으로서 책임성(responsibility)이다. 보살핌을 실천하는 것(care-giving)은 보살핌을 실제 노동을 통해 충족시키는 능력(competence)이다. 보살핌에 응답하는 것(care-receiving)은 보살핌을 받는 사람이 보살핌에 응답하는 응답성(responsiveness)이다. 그렇다면 어머니의 보살핌은 힘의 일방적인 소모 과정이 아니고 상황 인식력, 실천 능력, 타인에 대한 감수성 훈련 등 보살핌을 주는 사람에게 축적되는 또 다른 가치들이 개입해 있는 과정이라는 것이다.

그러나 가부장제 가정이나 사회는 보살핌과 연관된 사람들의 희생과 헌신성 및 지적, 문화적 성취에 대해 지불하지 않는다. 구체적인 대가나 사회적 승인 없는 모성의 발휘야말로 모성을 정의하는 속성으로 인식하고 조건 없이 행동할 것을 요구한다. 공동체적 질서를 여전히 가부장적으로 유지시키고자 하는 쪽에서 보면 모성에 대한 여성 특화 혹은 전담은 '불감청(不敢請)이나 고소원(固所願)'이다. 이때의 모성은 가족 혹은 사회라는 이름의 공동체에 대해서는 순기능이나 어머니 자리에 있는 당사자에게는 역기능이다. 보살핌은 가치론적으로 숭고하지만 성별 정치적으로는 취약하다. 따라서 보살핌의 사회적 맥락, 특히 성별 통제의 구조에 민감한 사람들에게 보살핌은 무조건적인 가치 평가의 대상이 아니라 경계의 대상, 끊임없는 자기 성찰의 주제가 되기 때문에 긴장을 감수해야 한다.

어머니는 (아버지의 역할이 부재하더라도, 아니면 그러면 그럴수록) 아이에게 아낌없이 보살핌을 주어야 하고 아이들, 그리고 또한 가장으로서의 그 아버지는 풍부한 보살핌을 받을 권리가 있다는 사회에 만연해 있는 가정은 어머니 자리의 관계성의 한 축인 아이 아버지의 부재를 문제시하지 않으면서 이중 책임을 어머니에게 떠넘긴다. 이러한 문화적 압력에 굴복하는 것은 여성 자신의 유지를 보장할 수 없고 장기적으로는 소위 보살핌 증후군(예를 들어 '빈둥지 증후군', '연민의 덫')에 빠뜨린다. 아무리 보살핌이 가치 있는 행위라 할지라도 자기 말소와 여성의 "정신에 대한 강간"(거다 러너, 2004:391)이라는 대가를 치르는 행위가 윤리적 정당성을 가질 수는 없다. 타인에 대한 에너지 집중 및 이타주의적 책임감이 보살피는 사람의 욕구와 생명력을 질식시키는 한, 자기 정당성을 확보하긴 어렵다.

혹자는 보살핌을 받은 사람이 다시 도움을 필요로 하는 다른 사람들을 보살피게 되는 대물림 혹은 사랑의 연쇄 속에서 궁극적으로 공동체 관점에서는 더 큰 가치가 실현되는 것이 아니겠는가라는 반론을 제기할 수도 있다. 가부장제는 성별 중립적 환경에서 보살핌의 고리를 확산시키기보다 보살핌의 여성적 특화를 재생산해 오고 있는 점을 보면, 그 반론은 설득력이 약하다. 어머니가 부재한 상태에서는 아버지가 모성적 보살핌을 수행하기보다 그의 주변에 있는 또 다른 여성에게 모성의 실현이 전가되기 마련이다. 그렇다면 보살피는 어머니에게서 또 다른 여성에게로 이어지는 고리는 결국 개인적 차원의 가치가 아니라 결국 가부장제 유지의 기제가 되는 과정이 된다.

어머니 입장에 있는 사람이 자신과 혈연관계이거나 심리적으로 매우 밀착해 있고 자신에게 한동안 의존적일 수밖에 없는 자녀를 두고 타인이라고 규정하는 일은 쉽지 않아 보인다. 그렇지만 영원히 자녀와 심리적으로 실제적으로 밀착해 있는 어머니의 심리적 공의존 상태는 건강한 것이 아니다. 어머니 안에 아직 자라지 않은 혹은 자라기를 거부하는 아이가 하나 들어 있다는 것은 문제다. 보살핌만을 일방적으로 받는 사람에게도 부채 의식을 남긴다. 자녀가 어머니를 대할 때, 어머니가 자녀를 대할 때, 서로 매우 소중한 타인(significant other)으로 자리매김할 수 있는 인격 대 인격의 관계가 인간 발전의 계기가 되지 않을까 생각한다. 아이가 크면 떠나보내고, 자신으로 돌아와야 한다. 이때 어머니에게는 돌아갈 자신의 자아가 필요하다.

모-자녀 관계는 한 개인이 중첩적으로 맺고 있는 여러 사회적 관계들 중 하나일 뿐이다. 개인 삶의 주기에서 그 관계가 가장 핵심적이고 의미에 충만한 때가 있지만 생의 모든 시간이 그렇게 영위되는 것은 아니다. 또한 모성의 발현을 삶의 가치로 선택하는 것은 개인의 자유의사지만 그 관계성에 대한 성찰이 필수적이라는 것은 현 사회에서 모성이 도전받게 된 현실이 보여주고 있다. 보살핀 입장에서 혹은 보살핌을 받은 입장에서 경험하는 모성의 내용이 다양하고 긍정적일 수도 부정적일 수도 있으나, 결국은 이데올로기 안에서 작동을 요구받은 모성과 실제 모습으로서의 모성은 일정한 거리가 있을 수밖에 없다. 구조적으로 봤을 때 모성은 가부장제의 산물이면서 동시에 모성의 여성적 특화를 통해 가부장제를 강화 혹은 재창조해 낸 역사성을 드러내고 있다.

4. 모성 양식에서 보살핌 양식으로

우리가 어떤 대상을 키우고 기르고 보살피는 삶을 상위 차원의 문화적 가치로 보고 어머니가 자식을 키우듯 사회의 모든 공간에서 보살핌이 일어나야 한다고 주장한다면, 이러한 가치 지향을 어떤 개념하에 포섭할 수 있을까?

결혼한 딸의 삶을 정성스레 기꺼이 돌보아 주는 한 노작가는 딸에 대한 모정에서가 아니라 자매애를 갖기 때문이라고 했다. 한국사회에서 여성으로서 힘겹게 살아가는 딸을 보면서 또 하나의 여성으로서 자신이 돕는 것이라고 했다. 그녀에게는 강요된 어머니 역할로서가 아니라 성숙한 인간 대 인간의 관계가 사유의 중심을 차지하고 있는 것이다. 때로는 선후배가 되고 때로는 친구가 되는 모녀관계는 이미 혈연의 정을 넘어선 탈가부장제 사회의 전망을 공유하는 정치적 동지가 아닐까?

필자는 모성이 자매애 혹은 자기와 비슷한 처지의 어려운 삶에 노출된 다른 사회적 약자에 대한 연대성과 같은 개방적 구조를 갖추려면 '모성 양식'4)으로 고정되기보다 '보살핌 양식'의 일부

4) 여기에서 '모성 양식'은 정대현 교수의 용어법에 토대를 둔 것이다. 그는 성기성물(成己成物: 나를 이룸과 만물을 이룸은 맞물려 있다)의 세계관으로 표현한 내용이 누구보다도 어머니들의 삶의 양식 안에서 나타난다는 의미에서 모성적이라고 믿는다고 하지만 스스로도 모성의 양가성, 즉 가부장제성의 실현과 탈가부장제적 작동의 가능성을 인정하고 있다는 점에서 필자는 후속 논의가 필요하다고 생각한다. 정대현(2005:

를 구성하는 것이 낫다고 제안한다. 이 작업은 문화적으로 코드화된 모성의 행위성 경험을 되찾고 재평가하려는 태도 안에서 시작되지만 이런 목표 지향이 요청하는 능력은 모성적 실천과 여타의 친밀한 관계성의 자원으로부터 도출하는 것이 제시하는 것보다 훨씬 더 넓게 적용되어야 한다. 모성의 실천이나 보살핌의 실천이나 그 행위의 진정성은 같은 무게일지도 모른다. 하지만 모성에 경험적으로 안착되어 있는 각종 질곡과 불편함을 털어 버리고 가는 편이 훨씬 자유로운 행보를 가능하게 하지 않을까라는 기대에서 모성 양식을 보살핌 양식으로 전환하자는 뜻이다.

모성 양식 안에 있는 소중한 보살핌의 계기를 가부장제에 의해 전유당하지 않으면서 여성주의 주체가 계승하기 위해서는 시급히 모성에서 털어 내야 할 부분이 많다. 우선 모성의 협소한 실천이 가부장제와 공모한 유해한 측면들로부터 자유로워져야 한다. 가족이기주의, 혈연중심주의, 자식에 대한 대리만족, 공의존 상태, 희생에 대한 보상심리 등이 시급한 정리 대상이 될 것이다. 더 나아가 여성에 의해 주동적으로 새로이 부활한 여성주의적 보살핌은 여성의 정체성을 다른 사람의 정체성 안에 침몰시키지 않으며 여성의 삶을 대리만족으로 전환시키지 않아야 한다는 원칙에 충실하게 실천되어야 한다. 그리고 여성의 자기 성취를 유보 혹은 차단하지 않을 것, 즉 진정한 보살핌은 자신에게 유해한 관계의 질곡을 끊을 것을 명령할 수 있어야 한다.

큰 틀로서 가부장제의 극복이라는 우리 사회의 당면 과제와 함께 탈가부장제 사회의 가치론적 전망을 위해서는 보살핌과 연대

35-45) 참조.

성이 동시에 실천되어야 한다. 보살핌을 개인적 차원, 가족 차원의 국지적 관계에서 해방시켜 더 넓은 사회적 소수 집단에게로 향하게 하려면 관점의 조정, 인식의 확장이 필요하다. 이는 모성 양식만으로는 인간 개발을 위한 자족적이고 완결적인 삶의 양식이 되기 어려움을 보여준다. 현상적인 모성 양식은 젠더 통제를 넘어서, 가족관계를 넘어 사회적 관계에서 보살핌을 확장적으로 실현하는 것, 인간중심적 보살핌 고리를 생명세계로 넓히는 것 등의 더욱 적극적인 부가적 조건을 필요로 한다.

이상화는 다양성과 차이가 조건인 당대 사회의 공동체 윤리를 모색하면서 개인화된 구체적 타자의 관점과 집단적 구체적 타자의 관점을 구별하였다. 전자는 고유한 감정적, 감성적 소질과 삶의 역사를 가진 개인의 특수성에 주목하는 것이다. 이 관점으로부터 수행되는 상호작용을 지배하는 규범과 감정은 사랑과 보살핌 및 우정이다. 후자는 집단적 특수성을 강조하면서 정체성에 대한 관계적 이론을 전개하는 것으로서 전자가 상호작용의 규범과 감정을 사적이고 비제도적인 것들로 국한시킬 수 있는 맹점을 극복한 것으로 평가한다. 전자는 보살핌과 책임의 윤리를 향하고, 후자는 연대성의 윤리를 지향함으로써 사회적 집단은 보편적 인간성이라는 공허한 추상성을 넘어설 뿐만 아니라 고유한 개인성이라는 파편성에 매몰되는 위험으로부터도 벗어나 집단 정체성의 매개적 지대를 형성할 수 있게 된다(이상화, 2005)는 것이다.

이러한 논의는 정서적이고 친밀한 관계에의 몰두와 가치의 진정성 부여가 공적 기획에서 무력할 수 있음을 경계하는 한편으로, 여성주의가 특정하고 다양한 집단적 정체성을 유지하면서 사회변화를 모색하는 정치성을 구비하는 데 의미가 있다.

보살핌의 고리가 가까운 타인이라는 사적 공간에 머물지 않고 사회적으로 억압받는 집단적 타자를 위한 힘으로 확장될 수 있는 계기는 트론토(Maihofer, 1998에서 재인용)에게서 마련된다. 세계를 변화시키는 데 있어 추상화된 규범적 정치 이론(추상화된 사회정의론 등)이 제 역할을 못하는 현실에서 트론토는 "서로의 일상적 보살핌이 인간 경험의 귀중한 전제가 되는" 세계를 상상한다. 트론토는 지식, 통찰력, 그리고 가치의 형태들은 구체적인 사회적 프락시스 안에서 발전한다는 가정에서 출발하여 타인들을 위한 일상적인 보살핌의 프락시스로부터 보살핌의 윤리를 구성함으로써 성차별주의뿐만 아니라 인종차별주의, 계급차별주의 등 각종 억압의 문제를 극복하고자 한다.

필자는 타인의 필요에 대해, 더 정확히는 특수한 역사적, 사회적 상황 속에 놓여 있는 그 사람의 구체적인 개별성에 주의를 기울일 뿐만 아니라, 구조적 억압의 철폐를 향해 함께 실천하는 일은 동시에 일어나야 한다고 본다. 일상적 보살핌이 인간 경험의 귀중한 가치가 되는 세계를 건설하기 위해서는 보살핌은 정치와 만나야 한다. 예컨대 사회적 보살핌(social caring)과 사회적 어머니 노릇(social mothering)은 내포가 다르다. 후자는 생물학적 모성의 작동 범위를 벗어나 사회적 모성 실현의 잠재력이 있는 행위이긴 하지만 여전히 젠더화된 주체 개념에 머물러 있다. 우리가 가부장제적 모성을 해체하고 보살핌을 재구성하는 방향으로 들어서기 위해서는 모성 원형에서 자유로워지고 앞으로의 여성주의의 시간을 함께 생산해 낼 남성 주체들에게도 접근 가능성을 열어 놓을 필요가 있다.

5. 맺는 말

탈가부장제 사회에 대한 전망 속에서 여성주의 주체는 보살핌을 체화하고 이를 가치론으로 수용하는 새로운 인식과 프락시스의 주체다. 이들은 가부장적인 모성 제도가 강간, 성매매, 노예제도가 그렇지 않은 것처럼, '인간의 조건'도 '여성의 조건'도 아님을 안다. 이들은 가부장제 틀 안에서의 개인적 헌신이 또 다른 여성들에게 질곡을 재생산하는 일이 될 수 있음을 경계하면서 공동체의 가부장제적 질서를 극복한다는 차원에서는 공동의 노력을 결집시킬 수 있는 역량과 권능을 드러내고자 한다. 이들은 정치적으로 공동체적 가치에 헌신하지만 동시에 개성주의적인 주체이기를 원한다. 개인의 개성과 창의성, 특질, 고유한 덕성의 체화가 인간 개발의 구성적 요소라고 볼 때 개인 차원의 특성화가 더욱 전망적이기 때문이다.

이들이 모성의 자리, 보살핌의 자리, 소수자에 대한 연대의 자리에 서 있을 때 이들의 '개성주의'는, 개인의 성취는 사회의 문화적 발전과 궤를 같이한다는 의미에서 원자적 개인주의를 넘어선다. 또한 이 '개성주의'는 차이와 다원성의 존중이 함의하는 사회적 약자와 소수자들의 공존 권리(사회권)를 확보하기 위한 집단적, 공동체적 정신과도 층위상 구별된다. 후자는 차별 등 각종 사회적 억압을 극복하기 위한 최소한의 장치로서 우리 시대의 의제가 되지만, 전자는 그 기반 위에서 꽃피워야 할 개인들의 문화적 성숙을 내용으로 하기 때문이다. 여성주의는 현재적 억압과 그 극복에 대한 집단적이고 공동체적인 에너지 투여를 기반으로 삼는다. 하지만 탈가부장제 사회의 미래적 전망이 무엇일지에 대한 큰 그림도 함께 그려야 한다면 그 후보로서 개성주의를 생각해 볼 시점이 아닌가 하는 것이다.

가부장제의 타파 이후에나 개인 발전을 생각해 볼 수 있다면 그것은 단계론에 함몰될 위험성이 있다. 가부장제가 그어 놓은 가시적, 비가시적 선을 넘어선 여성들의 역사를 보면 구조와 개인 행위자는 모종의 갈등 관계 안에 있을 수밖에 없고, 그럼에도 불구하고 그런 여성들의 개성적 삶의 궤적은 견고하게 보이던 가부장제 구조를 쉼 없이 동요시키는 일을 동시에 해온 것이다.

[참고문헌]

거다 러너(2004), 『가부장제의 창조』, 강세영 옮김, 당대.

김경아(1999), 「1990년대 모성의 변화」, 심영희 외, 『모성의 담론과 현실』, 나남출판사.

김미경 외(2002), 『엄마 없어서 슬펐니?』, 이프.

김현숙 외(1999), 「영화 속의 모성, 영화 밖의 모성」, 심영희 외, 『모성의 담론과 현실』, 나남출판사.

심영희(1999), 「'자식바라기' 어머니의 전통성과 성찰성」, 심영희 외, 『모성의 담론과 현실』, 나남출판사.

아드리엔느 리치(1995), 『더 이상 어머니는 없다』, 김인성 옮김, 평민사.

윤혜린(1997), 「사회의 마음: 그 실재성과 지향성」, 이화여자대학교 철학박사학위 논문.

이경(2004), 「근대의 타자들」, 태혜숙 외, 『한국의 식민지 근대와 여성 공간』, 여이연.

이상화(2005), 「지구화 시대의 지역 공동체와 여성주의적 가치」, 『지구화 시대 여성주의 대안 가치』, 푸른사상.
이연정(1995), 「여성의 시각에서 본 '모성론'」, 『여성과 사회』 제6호, 창작과비평사.
이은경(2004), 「광기/자살/능욕의 모성 공간」, 태혜숙 외, 『한국의 식민지 근대와 여성 공간』, 여이연.
이이효재(2003), 『조선조 사회와 가족』, 한울아카데미.
이정옥(1999), 「페미니즘과 모성」, 심영희 외, 『모성의 담론과 현실』, 나남출판사.
전혜성(1997), 『마요네즈』, 문학동네.
정대현(2005), 「성기성물(成己成物)」, 조형 편, 『여성주의 가치와 모성 리더십』, 이화여자대학교 출판부.
조한혜정(2004), 「여성정책의 '실질적' 패러다임 전환을 위한 시론」, <한국 여성정책의 뉴 패러다임 정립>, 여성부 정책 프로젝트 과제 번호 111.
허라금(2004), 「보살핌 윤리에 기초한 성 주류화 정책 패러다임의 모색」, <한국 여성정책의 뉴 패러다임 정립>, 여성부 정책 프로젝트 과제 번호 111.
Maihofer, A.(1998), "Care", *A Companion to Feminist Philosophy*, A. Jaggar & I. Young eds., Blackwell Publishers.
Meyers, D.(1998), "Agency", *A Companion to Feminist Philosophy*, A. Jaggar & I. Young eds., Blackwell Publishers.

제 2 장
여성들이 만드는 새로운 리더상

한 나라 내에서, 또 개인적 관심과 사회적 존재로서의 자신의 활동에 따라 여성의 리더십 분야는 매우 큰 차이를 보인다. 세계 시장을 무대로 활약하는 사람들만을 '글로벌 리더'라고 할 수는 없다. 지금 자신의 작은 지역 현장에서 뛰는 활동가라도 여성주의라는 전 지구적 보편가치에 따라 활동하고 이 행위의 경험과 자원을 지구적으로 소통하고 공유할 수 있다면 그녀는 이미 글로벌 리더인 셈이다.

특히 여성의 사회적 보살핌 능력을 확장시켜 자신의 지역 일꾼으로서 살림꾼으로서 대안사회를 형성해 가는 리더들이 많이 산출되고 있다.

---

* 이 장의 논문은 한국학술진흥재단의 2005년도 선정 중점연구소 2단계 지원에 의해 연구되었다. (KRF-2008-005-J02501)

1. 리더, 리더십에 대한 역사적 이해

우리의 경험상 일부 예외적인 존재들이 있지만, 일반적으로 리더는 타고나는 것이 아니다. 당대의 이러한 규정은 어찌 보면 역사 발전이 가져다준 선물이기도 하다. 왜냐하면 계급사회나 권위주의 사회에서 리더는 타고난 자질로 정의되었기 때문이다. 과거 계급사회의 리더는 인간 아닌 존재로서 비인간화되었다. 그 상징적 아우라가 바로 '알'에서 나왔다거나 천지신명이 점지했다는 확인 불가의 태생적 사건들에서 드러난다. 이들의 초자연적 비범성은 육체적인 힘이나 정신적 힘 양쪽에서 다 확보된다. '카리스마'의 어원은 바로 '신이 내린 은총 혹은 선물'이다. 카리스마적 리더는 그 카리스마를 매개로 한 절대 복종을 통해 인적 지배를 당연한 것으로 설정하였다. 현대 권위주의 사회는 권력과 권위의 독과점을 승인하기 위해 리더를 특별하고 탁월하고 훌륭한 능력의 담지자로 포장한다. 이들 소수의 빛나는 영도력이 나라를 위기에서 구하기도 하고 국부를 증진시킨다는 것이다. 이들은 구국의 영웅, 난세의 지도자 등 역사를 형성하는 세계사적 인물들로 해석되었다.

이제는 리더십을 리더의 천부적 능력으로 보지 않는다. 리더 안에 내재한 힘이 아니라 구성원들 간의 관계에서 작동하는 힘으로 이해한다. 따라서 '리더 = 리더십을 갖는 사람이다', 혹은 '리더십 = 리더가 발휘하는 능력이다'라는 식의 공허한 순환 논리에서 벗어나서 시대적 상황이나 맥락이 리더를 요청하고 단련시키는 것으로 설정된다. 리더십 이론이 자질론에서 벗어나는 계기가 주어진 것이다. 평범한 인간으로서 자기 잠재력을 최대로 실현한 사람이 역할 모델로서 부상하는 환경이 마련되었다.

한 예로 리더십 기준은 개인적 능력의 수월성이나 전문성과 조직의 역량을 증진시키는 능력을 구분한다. 영업 실적이 최고인 사람이 영업이사 역할을 감당할 만한가, 또는 그 분야의 최고 학자가 대학의 리더로서 학장의 능력을 보여줄 것인가에 대해, 그리고 하나의 악기를 연주하는 데서 최고의 기량을 갖는 음악가가 오케스트라 지휘를 잘할 것인가에 대해, 꼭 그렇다고 긍정하지는 않는다. 개인으로서가 아니라 팀 단위 안에서 기능하는 리더는 차원이 다른 역할이 요구되기 때문이다. 내가 갖지 못했으나 다른 조직 구성원이 갖고 있는 능력과 자원을 팀을 위해 결합하고 연결할 수 있는, 그리고 그런 인재들을 알아보고 발굴하는 안목과 능력, 조직을 관리하는 능력 등에서 개인적 분투로 되지 않는 대목들이 많이 있다. 그리하여 리더십은 개인적 성취가 아니라 집단적 성취이므로 더 어려운 과업이다.

또 하나, 과거든 현재든 리더는 기본적으로 솔선수범하는 존재들이다. 그러나 이는 리더십의 필요조건이 될지언정 충분조건이 아니다. 집단 내 비전의 공유를 이루어 내지 못하여 그 비전을 따라 일을 함께 추진할 동료들을 확보하지 못한다면 온전한 효과를 낼 수 없다. 그 리더의 헌신성이 사명감을 독점하고 일을 독점하는 구조가 되면 조직의 발전이 담보되지 않는다.

결국 조직 우두머리의 능력(headship)이 아니라 팀 전체의 역량 배가(teamship)가 리더십의 판별 기준이 된다는 뜻이다. 영도력에 의존할 경우 리더를 한 번 잘 만나면 운이 좋은 것이고 아닌 경우 파국에 처한다. 그 리더가 부재할 때 조직의 위기 대처 능력이 발휘되기 어렵다. 개인적 능력에 대한 과도한 기대가 낳

[표 1] 리더십의 패러다임 변화

권위주의적 패러다임	탈위계적 패러다임
핵심어: 권력과 통제 -- 독단적으로 의사를 결정하고 수행을 명령하기 -- 문제 해결 방안 지시하기 -- 권위 발휘하기 -- 지시와 감독 -- 하향적 고과 평가하기 -- 보상과 처벌하기	핵심어: 선의의 영향 주기, 구성원을 지원하고 북돋우기 -- 구성원들에게 권한 분산하여 자신의 일을 잘 하도록 자율성 부여하기 -- 스스로 문제 해결 방안 찾도록 돕기 -- 독립적 사고와 창의적 행동 자극하기 -- 내부 토론 과정을 통해 해결 방안 찾고 피드백 공유 -- 자기 검토와 자기 평가 격려하기, 다면평가 병행 -- 성취를 축하하고 난관을 헤쳐 나가도록 돕기

[표 2] 리더의 패러다임 변화

수 장	리 더
부하들을 조종 혹은 통제한다.	구성원들에게 영향을 준다.
권위주의, 권세에 의존한다.	직위 권력 및 인격적 힘에 기반한다.
'나만 믿고 따라오라'고 말한다.	'우리' 함께 헤쳐 나가자고 말한다.
headship을 중시한다.	teamship을 발휘한다.
비공식적 논의구조에 의존한다.	공개적으로 일한다(공식적 논의구조).
타인을 불신한다.	타인을 믿는다.
타인은 장애물이거나 경쟁 상대라고 생각한다.	타인을 역할 모델로 혹은 반면교사로 생각한다.
복종을 요구한다.	존경을 받는다.
뒤에서 호령한다.	솔선수범한다.
권력을 즐긴다.	권력에 책임을 느낀다.
더 큰 권력을 추구한다.	권력을 분산한다.
보스가 사라지면 조직은 혼란에 빠진다.	평소에 키운 차세대 리더가 부상한다.
자리를 떠나면 쉽게 잊힌다.	스승처럼 영향력이 오래간다.

은 부정적 결과들이다. 이런 점에서 차세대 리더를 키우고 있느냐 아니냐가 리더십의 또 하나 판별 기준이 된다. 이에 연관되어 리더가 조직 구성원 내 권한 위임, 역량 강화(empowerment)를 해내느냐 아니냐도 중요하다.

리더십과 리더의 패러다임 변화를 간명하게 구분해 보면 [표 1], [표 2]와 같다.

지금 우리에게 필요한 리더는 "날 믿고 따라와. 내가 다 해결해 줄게." 하는 호언장담형이 아니다. "나는 이렇게 열심히 하는데 왜 우리 부하 직원들은 나를 몰라줄까." 하는 불만 및 피로누적형이 아니다. "우리 조직이 당면한 문제의 해결 방안을 내가 모른다고 말하면 나를 무능력하다고 보겠지."라고 생각하는 문제은폐형이 아니다.

역사적으로 보면 잔 다르크나 유관순 언니처럼 여성 리더가 앞에서 깃발을 휘날리며 집단을 이끈 경우는 그리 많지 않다. 이는 거꾸로 여성이 권위주의형 리더의 유산으로부터 더 자유로울 수 있다는 것이다. 혹은 기득권이 없기 때문에 더 모범이 되는 리더의 상을 확립할 소명이 있다는 것이기도 하다.

2. 여성 리더가 처한 현실에 대한 인식

민주의 시대, 여성의 시대라며 모두가 리더가 될 수 있다고 부추기고 격려하는 분위기가 있다. 이제는 남존여비 사상에서 규정된 비천한 존재성, 남녀유별에 내포된 성별 고정관념과 편견이 근거 없고 시대에 뒤떨어진 것일 뿐만 아니라, 더 나아가 여성성이 하나의 이점이자 덕목일 수 있으리라는 희망을 줄 듯하다. 사실 지난한 진통과 갈등 끝에 가부장제의 남성 지배를 위한 상징적이고 실제적인 장치로서 호주제가 폐지되었다. 여성할당제가 실질적인 양성 평등을 위한 장치라는 합의를 이루어 가면서 채용 및 승진 목표제를 확대 실시하게 되었다. 공공 영역에 시험을 통해 젊은 전문직 여성들이 대거 진입하고, 여성들이 주변화되기만 했던 노동시장에서 관리직으로, 또 조직 내에서 결정을 할 수 있는 지위로 가까이 다가가는 층이 일정 부분 형성되고 있다. 여성에게 그간 진입 기회가 없었던 것이지 업무 능력이 뒤떨어지지 않음을 여실히 보여준 것이다. 여성에게 21세기는 희망의 시간임이 분명하다.

그러나 또 한편으로 여성에게 우호적인 이러한 환경은 가능성에 대한 기약이지, 양성 평등 실현과 사회 전 부문의 여성주의화라는 목표지점에 다 온 것이 아님을 철저하게 확인해야 하는 상황들이 엄연히 존재한다. 아직 사회 각 부문에서 여성의 진출은 과소대표성을 보이고 있다. 예를 들어 2004년 현재 공무원 5급 이상 여성 비율은 5.9%이고, 정부가 추진하는 여성관리자 임용확대 5개년 계획에서 설정한 2006년까지의 목표치가 10%에 불과하다(강현희 외, 2005). 기업에서 여성 관리자는 전체의 5-6% 수준으로 조사되었는데, 40% 정도인 여성 취업률에 비하면 관리직의 여성 비율은 지나치게 낮다(이주희 외, 2004). 교육 현장의 여성 비율이 반을 넘는데도 학교 행정직 여성 비율은 10%가 안 된다고 한다. 이는 여성이 관리직으로 승진해 나가는 경로가 매우 제한되고 어렵다는 것을 뜻하는데, 그 원인은 어디에 있는 것일까? 이에 대해 여성 리더에 대한 일정한 구조적 제약과 여성 내부의 심리적 제약으로 나누어 살펴볼 필요가 있다.

1) 구조적 제약 : 누구나 리더가 될 수 있지만 모든 여성이 리더가 되는 것은 아니다

이러한 언명은 여성에 대한 사회 안의 진입 장벽 때문에 나온다. 이는 여성 리더에게 환경적 요인으로서 '유리천장'과 '유리벽'으로 대표되는 비가시적 여성차별 기제들의 작동에 대해 철저하게 인식할 것을 요구한다. '유리천장'은 직종 내 위계화된 구조에서 여성이 책임 있는 관리자의 위치로 승진하는 것이 제도적 장벽과 여성 리더십에 대한 저평가 등 사회적 태도로 인하여 차단되는 현상이며, '유리벽'은 피라미드식 조직을 가지고 있는 대기업에서 비전략적 부서에서 전략적 부서로의 수평 이동을 통해서 핵심 경영 관리직으로의 상향 이동이 가능해지는 특성이 있는데, 여성이 이 경로에서 제약을 받는 현상을 일컫는다(이주희 외, 2004).

또한 상징적 소수가 아닌 다수의 여성 리더들을 아직 인정하지 못하는 일련의 의식 속에서, 직급상 여성 리더로 올려놓고 흔드는 움직임도 끊이지 않는 문화적 천박성에서 우리 사회는 아직 벗어나지 못하고 있다. 눈물 흘리는 장관, 다리 꼬고 앉은 장관, 아이를 키워 보지 않은 독신 여성 장관 등에 대한 성별 편견적 '흔들기'가 지속된다. 직장의 상사로 여성이 부임해 온 경우 부서원들의 사기가 떨어질 뿐만 아니라 파워가 약한 부서라는 자괴감을 갖는다는 것이다.

어렵게 진입 장벽을 뚫고 들어온 여성들이 직면한 '경력 개발 의지 약함'이란 꼬리표도 여성 리더들을 곤혹스럽게 만든다. 많은 조직에서 여성들의 조기 퇴직이나 경력 포기 등을 구실로 하여 여성에 대한 투자를 꺼리지만, 미국의 유수 회계법인인 딜로이트 투시의 경우는 여성들의 조기 퇴직의 이유가 가사나 육아 부담이 아님을 입증하였다고 한다. 딜로이트 투시는 뛰어난 여성들을 영입하기 위해 애를 많이 썼고 입사 초기에는 인사고과에서 남성보다 여성에게 더 높은 점수를 주었고, 실제로 대부분의 여성이 입사 첫해에 남성보다 높은 성과를 기록했다. 그러나 계급의 사다리를 한 단계 올라갈 때마다 여성의 수는 점점 줄어들었다. 이들은 아이를 키우기 위해서가 아니라 자사의 남성 중심 문화에서 자신의 미래가 보이지 않는다는 결론 때문에 떠났다. 여성의 승진에서 장애가 되는 가정은 바로 중요한 거래를 맡기는 과정에서 "제조업체 직원은 억세서 여자가 상대하기 힘들 거야", "여성이 다루기에 그 고객은 너무 까다로워", "여행은 여성에게 너무 부담스러워" 등등이었다. 이 회사는 전보다 훨씬 많은 여성을 최고 지도층에 배치하기 위해 10년에 걸쳐 전략적 노력을 기울였다(톰 피터스, 2006). 지금 그 성과는 인재 쟁탈전에서 거의 혁명적인 승리로 나타났다고 한다.

남성 중심 조직구조와 직장문화는 여성 개인적으로 조직 내에서 경력 개발의 비전을 보지 못하게 하며, 그러한 비전 결여가 가사나 육아 부담에 투사되어 퇴직에 이르게 하는 상황은 우리 기업에서도 비슷하게 관찰된다. 여성 소비자 주권 시대라 해도 대기업에 여성 임원이 하나도 없는 경우도 허다하다. 따라서 여성의 경력 경로(career path)에 대한 대대적인 지원과 중상위층 여성 리더의 포진을 목적으로 한 장기 계획들이 필요하다.

과거에는 여성에게 '결혼', '직업', '자녀'의 세 부분을 양립시키기 어렵고 두 가지를 병행하는 것이 최선이었다는 선배 여성들의 증언이 많았다. 이러한 아픈 현실 속에서도 여성의 사회적 실현과 자아 통합적 삶을 향한 집단적 노력이 눈물겨웠다. 이제는 사회가 여성 리더로 하여금 일과 가정의 배타적 적대성을 받아들이기보다 경력 개발과 가정 역할을 나름대로 병행하여 설계할 수 있도록 하는 방향으로 지원할 때다.

2) 의식적 장벽 : 누구나 리더가 될 수 있지만 모든 여성이 진정 리더가 될 수 있는 길을 개척하고 있는 것은 아니다

최근 여성주의 비전을 현실화하려는 일련의 실천적 움직임 속에서 여성주의 리더십 연구가 진행되고 있다. 이에 대해 여성주의와 리더십은 서로 조응하는 개념일까, 리더십은 결국 파워 증진을 함축하는데 여성주의는 전제적 권력 해체, 권위적 위계구조 철폐, 관계적 수평화를 목적으로 하기 때문에 여성주의와 리더십의 만남은 하나의 스캔들이 아닐까 하는 우려도 있는 듯하다. 우리 역사에서의 좋은 리더, 모범이 되는 리더십의 부재가 낳은, 그리하여 근거가 아주 없지는 않은 비판의식이다. 사실 우리 사회에서 파워를 지닌 인물은 거의 남성이 독점해 오다시피 한 과거사의 잔영이 여성과 리더십을 짝 개념으로 생각하는 데 장애를 주고 있다. 여성 스스로 자신을 리더로 정체화하면서 리더십 개념과 만나기 시작한 지 오래되지 않았다.

그렇지만 여성 리더십의 함양은 그 개인의 사회적 성공 혹은 성취를 최종 목표로 하는 것이 아니고, 여성 리더의 대거 진입을 통해 가부장제 문화에서 벗어나 양성이 평등하고 균형적인 사회를 실현하고자 하는 것이다. 비전이 없으면 맹목이듯이 리더십 능력을 개발하지 않으면 공허해진다. 여성 리더들이 의사결정구조에 많이 포진하면서 업무, 정책, 평가, 조직문화 등 전반에 걸쳐 전방위적으로 대안적 리더십을 실현해야 한다. 파워에 대한 소극적 추구는 결국 자신의 비전을 실현할 수 있는 자원을 축적하지 못하게 한다. 건강하고 미래 지향적인 파워에 대한 의식을 새로 구상하여 실천할 때다.

그 다음 주관적 요소로서 여성들이 업무 내 전문성을 통해 성과를 내려고 하는 경향 속에서, 상급 관리자로서의 성장과 경력개발을 위해 정보 네트워크를 가동하고 활용하는 데에서 남성에 비해 상대적으로 약하거나 소극적인 점이 지적된다. 여성 리더 개인의 섬세함, 치밀함, 자상함, 부드러움, 민감함 등의 자질(박통희 외, 2004)과 투명성, 헌신성, 구성원과의 민주적 관계성 등의 가치 지향은 매우 긍정적인 자원이다. 하지만 여성 리더십에 대한 시대적 요청에 부응하기 위해서는 여성 리더들이 좀 더 전체 파악적 기술을 도야할 필요성이 있다. 전체 파악적 기술이란 조직을 전체로서 파악할 수 있는 능력으로서, 조직의 각 부분들이 서로 어떤 관계가 있고 어떻게 영향을 주고받는지, 직무의 계획, 집행, 평가의 과정들이 어떻게 연결되어 있는지를 이해할 수 있는 능력을 말한다(진동섭 외, 2004). 또한 여성 리더 개인의 여성성 발현이나 전문성 제고에만 의존하지 말고 전체 사회 변화를 추동하는 관점에 따라 리더십을 조직 단위에서 구체적으로 준비해야 하며 조직의 논리에 대한 파악이 좀 더 심화되어야 할 것이다. 구체적으로 여성은 네트워킹, 전방위적 소통, 셀프 프로모션에 대한 가치 부여를 좀 더 적극화하여 더 큰 사회적 영향력을 위한 노력을 기울일 필요가 있다.

앞으로도 여성의 대대적인 사회활동 참여를 위한 기반으로서 각 공간 및 단위에서의 임계질량(critical mass) 확보는 우리 사회가 양성 평등적 방향으로 나가기 위한 필요조건이다. 그러나 충분조건이 아님을 인식해야 한다. 여성을 더해 넣고 섞기(add and stir) 방식(넬 나딩스, 2005)은 외형상의 가시적 변화에 대한 지표가 되지만 그것만으로 가부장제 질서의 혁신이 자동적으로 주어지지 않는다. 과거 남성 편향적 조직문화에서 살아남기 위해 여성이라는 점을 부인하려고 노력한 명예남성형 여성 리더나 조직 내의 인화단결을 내세우며 여성 이슈를 등한시해 온 개혁포기형 여성 리더들을 보면, 개인의 적응과 생존 이상의 목표 설정이 힘에 부쳤던 것이 아닌가 생각한다. 특히 기업이 선호하는 여성은 유능한 인력이고 조직의 요구에 순응할 사원이고 여성적 역할 기대에서 벗어나지 않을 여성이다. 따라서 여성주의적이거나 의식 있는 여성 리더는 별로 환영받지 못했다. 이는 지금까지 사회 각계에서 성공한 여성들이 명예남성형, 여왕벌형, 어머니나 누나 같은 모성형이 두드러진 것에서 드러나는 사실이다(조형, 2004).

따라서 여성 리더십과 관련했을 때 "21세기는 여성 시대다."라는 명제가 무엇을 함축하고 어떤 방향을 설정하고 있는가에 대해 일반적으로 수용할 만한 해석은 없으며 오히려 여성의 기회가 확장될 잠재적 공간에서 여성들이 어떤 실천을 할 것인가를 각자가 더욱 치열하게 고민하는 일이 중요해진다고 볼 수 있다.

지금까지 논의를 정리해 보자. 여성 리더는 전반적으로 남성중심주의 사회인 각 공간에서 생존하기 위해서 개인적인 전문 역량을 증강시켜 왔다. 그러나 양성 평등 정책의 적극적 시행과 맞물리면서 진입 장벽이 많이 낮아졌다고는 하지만 중간 관리자 이상으로 갈수록 여성의 과소대표성이 드러나고 있다. 고위 정책 결정

과정에서는 여전히 소외되고 배제되고 있는 것이다. 따라서 사회적 조건으로서 여성 참여 기회를 더욱 확충할 것과 주체적 조건으로서 이들이 리더십 역량을 강화하여 조직 내의 과업을 수월하게 수행하는 동시에 후배 여성 리더의 역할 모형이 되고 사회적으로 새로운 가치의 영향력을 전파시키는 역할을 할 것이 요구된다. 여성 리더의 가시성이 커질수록 여성 리더십 인플레이션에 떨어지기 쉽다. 이럴 때일수록 여성 리더의 존재 규모나 양이 아닌 여성 리더십의 콘텐츠와 질로써 새롭게 혁신을 해야 할 것이다.

3. 여성주의와 환골탈태 리더십

여성주의의 주류화는 사회 각 부문에서 여성 리더가 더욱 많은 힘을 갖게 하려는 공익 전략으로서 지구적으로 채택되고 있다. 양성이 사회적으로 평등하게 되는 것이 사회의 발전이라고 보기 때문이다. 1990년대 중반 세계은행은 남녀평등 증진이 결과적으로 경제적 효율성을 제고한다고 했으며, 베이징 정책보고서에서도 여성주의적 주류화는 공익 전략으로 채택되었다. 경제적 효율성, 합리성 면에서도 양성 평등이 더 효과적일 뿐 아니라, 이상적 가치로서 확보되어야 하는 당위성도 더 강하다는 것이다.

얼핏 보면 여성주의의 주류화를 통해 우리가 효율성, 경쟁력 등 수단적 가치와 보살핌, 공존, 상생, 연대 등 이상적 가치 지향의 두 마리 토끼를 다 잡을 수 있는 것으로 보인다. 그러나 여성주의 가치가 실현되기 위해서 경쟁해야 하는 대상은 사회 안의 물리적 자원을 다투는 것이기보다 상위의 비경쟁적 가치들(조화와 협동, 공동체의 회복, 생명, 상생, 평화 등 인간과 사회와 자연의 화해)을 수용하고 발휘하는 대안적 리더십으로의 승화 가능성이라고 볼 수 있다. 이러한 여성주의 가치를 통해 우리 인간의 삶의 양식을 한 차원 높일 수 있는가가 관건인 것이다. 자신을 여성 리더로 정체화하는 사람들은 꽤 많이 생겼지만 스스로 여성주의 리더로서의 정체성을 실현하기 위한 실천들은 이제 시작이다.

리더십에서 여성 인력 활용의 관점과 여성주의로의 변혁 추구의 관점을 나누어 고찰해 보자.

1) 여성 인력 활용론과 여성주의로의 변혁 추구론

[표 3] 여성 인력에 대한 사회적 요청

여성 인력 활용의 관점	여성주의로의 변혁 추구의 관점
여성 인력 풀	여성주의 리더의 배출 및 성장 기반
여성의 양적 대표성 제고	여성의 질적 대표성 증진(양질전화)
젠더 이념형적 여성 인력 활용	여성주의 변혁을 위한 실천
여성적 가치 유지	다른 대안적 가치들과 연대
대 남성 리더 전략 부재	남성 리더의 여성주의 수용 촉구
여성 집단의 동질성 가정	여성 집단 내 다양성과 차이의 관점 수용
상호 보완의 느슨한 남녀관계를 상정하고 통합성 강조	여성 이슈에 관한 대 사회적 투쟁과 사회적 합의 유도

여성 인력을 활용한다는 것은 여성의 업무 능력을 인정하기에 가능하다. 커뮤니케이션 기술이나 상대방의 협력을 이끌어 내는 능력, 다중적 기능에서 여성이 더 진화한 인력이라는 보고도 있다(톰 피터스, 2006). 그러나 이 책에서도 여성 활용의 경제적 가치에만 주목하면서 이들이 사회의 기본 규칙을 어떻게 근본적으

로 바꿀 수 있는지 그 비전은 제시되고 있지 않다. 조직의 단기 과제에 매몰되면 업무성과 제고에 주안점을 두기 때문에 조직의 사회적 역할을 거시적인 관심에서 통찰하기는 어려운 것이 아닌가 한다. 특히나 여성이 리더가 되는 자리를 얼마나 많이 확보하는가 하는 양적 관점에서 접근했을 때, 어떤 리더십을 지향하는지, 가치표가 무엇으로 구성되어 있는지를 성찰하는 일이 실종되어 버린다. 유수한 여성 리더인 몽겔라가 "여성이 운전대를 잡았다. 이것은 돌이킬 수 없는 일이다. 이제 어디로 갈 것인지를 정해야 한다."(세계여성학대회 기조연설문, 2005)고 했던 말을 염두에 둔다면 더욱더 방향 설정에 매진할 때가 되었다.

그 점에서 브라이네스의 표현은 참조할 만하다. "지금까지 여성들은 강가에서 급류로 떠내려온 사람들을 구하고 있다가, 그 수가 도통 줄어들 기미를 보이지 않자 그 일을 그만두고 상류로 올라가 도대체 누가 수영도 못하는 사람들을 강물에 던지는지 보고자 하는 것, 즉 위기의 순간에 다급한 증상만을 보고 미봉책을 세우는 게 아니라 근본적인 문제를 해결하려 한다."(여성정책의 새로운 비전 국제심포지엄 발표문, 2003)

결국 여성주의 리더십을 통해 여성 대표성을 증진하고 사회를 수선하는 일에 더하여 근원적인 사회 규칙을 새로 쓰는 것이 미래의 비전에서 매우 중요하다고 본다.

2) 환골탈태 리더/리더십의 필요조건

원래 변혁적(transformational) 리더십은 거래적(transactional) 리더십과의 대조 속에서 새로운 리더십 이론으로 부상하였다. 변혁적 리더십은 조직 구성원들의 신뢰와 신임을 통해 자신을 역할 모델로 만들어 가는 것이며 미래의 목표를 세우고 조직 구성원들이 목표를 달성할 수 있도록 계획을 세운다. 누가 리더인가는 조직 내의 직급상 지위에 크게 구속받지 않는다. 리더는 조직을 성공적으로 운영하면서 그 과정 속에서 혁신을 지속시켜 나간다. 리더는 멘토링이나 권한 위임을 통해 구성원들이 잠재적인 능력을 모두 발휘할 수 있도록 하고 조직에서 더욱 유능해질 수 있도록 한다.

이에 반해 거래적 리더십은 리더가 어떤 행동이나 보상, 인센티브를 사용해서 구성원들로부터 바람직한 행동을 일으키는 과정이다. 이때 거래(transaction) 혹은 교환(exchange) 관계가 성립하는데, 구성원의 업무 수행 혹은 순응을 보상과 연계시키는 것이다. 리더는 이들의 책임감을 명확히 해주고 이들이 달성한 목표를 보상의 기준으로 삼고 목표를 성공적으로 이루지 못했을 때 잘못된 부분을 고쳐준다.

조직의 목표와 비전, 그리고 인적 구성 체계가 안정되어 있을 때 모든 조직은 일정 부분 거래적 리더십에 의존하여 조직을 운용해 간다. 이때는 주어진 조직 과업을 성실하게 전문적으로 추진력 있게 실행하는가의 여부가 중요한 리더십 역량 기준이 된다. 하지만 조직의 가치 전망을 근원적으로 바꾸어야 할 때, 조직문화의 새로운 방향을 모색하고자 할 때, 조직의 사회적 역할을 수정해야 할 때 등 근본적 패러다임을 바꾸고자 할 때는 변혁적 리더십 모형이 유의미해진다. 그리고 비전을 어떻게 새롭게 만드는가 하는 그 목적지와 실현 방법들에 대한 과감한 실험들이 중요해진다.

여성주의는 조직의 비전과 사명, 그리고 구성원들의 정체성과 활동 방식, 직급 체계, 조직문화 곳곳에서 리더십 작동 방식을 바꾸는 것이므로 훨씬 포괄적인 변혁을 담보해야 한다는 점에서 필자는 변혁적 리더십을 '환골탈태' 리더십으로 재개념화해 보고자 한다.

환골탈태의 과정에서 조직은 대외적인 사회적 저항과 내부적으로 행해지는 다양한 문제제기에 직면한다. 그러한 비전 변혁이 유의미한가에 대해 회의하거나 불만을 갖고 불안해하는 경향이 있다. 조직 구성원 내에서 이러한 변화를 이해하고 수용할 뿐만 아니라 스스로 추진력이 되게끔 총체적인 변화에 대해 추동해 가는 일이 필요하다.

리더십과 인기도는 비례하지 않는다는 것이 일반적인 연구 결과인데, 특히 환골탈태형 리더는 인기도가 높지 않을 수 있다. 물리 세계의 관성처럼 조직에도 관성이 있기에 이들의 혁신이 조직의 생명력과 의미, 가치를 더욱 활성화하는 길이라는 의식으로 조직원들이 만장일치하기는 어려운 듯하다. 그러나 그 길을 혼자서가 아니라 함께 집합적 주체로서 닦아 나갈 때 우리가 머무는 공간들(조직, 기관, 회사, 가정 등)은 희망의 공간이 된다.

[표 4] 여성주의 현장에 요구되는 리더십-팔로워십

리더의 조직 내 역할	팔로워의 조직 내 역할
카리스마	애정 어린 비판
영감 불러일으키기	새 세대의 활기를 공급하기
지적 자극	성실한 팔로워십 학습
개별적 배려	리더 개인에 대한 충성심이 아닌 여성주의에 대한 진정성

4. 여성주의 리더의 한 멋진 현장: 생협 활동

현재 우리 사회의 생협(생활협동운동) 활동은 여성이 주도하고 있다. 이들은 활동을 통해서 좋은 사람들을 만나게 되고 지적 자극을 받을 뿐 아니라 더 확장된 역할을 맡으면서 자기 발전을 이루어 내었던 경험들을 증언하고 있다. 굉장히 평범한 주부에서 사회적으로 큰 영향력 있는 사람으로 변화하는 모습들에서 자신의 신선한 역할 모델을 발견하기도 한다. 이들은 생명에 대한 감수성을 지니면서 사회 안에서 해결해 가려고 하는 현실적이고 실천적인 의지를 갖는 집단이다.

이들은 일상세계에 대한 문제의식에서 사회문제와 대안적 가치의 문제로 시각을 확장해 가는 중이다. 즉 우리 가족의 밥상은 안전한가를 진단하려면 미시적인 부엌 공간에서 먹을거리 상품의 생산, 소비, 유통에 대한 지구적 회로까지 파악해야 한다. 또 우리 아이가 안전하게 학교에 가기 위해서는 사회적 폭력과 학원폭력, 그리고 사회적 안전망까지 시야를 넓혀야 한다. 이들 생협 활동가들은 미래 지향적인 가치 전망 속에서 자신의 삶과 타인의 삶이 긴밀히 얽혀 있기에 자아와 타자들의 유기적 관계를 형성할 수 있는 내적 힘을 기르기 위해 노력한다. 동시에 도덕적 힘과 윤리적 가치가 권력화된 물질 권력의 지위를 대치하기를 소망한다.

생협 활동가들은 대안적 가치 체계들끼리 서로 소통 가능함을 인식한다. 이들은 인간 대 자연의 억압 관계, 사회 내 성별 억압 관계, 인간 내 계급/계층적 억압 관계 등 모든 종류의 억압이 총체적 연관 속에 있음을 자각한다. 따라서 여성주의와 생명주의가 서로 만날 수 있고, 생명주의와 평등주의 역시 만나야 함을 또 하나의 현실 과제로 생각한다. 여성운동은 여성주의자가 하고 생명운동은 생명주의자가 하면 된다는 것은 일차원적 사고다. 여성주의나 생명주의는 공통적으로 타자에 대한 억압적 권력 관계를 종식시키고자 하는 대안적 실천이므로 서로가 동지다. 결국 생명주의든 여성주의든, 대안적 가치를 갖는 활동이기 때문에 새로운 인식과 실천, 감수성을 요구한다. 이들의 상대는 반여성주의, 반생명주의 진영이다. 생명, 평등, 평화, 공존 등의 비계약적 가치에 대한 실현은 계약적 가치를 인간 삶의 기본으로 설계하는 문화에 대해 경쟁하면서 대안적 힘으로 부상해야 가능하다.

21세기형 시민운동은 여성주의적 시각에 서야 한다. 인간과 인간, 인간과 자연 사이의 관계를 지배와 정복의 관계로 설정한 남성주의적 시각을 벗어나 모든 생명체들 사이의 관계를 보살핌과 나눔의 관계로 보는 여성주의적 시각은 시민운동의 또 하나의 전제가 되어야 한다. 여성주의적 시각에 설 때 여성문제뿐만 아니라 노인, 아동, 장애인, 실업자, 외국인 노동자, 조선족 동포와 북한 동포 등 모든 사회적 약자들을 바라보는 새로운 시야가 열릴 것이다. 여성의 권익 신장만이 아니라 보살핌과 나눔이라는 여성주의적인 사회적 관계가 확산됨으로써 세상의 모든 사회적 약자들이 인간으로서 존중받는 사회를 만들어야 한다.

대안적 가치 활동은 건조한 논리에 의한 행동이 아니라 심리적(정신적) 연결에 따른다. 한 예로 생태학적 자아(ecological self)의 구성 혹은 자아의 녹화(greening)는 자연 안에서 우리의 존재 방식인 연결망을 복구하는 것이다. 심층 생태학의 명명자로 알려진 나에스에 의하면 이는 자연과 자아의 일치 상태다. "자아가 확장되고 깊어져서 자유로운 자연의 보호가 우리 자신의 보호로 인식될 때, 모든 우려는 자연스럽게 사라진다. … 우리가 호흡을 할 때 어떤 도덕도 필요하지 않듯이 … 만약 당신의 자아가 다른 존재를 포용한다면 어떤 도덕적 훈계도 필요로 하지 않을 것이다. … 어떤 도덕적 압력도 느낄 필요 없이 행동할 수 있을 것이다."
(프리초프 카프라, 1998)

물론 구체적인 조직 비전과 구성원의 역할 사명에서는 고유하고 특수한 자율적 설정이 가능하고 이는 조직의 역사성을 반영하면서 한 걸음 더 진전하는 환골탈태의 실천 전략이 필요한 대목이다. 그러나 미래 지향적으로 볼 때, 두 운동 영역 모두 대안적 가치 추구라는 기본 정신의 공감대를 확인하는 것이 더 큰 영향력 발휘를 가능하게 하지 않을까 생각한다. 두 영역에서 생산적 긴장 관계의 유지가 필요하다.

다음은 생명주의 안의 가부장제에 대한 불철저한 인식에서 비롯된 생협 활동 안의 여성 활동가의 과소대표성, 여성 리더십 배양의 부재, 환경운동의 성별 분업 체계의 고착성 등의 현실적 문제점들을 진단하는 경험적 내용들이다. 리더십 대화와 토론을 위해 '여성환경연대'의 자료집들을 참조하여 상세하게 소개해 본다.

"여성이 경험, 경력이 많아지면 그에 상응하는 직책이 주어져야 하는데 '여자는 집에 가서 애나 보지' 하는 식으로 막는다. 이런 것들이 모두 여성의 주체적 참여를 막는 장애 요소다."

"생활협동운동에서는 생산과 유통 과정에 여성 참여율이 99%에 달한다. 하지만 이사장은 거의 모두 남성들이다. 수만 명의 생협운동 참여 여성들이 대상이 아니라 주체적으로 참여하게 되면, 여성 환경인들이 엄청난 힘을 받아 확산될 텐데 여성은 단지 구매자, 보조 활동가로 머물게 되는 것이 문제다."

"조직 활동의 남녀 차이가 많다. 일단은 남성들은 자기가 조직에서, 일에서 핵심 인물이 아니면 방관한다. … 무대의 지도부는 남성들 … 여성은 자신이 중심이 아니더라도 열심이다. 남자들은 자신의 역할이 가시적이지 않으면 그만둔다. 여성들은 자기 역할이 보조적이더라도 그 일을 한다."

"○○은 대표적인 남성적 조직이다. 내가 이사회에 들어갈 여건을 갖추고 있었음에도 불구하고 조직 내에서는 나를 꺼렸다. 그래서 '여성은 참여하더라도 결국 주체가 되지 못하고 봉사자로 전락하는구나'라고 생각했다. 의사결정, 실제 운영에서도 마찬가지였다. … 6개월 동안 불면증에 시달리면서 고민한 결과 ○○에서 좌절감을 극복하기 위해서는 여성운동이 필요하다고 절감했다."

"10년째 여성회에서 일하고 있고 현재 … 실무자 중 나만큼 되는 경력자가 없음에도 불구하고 여성회를 자원봉사의 형태로 취급하는지 자리를 마련해 주지 않았다. 올해 우리가 문제를 제기하니까 교육부 실무자로 영입했다. 여성 회원들도 대표자가 되어야 일의 경험도 쌓고 감각도 느끼고 자신의 발전을 도모할 수 있는 것이다."

"이미 참여한 자는 안 그러나, 여성의 주체성이 거론되면 여성들이 거부한다. 여성으로서 주체적 의식을 가지지 않으므로 그들에게 보수적으로 접근하여야 한다. 모성에 호소하면 호응한다. 너무 권익 중심적 여성운동의 틀을 벗어나야 한다."

"여성의식이 높은 사람이 생쓰레기 건조 운동에 의미부여를 안

한다. 이것이 여성의 가사노동을 가중시킨다고 한다. 그런데 너무 여성의 권리에 대한 의식만 강하고, 아직도 책임의식이 낮은 것이 문제다."

"나는 '사람'이라는 입장으로 활동하지 남성, 여성으로 환경운동을 하는 것이 아니다. 모든 사람에게는 남녀 구별 없이 자기에게 맞는 일이 있는데, 나는 이 일이 적성에 맞다. 일반적으로 평화문제나 종이 사라지는 문제 등에 일반적으로 접근하고 여성주의적 관점으로 접근한 적이 없다."

"여성운동 자체에서도 보수적, 진보적인 입장 차이에 따라 사회를 보는 시각이 다르다. 진보적 여성운동에서 환경운동의 활동 내용이 먹을거리, 자녀교육 문제 등에 편중되는 것들에 대해 비난들을 한다. 이 비난에 일리가 있다. 그러나 현실적으로 주부라는 계층이 존재한다. 그러니 이 존재의 현실을 받아들이자. 동시에, 여성 환경운동이 먹을거리, 자녀교육 운동을 하더라도 의식이나 방법 면에서 달라야 한다. 여성이 살림하고 요리하는 것을 너무나 당연한 것으로 전제하는 것, 또는 아니라고 생각하면서 현실을 받아들이고 환경운동을 하는 것은 근본적으로 다르다."

생협 활동의 실질적 주체인 여성들의 요구를 조직 운영에 반영하기 위해서는 여성의 전통적 역할로부터 발생하는 보살핌에 대한 요구와 여성의 종속적인 지위를 개선하기 위한 전략적 요구를 모두 수용해야 한다는 김양희(2001)의 견해를 받아들인다면, 생협운동의 여성주의화는 매우 의미 있는 조직 비전이 될 수 있다.

5. 지역의 부활

과거에는 한 국가 안의 지역은 국가 안의 변방이었고, 지역은 국가를 매개로 해서 다른 국가나 세계와 연결될 수 있었다. 최근에는 '지역 대 지역'의 교류가 훨씬 활성화되고 있고 직접 교류 방식으로 서로 연결되고 있다. 이는 중앙정부의 힘이 상대적으로 축소되고 지방의 자율적인 힘이 상승하는 지방자치제의 한 효과이기도 하다.

정치 패러다임 역시 거시적인 규모의 큰 정치에서 벗어나 지역정치, 생활정치의 내실 있는 발전을 지향한다. 소위 해방의 정치에서 생활정치로의 전환을 뜻한다. 달리 표현하면 이제는 민주화 이후의 민주주의를 생활세계 안에서 한 걸음 한 걸음 진전시켜 가는 국면을 맞고 있다.

21세기의 국제경쟁력은 각 국가 안에서 정치, 경제, 사회, 문화, 환경, 교육, 평화 등의 측면에서 자치력이 높고 질이 높은 지역들이 얼마나 만들어지는가에 좌우된다. 이를 위해 지역 대 지역의 경쟁, 도시 대 도시의 경쟁, 국가 대 국가의 경쟁이 여러 겹으로 진행된다.

지구화(globalization)가 지역을 없애거나 동질화시키는 균질적 힘으로 작용하는 것이 아니라 오히려 지역적 활동들 간의 네트워킹을 촉진시킬 수 있는 점은 매우 고무적이다. 지역들 간의 지구적 소통을 증폭시킬 수 있다는 인식에서 보면 세계를 무대로 활약하는 사람들뿐만 아니라 자신의 작은 지역적 현장에서 대안적 삶의 가치에 따라 활동하고 이 행위의 경험과 자원을 공간적으로 확산해 가는 리더 또한 이미 글로벌 리더인 셈이다.

지역에 뿌리를 내린 생활정치의 실현 주체로서의 여성에게 과거에는 "지구적으로 생각하고 지역적으로 실천하라."는 격언이 주어졌지만 요즘에는 "지역적으로 생각하고 지구적으로 소통하라."는 새로운 지침도 함께 요구되지 않을까 생각한다.

이제 여성을 주축으로 한 지역 리더들은 적극적 사회 참여를 통해서 성평등 실현과 소수자에 대한 보살핌 실천, 그리고 환경과 평화와 같은 대안 가치를 추구함으로써 한국사회의 변혁을 위한 중심 거점의 역할을 자임한다.

이를 위해서는 내 지역(조직, 집단, 공동체) 안에 스며들어 있는 가부장제적 유산이 무엇이고 어떻게 극복할 것인지를 궁리해야 한다. 지역 문제에 대한 의사결정권이 누구에게 있는지, 여성에 대한 지원 예산은 어떻게 편성되어 있는지 눈 부릅뜨고 확인하는 일들이 중요하다. 또 여성들이 자원 활동을 통해서 자신의 잠재력을 발휘하고 이를 지역사회의 발전에 기여할 수 있게 지원하는 일도 중요하다.

아직도 지역 현장을 보면 구의회 홍일점 의원도 있고, 구의 여성주간 예산도 미비하지만 구의 여성정책 담당자가 여성 관점을 수용하여 시민사회와 좋은 협조 체제를 만들어 내고 창의적인 실천을 해내는 모범 사례들이 등장한다. 어찌 보면 낙후된 지역에서 시작되는 새로운 움직임이 더 큰 효과를 만들어 낼 수도 있다. 그리고 지역 안의 여성단체 간 여러 입장 차이가 크고 내부 갈등이 좀 있는 경우에라도 의식이 앞서가는 젊은 세대를 격려하고 변화하는 시대에 발맞추어 집단적인 의식 변화의 길로 나갈 필요가 있다.

지역 여성의 활동에 인센티브를 주는 방식도 좀 변화시킬 필요가 있다. '자원봉사왕'이라는 용어에서 벗어나 자원 활동 여성들에게 외국의 지역 활동을 견학하고 서로 교류할 수 있는 구체적인 인센티브(50 대 50의 경비 부담)를 주는 구 단위 연수 방안도 모색해 볼 수 있다. 또 지역 자원의 연결망을 구축하여 여성단체－관－리더십 교육기관－대학과 연계한 여성학 소모임 등이 유기적으로 결합할 수 있다.

여성들은 동네, 지역사회의 일을 통해서 자신감을 회복하고, 자신만의 네트워크 조직을 통해 뿌듯함을 느끼고 그것을 '사회적 친정'이라고 부르기도 한다. 사실 경제력만 자본이 아니다. 실천으로 만들어진 신뢰할 수 있고 탄탄한 인간관계, 가치가 끌어가는 삶의 양식도 나의 자본이다. 지역 안에 이런 여성들이 많이 생성되고 이들이 리더십 훈련을 통해서 더 큰 자기를 성취하는 것이 진정한 지역 발전에 힘이 된다.

지역의 힘이 새롭게 생성되는 이러한 국면에서 과거 퇴행적 지역주의의 문제점을 성찰적으로 인식하면서 지역과 지역 간의 탈위계적 관계 정립을 통해서 또다시 '중심 대 주변부'의 수직 구조를 재생산하지 않는 일은 매우 진보적인 비전에 맞닿아 있다. 지역과 지역은 선의의 경쟁, 가치 경쟁의 길에 접어들면서 서로에게 모델케이스가 되는 방식을 연구하고 궁리함으로써 지역이기주의와는 영원히 결별한다.

6. 맺는 말

리더는 질서정연하게 줄을 세우는 사람이기보다 의미 있는 혼돈을 감내할 수 있는 사람이다. 퍼즐 조각들이 완전히 서로 맞아

떨어진 그림을 즐기기보다 듬성듬성 틈이 벌어져 있는 곳에 창조적이고 가치적인 숨을 불어넣을 수 있는 용기를 가질 필요가 있다. 의미 있는 변화에 저항하는 사람은 건강하지 않은 기득권층에서 올 수도 있고 변화가 자신에게도 좋은 기회와 활동 공간을 열어 줄 것이라는 확신이 아직 미흡한 조직 내부에서도 발견된다. 좀 더 기술적인 기득권층은 근본적인 변화를 예방하기 위해서 조금씩 바꾼 척하는 전술을 취하기도 하기에 주의를 요한다.

필자가 논의한 환골탈태의 리더십은 비전이 바뀌고, 의식이 바뀌고, 정서와 감수성이 바뀌고, 몸이 바뀌는 진통의 과정을 요구한다. 인간 혹은 조직의 환골탈태는 천의무봉이 아니다. 매미가 껍질을 고스란히 벗듯 생채기 없이 진행된다면 매우 다행한 일이지만 인간이 변화하는 데서는 아직 많은 내공이 필요한 것 같다. 하지만 그 과정에서 조직과 인간의 생명력이 증진된다. 지금까지 주요 사회운동이 경제적이고 계급적인 문제를 정치화하는 것이라면 새로운 사회운동은 생명문화적인 것, 여성주의적인 것을 정치화하려는 노력이라고 볼 수 있다.

궁극적으로 여성주의 리더십은 가부장적 권위주의에 내재한 불평등한 권력 관계를 거부하려는 것이므로 자본주의뿐 아니라 모든 사회조직과 사회관계에 구조화되어 있는 서열적 권력 관계를 극복해야 한다. 생명주의와 여성주의가 만날 수 있다. 그리고 생명주의는 인간에 의한 자연의 정복, 지배, 인간중심주의를 거부한다는 점에서 인식론상의 근본적 전환을 우리 모두에게 요구한다. 생산력의 끊임없는 증대를 요구하는 산업주의의 오류는 자본주의와 사회주의 양대 이념에서도 공통적으로 발견되었기 때문이다. 개발주의, 성장주의, 산업주의는 생태계 파괴를 필연적으로 야기한다.

무엇보다 생명주의와 여성주의가 실천되는 현장을 강조하는 지역주의는 강권적 중앙집권주의를 거부하는 지역 자치 운동 혹은 지역 공동체 운동이다. 이는 생활세계의 식민화, 국가에 의한 지방의 내적 식민화를 반대하는 일로 연속적으로 확장된다. 세계시장이나 국제정치 무대에서 활약하는 사람들만을 '글로벌 리더'라고 할 수는 없다. 지금 자신의 작은 지역적 현장에서, 동네에서, 마을에서, 여성의 사회적 보살핌 능력을 확장시켜 지역 일꾼으로서 살림꾼으로서 대안사회를 형성해 가는 리더들이 진정 리더십 텍스트를 새롭게 써가고 있는 것이다.

리더십의 새로운 기운으로 자리 잡은 생명 감수성 혹은 인간, 사회, 자연과의 관계성 회복을 위한 열린 감성은 겨우 출발점에 있다. 이를 감성 지능으로 부르는 것은 여전히 지능에 기대어 있는 것이고, 관계성의 회복을 인간 관리 능력이라고 부르는 것 역시 관계가 관리 대상이라는 식의 도구적 가치관이 스며들어 있는 것으로 경계할 바다. 리더를 핵심 인적 '자원'으로 보는 것 역시 물화된 의식에서 개념화한 것이 아닌가 우려스럽다.

각종 사회적 위험에 처해 있는 약자들의 두려움과 전망 상실의 상황을 함께 뚫고 대안사회를 모색하기 위한 나침반으로서의 감수성은 우리가 함께 개발해야 할 몫이다.

[참고문헌]

가이 브라우닝(2005), 『풀뿌리 리더십』, 형선호 옮김, 을유문화사.
강시현(2004), 「성별 인식과 리더십에 관한 연구」, 이화여자대학교 대학원 석사학위논문.
강현희 외(2005), 「중앙정부의 중상위직 여성공무원의 리더십 유형」, 『한국행정학회 동계학술대회 발표논문집』.
김양희(2001), <생협 여성활동가를 위한 워크숍>, 자료집.
김옥희 외(2005), 『교사리더십 프로그램』, 한국학술정보.
넬 나딩스(2005), 「페미니즘, 돌봄, 그리고 새로운 삶의 방식」, <돌봄과 소통이 있는 가족문화와 지역사회를 위한 심포지엄>, 또 하나의 문화 자료집.
녹색삶을 위한 여성들의 모임(2005), <풀뿌리 여성지도자의 성장과 특성>, 창립10주년 기념 심포지엄.
박통희 외(2004), 『편견의 문화와 여성 리더십: 여성 공직자의 역할 모형』, 대영문화사.
버지니아 밸리언(2000), 『여성의 성공 왜 느릴까』, 김영신 옮김, 여성신문사.
베른하르트 그림(2002), 『권력과 책임』, 박규호 옮김, 청년정신.
하비 세이프터 외(2003), 『리더십 앙상블』, 강미경 옮김, 세종서적.
에티엔느 웽거 외(2004), 『COP 혁명』, 황숙경 옮김, 물푸레.
여성환경연대(2001), <생협 여성활동가를 위한 워크숍>, 자료집.
_____(2003), <생협운동과 여성 리더십>, 자료집.
_____(2004), <녹색의 가치와 여성 리더십>, 차세대 여성환경활동가 전국연수 자료집.
_____(2001), 『여성이 새로 짜는 세상』, 박영률출판사.
워렌 베니스 외(2003), 『시대와 리더십』, 신현승 옮김, 세종연구원.
워렌 베니스 외(2005), 『리더와 리더십』, 김원석 옮김, 황금부엉이.

윤혜린(2005), 「카오스 나비효과를 통해서 본 여성주의 리더십」, <여성주의 리더십을 향한 4가지 시도>, 이화리더십개발원 2주년 기념 학술대회 자료집.

이상화(2005), 「리더십과 권력에 대한 여성주의적 재개념화」, 『여성학논집』 제22집 1호, 이화여자대학교 한국여성연구원.

이영숙(2002), 「한국여성환경운동의 성별 관계와 지구화 논점들」, 한국여성연구원 편, 『지구화와 여성 시민권』, 이화여자대학교 출판부.

이주희 외(2004), 『유리천장 깨뜨리기: 관리직 여성의 삶』, 한울아카데미.

이현희(2004), 「여성주의 정치학으로서 생협운동의 가능성에 관한 연구: 한살림과 민우회 생협의 활동여성들을 중심으로」, 이화여자대학교 대학원 석사학위논문.

장필화(2004), 「여성 리더, 여성적 리더십, 여성주의적 리더십」, <여성적 가치와 여성 리더십>, 이화리더십개발원 1주년 기념 학술대회 자료집.

정수복(2000), 「한국 시민운동의 패러다임 전환을 위한 이론적 모색」, 『한국행정학회 2000년도 기획 세미나 발표논문집』.

제네비브 브라운 외(2005), 『여성 리더십』, 조병남 옮김, 예영커뮤니케이션.

제임스 글리크(1993), 『카오스: 현대과학의 대혁명』, 박배식 외 옮김, 동문사.

조형(2004), 「비공식에서 공식으로: 여성운동과 공공 영역」, <또 하나의 문화 20주년 기념행사 자료집>.

진 시노다 볼린(1992), 『우리 속에 있는 여신들』, 조주현 외 옮김, 또 하나의 문화.

진동섭 외(2004), 『교육 리더십』, 교육과학사.

최정순(2004), 「여성 영업관리자의 리더십 유형이 리더십 효과성에 미치는 영향에 관한 연구」, 국민대학교 정치대학원 석사학위논문.
케이 듀오(1989), 「성취를 위한 노력」, 『남녀의 행동연구』, 이혜성 옮김, 이화여자대학교 출판부.
킴 반즈(2005), 『포스트 리더십 긍정적 영향력』, 정우찬 옮김, 한스미디어.
톰 피터스(2006), 『톰 피터스 에센셜: 리더십』, 정성묵 옮김, 21세기북스.
페이 맨델(2003), 『셀프 파워먼트』, 이순주 옮김, 북폴리오.
프리초프 카프라(1998), 『생명의 그물』, 김용정 외 옮김, 범양사.
한살림 서울 생활협동조합(2004), <수도권 한살림 초급실무자 연수>, 자료집.
허라금(2005), 「여성주의 리더십 이해를 위한 시론」, 『한국여성철학』 제5권, 한국여성철학회.
FORESEEN 연구소(2000), 『여성적 가치의 선택』, 문신원 옮김, 동문선.
Cooper, R.(1996), *The Evolving Mind: Buddhism, Biology and Consciousness*, Windhorse Publication.
Coughlin, L. et. al. eds.(2005), *Enlightened Power*, Jossey-Bass Publishers.
DAWN(2003), "Feminist Principles: The Feminist Principle of Leadership," http://dawn.thot.net/feminism11.html.
Koestenbaum, P.(2002), *Leadership: The Inner Side of Greatness, A Philosophy for Leaders*, Jossey-Bass Publishers.
UNDP(2003), *Human Development Report 2003*, 「밀레니엄 개발 목표: 인간 빈곤 종식을 위한 국가 간 협약」.

제 3 장

여성주의 교육 공간의 리더십

'여성철학' 공간에서 여성주의자들은 무엇을 만들어 내는가

여성 교육의 공간은 무엇보다 우리 사회를 성평등적 사회로 변화시킬 수 있는 가치 지향적 집단의 창출이라는 목표를 실현할 인재들의 양성소다. 표면적으로 형식적으로 성평등이 실현된 것 같은 당대에 여전히 비가시적인 성차별의 존속이 문제가 된다. 학문의 커리큘럼 안에서 볼 때도 성별 중립적(gender neutral)으로 보이는 교과과정이 실은 남성 중심적 지식 권력 체계를 형성하고 있음을 목격한다. 이는 여성주의 지식 생산과 교육 내용의 확립이 필요함을 말해 준다. 교실을 여성 리더십 훈련의 공간으로서 자리매김하여 당당하고 주체적이고 비판적인 지성문화의 산실로 만들려고 하는 기획들이 소중함을 역설해 준다.

그렇지만 신자유주의는 교육계 안에도 예외 없이 불어 닥쳐 능력중심주의와 무한 경쟁의 논리가 일반화되면서 뛰어난 여성 개

---

* 이 장의 논문은 한국학술진흥재단의 2005년도 선정 중점연구소 2단계 지원에 의해 연구되었다. (KRF-2008-005-J02501)

인의 성공이 부각되고 사회적 소수자로서의 대다수 여성의 억압적 삶의 면모들은 은폐되고 비가시화되고 있다. 그러나 교육받은 여성의 사회 참여 현황에서 볼 때 비정규직 노동의 문제는 무능한 자들의 고유 문제가 아니다. 사회적 소수자의 인권 및 권리 박탈(계급, 섹슈얼리티, 인종 등을 교차하는 다중적 억압), 신자유주의에 대한 대안 도출의 과제 역시 자신의 삶의 조건과 매우 밀접한 상황임을 아프게 깨닫지 않으면 대안사회 만들기에 대한 창의력은 고갈된다.

필자가 소개하는 하나의 미시적 현장으로서 '여성철학'이란 교실의 교육 공간의 경험은, 우리 사회의 여성주의화라는 비전과 실행력을 구체적인 교실 안에서 담보하고자 하는 작업이다. 교실은 학교 안팎의 가부장제적 아비투스의 연속성과 단절을 경험하게 하는 장이면서 동시에 계급/성별 지배 체제가 내부로 스며들어 오기도 하는 갈등 속의 장소다. 또한 교실 내 주체들은 다원화된 구성을 드러냄으로써 젠더 정체성과 감수성, 사회적 문제의식 등에서 넓은 스펙트럼을 보인다. 이러한 타자들의 정치학 안에서 모순이 전개되고 지양되는 과정이 여성주의 공간의 삶의 현실이다. 획일화되고 표준화된 교육 내용을 강요하는 공간적 실천의 장소(Uni-topia)가 아니라 다수의 다양한 대안적 공간들(Utopias)에 대한 표상을 구성하도록 돕는 데 여성주의 교육의 의미가 있다.

궁극적으로 여성 교육 공간의 존재 이유는 여성 집단 내의 연대를 꿈꾸고 더 나아가 사회정의, 생태주의적 상생의 문화를 공유하는 녹색 연대, 수평적 연대와 함께 가는 여성주의 가치를 체화하는 데 있다.

1. 들어가는 말

여성주의가 성평등에 기초한 대안적 삶을 향해 나아가는 목적의식적 가치이자 실천 모드라고 한다면, 여성주의에 의한 교육, 여성주의를 위한 여성주의 교육의 모델이 어떤 식으로 현실 공간 안에서 펼쳐질 수 있는가, 또한 그 실천의 주체는 누구인가가 중요한 문제로 떠오른다. 여성주의의 입지점은 현실과 이상과의 격차를 내포하고 있으면서, 목적을 향한 실천을 담보로 하기 때문에 여성주의의 현실적 장에 대한 면밀한 인식을 요구한다.

필자는, 우리 사회의 여성학 관련 교과목 교실은 바로 강사와 학생이라는 두 주체들의 역동적 상호작용이 전개되는 하나의 사회적 공간이면서 우리 사회의 여성주의화를 선취하여 실험하고 확산하는 장이라고 생각한다. 이 교실의 존재 이유가 그런 것이라면, 여기에서 젠더 관점의 교육 내용이 생산될 수 있게 이끌어 가면서 이러한 작업들이 우리 사회의 새로운 여성주의 교육 및 문화 생산에 기초 콘텐츠를 보태게 하는 일이 여성 교육 공간의 의미론이다.

이러한 견지에서 볼 때, 교실은 다중적 모순들이 경합하고 충돌하는 장이다. 학교라는 공간은 한편으로는 규범적이고 도덕적인 규율 권력으로서 지식의 형태를 생산해 내면서, 다른 한편으로는 지배에 저항하는 대항 헤게모니적 정체성들을 생산하는 식으로 학교 외부의 가부장제 사회와 상호 모순적인 관계에 있다. 특히 여성주의자들이 모인 교실에서는 지식의 성별 정치학에 민감한 사람들이 모여 기존 지식 체계의 성별성을 지적해 내면서 특수한 종류의 정치적 정체성과 주체성 생산에 기여하고자 하기 때문에 바깥 사회에 대한 긴장의 인터페이스를 갖는다.

하지만 이 여성주의자 집단 내부에도 균질성이나 획일적 공통성보다는 이질성의 모순들이 발아하고 산포하고 있다. 개인들의 정체성을 구성하는 경험들이란 언제나 복수적이기에 개인들의 인식 내용 사이에 불일치가 있을 수밖에 없으며, 문제의식의 첨예한 다양성은 사회적 표현 형태들을 분기시키고 있다. 학생들은 계급의식적으로, 성별적으로, 경험적으로 서로서로 분화한다. 학생 집단은 여대생이란 공통 속성보다는 규범화된 주류 의식에 맞서는 성 정체성이나 언어적 주체성 발현에 있어 넓은 스펙트럼을 보이며 미시적 충돌을 일으키고 있다. 여성 집단을 우리 사회의 타자로 본다면, 타자 집단 내의 연속적인 타자화가 계속 내부적으로 진행 중이며 이는 여성주의의 내부 모순이다.

만일 교사의 입장에서 우리가 교육을 젠더 중립적이고 보편적인 인식 전수의 기능성으로 자리매김한다면, 이러한 모순의 현장을 포착할 수가 없다. 사실 교육의 장에서 일어나는 사태란 성별 편견과 왜곡을 정당화한 지식들이 폐기되고 새로운 내용들이 끼어들면서 보완 및 대치가 일어나는 역동성이 핵심이다. 학생 일반에게 교육되어야 할 젠더 중립적 지식의 허구성을 파헤치는 여성주의 인식론의 전제에서 볼 때, 가부장제적 유산으로서의 성별화된 지식 체계들을 폐기하는 일이 자신의 정의적 속성인 여성주의 교육에서 이 점은 첨예하게 드러난다. 그 주체가 젊은 세대인 만큼 이들이 기성세대에게 증여받기를 거부하는 지식의 문제를 심각하게 고려해야 한다. 이들은 교육의 장이 계급 지배 및 성별 지배의 재생산의 위치에 자리하기보다 생산의 장이라는 소임을 가질 것을 요구한다. 이와 관련하여 교수법에 대한 요구 자체도 여성주의적이기를 소망한다.

지루와 프레이리(1995:16)는 교수법이 지식 전달의 수단을 체계화하는 데 머무는 것이 아니라 지식의 생산에서 빠질 수 없는 일부분이라고 한다. 이는 교수법이 생산의 역동적 관계 자체를 구성하는 요소로서 학교 내에서 교사는 이론가이며 동시에 배우는 사람이고(theorist/learner), 학생은 배우는 사람이자 독자이며 동시에 비판가(learner/reader/critic)라는 언명으로 이어진다. 그리고 교사를 단순한 기능자(정부기관의 대행자 또는 중립적인 지식 전수자)로, 학습자를 빈 그릇 혹은 수동적 대응자 혹은 지식의 전수가 가능한 불변의 자료로 취급하는 관점 또한 거부한다(지루 & 프레이리, 1995:17). 그 대신 여러 구성 요소들 간의 지적, 정서적 소통과 교환에 기초를 두면서 그들 관계의 생산성을 인정하는 것이며 이들이 변화 가능한 행위자(agent)임을 선언하는 것이다.

여성주의 교육이 현행 교육의 비판자이자 대안 제시자로서 소임을 갖는다면, 교육 공간을 구성하는 여러 요소들 안에서 대대적인 성찰이 수반되어야 함을 의미한다. 필자가 여기에서 강의실 안의 경험을 다시 반추해 보고자 하는 것은 여성주의 교육 공간에 대한 성별 정치학적 관점(gender politics)이 의미 있다고 생각하기 때문이다. 성평등은 하나의 상징적 언어로서, 이 세상의 잘못된 질서를 바꾸는 거시적 층위의 공간 개혁이다. 가부장제적 자본주의에 동화되지 않고 오히려 예각을 세우는 이질적인 성격의 사회적 공간들이 마련될 때 그 내용성이 실현된다. 하지만 미시적 층위에서도 그 새로운 공간 경험들이 축적되어, 여성주의 원리가 숨쉬어야 한다. 여성이 속해 있고 행위하는 '지금' '여기' 이 공간 안에서 여성주의가 꿈틀대야 한다. 여성주의는 국소적,

지역적, 소규모적 공간 실험을 이 시간에 해야 하며, 거기에서 창발하는 공간적 주체들이 세상을 여성주의적인 판으로 만드는 파급력을 길러야 한다. 여성에게 지금 요청되는 일은 자신이 발 딛고 있는 장소, 무대, 상황 안에서 역동적인 경험을 만들고 이를 다른 공간에 퍼뜨리는 일이다.

이 글은 지난 몇 년에 걸쳐, 필자가 <여성철학>과 <성의 철학>이란 교실 안에서 여대생들과 소통하면서 그 공간을 여성주의적으로 의미화했던 경험을 보고하는 작업이다. 개인적 경험인 만큼 여러 한계가 있다. 사태에 대한 과장 해석 혹은 축소 해석, 의도적 · 비의도적 망각, 기억의 불투명성 등 인간적 요소가 개입하는 것이 사실이다. 자기 경험을 언어화한다는 것은 어려우며, 이런 추체험의 방식은 해석과 평가에 열려 있다. 특히 필자가 여성주의 교수법을 이론으로 접한 적이 거의 없는 상태에서 직면한 경험들이기 때문에 경험의 설계 단계에서 미비할 수 있지만, 이론과 경험이 조우하는 이러한 방식의 소통을 통해서 살아 있는 교수법을 생산할 수 있기를 바라고 있다. 그러한 제한점에서 먼저 와일러의 교수법 연구를 소개하고(2절), 공간의 사회적 생산 과정을 탐구하고 나서(3절), 필자의 경험을 교육 공간의 여성주의적 생산으로써 명명하고자 한다(4절). 마지막으로 교육 현장을 횡단하는 여성주의 공간 원리를 도출하고자 한다(5절).

2. 캐슬린 와일러의 여성주의 교수법 이론

캐슬린 와일러(Kathleen Weiler)는 『변화를 향한 비판적 교육: 학교 교육 내의 성, 계급, 권력에 대한 페미니스트 분석』이란 책

으로 우리에게 알려져 있는 여성주의 교육자다.[1])

와일러는 스스로를 사회주의 여성주의자로 정체화하면서[2]) 비판 교육 이론과 여성주의를 종합하려고 시도한다. 이 양대 준거틀 중에서 비판 교육 이론은 기존 자본주의 사회구조의 수용과 계급 재생산을 위한 이데올로기이자 문화적 전승의 한 기제로서 전통 교육에 대한 입장과 대척점에 서 있기 때문에 현존하는 사회에 대한 저항적, 비판적 시각이다. 이는 파울로 프레이리의 '피억압자의 교육학'을 전범으로 삼는 흐름 속에 있다. 또 하나 그녀가 여성주의 연구자이면서 교육자라는 상황의 인식론에서 보면, 성별 억압의 구조화를 통해 현존 사회가 작동하고 있으므로 여성은 성차별에 대한 의식화와 성차별 폐지를 위한 작업의 주체가 된다. 현존 사회를 자본주의적 가부장제라는 틀로써 인식한다고 하는 것은 여성에게 가해지는 지배 현실에 저항하고, 가부장제 폐지를 위한 노력을 경주한다는 것이다.

하지만 현존 사회의 계급/성별 시스템이 착취적이고 억압적인 측면이 있다고 해서 교육의 장마저 재생산과 저항의 이분법으로 보는 것은 우리의 출구가 되지 못한다. 자본주의적, 가부장제적 시스템이 그 내부의 모든 사회적 공간들 안에 균일하게 작동한다고 보는 것은 지나친 단순 논리다. 모순적인 현상들은 동시에 그 가운데 변화 가능성도 포함되어 있음을 변증법적으로 함축한다. 따라서 와일러의 연구는 제도권 교육으로서 학교 교육의 모형들

---

1) K. Weiler, *Women Teaching for Change: Gender, Class & Power*, Bergin & Garvey Publishers, 1988. 이 책은 오재림에 의해 1995년 여성사에서 완역되었다.

2) 위의 책, 57쪽, 110쪽 등 참조.

사이에서 가치 지향적인 공간과 의식 구성, 주체 형성의 공간들이 어떻게 가능한지를 모색하고자 하는 사람들에게 의미 있는 연구가 되고 있다. 학교는 비록 다양한 모순과 투쟁의 장으로서 존재하지만 그렇다고 '학교는 죽었다' 식의 부정적 언명으로 교육 공간이 갖는 잠재력을 무화시킬 수 없는 점은 우리와 공통적인 토대라고 생각한다.

구체적으로 와일러는 이 책에서 학교라는 장에 영향을 주는 자본제적/성별 권력의 다양한 제도적, 이데올로기적 기제들 속에서 젠더가 어떻게 사회적으로 구성되며 여성주의 집단 안에서 어떻게 재구성되는지를 살펴보고자 하였다.[3] 또한 여성주의적으로 의미 있는 교육을 생산해 내는 세 주체로서, 여성주의자 교사와 학교 행정가들, 학생들이 겪는 이데올로기적 투쟁과 그들의 문화적 성취를 문화기술지적(ethnographic) 방법을 사용하여 연구하고 그 결과를 밝히면서, 비헤게모니적이고 자유주의적인 교육이 무엇인지를 탐색하였다.[4] 남녀 역할과 성차별에 대한 비판의식을 깨우쳐 주려고 노력하는 실천자들에 매개된 지평이 바로 교육을 통한 인간 해방과 사회정의 및 평등의 실현으로 맥락화된다.[5]

와일러의 연구 대상은 두 군데 공립 고등학교의 행정가, 교사, 학생들이었다. 학교는 기존의 사회적 계급구조의 재생산을 돕기보다 학생들에게 실제로 인간적인 경험을 제공하는 데 성공하고 있다. 학교에 대한 예산 절감이나 사회적 불안, 좀 더 넓은 사회로부터의 이해와 지원 부족 앞에서도 그들의 일에 전심전력하는

3) 위의 책, 7쪽.
4) 위의 책, 7쪽.
5) 위의 책, 7쪽.

“몇몇 교사와 학교 행정가들이 이루어 놓은 결과”[6]는 경제적 투입과 산출의 기계적 과정은 아니다.

어떻게 그런 일이 가능했는가? 와일러는 두 학교 모두 존경받는 행정가들이 재직한 점, 행정 고위직에 여성이 있었던 점, 혁신적인 교육 프로그램을 과감히 시행했던 점, 교사들이 행하는 정치적이고 사회성 강한 교육 과정과 수업이 개방적이었던 점을 우선적으로 평가한다. 여성주의 교사들과 여성 행정가들의 비교적 가까운 동료 관계는 교사들에게 교육이 어떤 것일 수 있는가에 대한 공동체적 시각을 제공해 주는 공동 작업 환경을 경험하게 해주었다. 여기에서 특기할 만한 일은, 활동적인 교사 집단들이 1960년대 말, 1970년대 초의 실험적 교육 프로그램이 시행되던 사회 환경과 여성운동 안에서 수혜를 받은 전력이 있었다는 것이다. 그들에게는 모든 학생들이 똑같이 존경받으며 학생들의 문화적 유산들이 인정되고 가치 있게 수용되는 학교를 만들고자 하는 열망이 있었다. 이런 배경에서 “그런 기제를 모든 공립학교에 적용하도록 해보자. 그런 일이 오직 작은 규모의 환경에서만 가능한지, 아니면 큰 규모의 환경에 적용할 수 있는지 하는 식으로” 실험적 프로그램의 협동적이고 민주적인 가치의 확산 가능성을 실험하였다고 한다.[7]

이러한 사례는 교육 주체로서 교사의 현실적 인식이 철저해야 함을 지적한다. 학교 구성원의 경제적, 이념적, 문화적 배경을 고려하면서 동시에 온갖 종류의 차별 및 배제의 논리에 대항할 수 있는 의식화를 의미한다. 와일러가 연구한 한 학교는 중간 정도

6) 위의 책, 115쪽.

7) 위의 책, 167쪽.

규모의 고등학교로서 계급과 민족성이 매우 다양한 부류의 학생들이 재학하고 있었고 이민자 출신들, 중간 계급과 노동자 계급의 학생들이 섞여 있었는데, 이런 다문화적이고 다민족적인 학생 집단이 있다는 것은 이곳의 교사들이 성별에 따른 주체성뿐 아니라 계급과 민족성에 따른 갈등 관계에도 세심한 주의를 기울일 것이 요구된다는 것을 의미했으며 교사들은 이 상황에 적절한 교과 과정을 편성하였다. 또한 여성주의 교사들은 여학생들에게 자신들의 성장기에 축적했던 사회민주주의 등의 문화적 자원을 보급시키는 선배로서 역할 모델이 되었다.[8]

와일러의 연구에서 주목할 만한 대목이 몇 가지 있다. 첫째, 그녀 스스로 명백하게 밝힌 의도적 편파성(conscious partiality)이다. 편파성은 여성주의 인식론의 편파성과 여성주의 가치론의 편파성으로 나누어 볼 수 있다. 와일러는 처음부터 이 연구가 여성주의에 동조적인 여성 교사들과 그들의 교실 수업 방식 또는 행정가적 역할에 초점을 맞출 것임을 분명히 밝히고 시작하였다.[9] 특히 와일러는 여성 교사들의 일상생활을 강조하였는데, 소위 공식 부문과 비공식 부문 사이의 삶의 단절을 극복하는 일상 경험의 강조를 여성주의적으로 올바른 정치적 책임감의 일부로 생각하였다. 개인 생활사에 대한 질적 연구는 특정한 묵시적 의도나 목적이 있는데, 연구 대상으로 참여한 여성들에게 자신의 일과 연구자의 관찰과 분석에 대해 대화와 반성의 기회를 제공하고자 하며,[10] 또 다른 의도는 교사들이 벌이고 있는 가치 있고 의미

8) 위의 책, 115-119쪽.

9) 위의 책, 118-119쪽.

10) 위의 책, 120쪽.

있는 작업의 모델을 확산시키는 것이다.

두 번째로 가치론적 편파성은, 교실 안에서 여성주의 교사는 여성주의를 중립적인 토론 대상으로 삼는 것이 아니라 여성주의자의 편에 섬으로써 명시화된다. 그녀는 한 여성주의 교사가 마초 남학생에게 대응한 사례를 소개하고 있다. "여자는 군대에 갈 수 없으며, 간다 해도 머리 손질만 할 것이 뻔하다."는 남학생에게 그것이 성에 대한 고정관념이라고 지적하면서, "이 교실 안에 우리 여자들의 수가 너희 남자들보다 많다는 걸 잊었니?"라고 응수하는 대목이다.[11] 그녀는 교실 안에서 중립적인 입장을 갖는 수업 촉진자가 아니며, 자신의 입장을 분명히 밝히고, 남학생들과는 대항하는 위치인 여학생들과 한편이 되어 성관련 갈등에 관여하며 이것이 정치적으로 올바른 편파성이라고 해석한다.

여성주의가 현실 사회를 변혁하려는 하나의 힘이 되려면 이데올로기화한 교육에 대한 공간적 투쟁 노력을 담보해야 한다. 넓은 의미의 사회적, 제도적 통제와 연결되는 교육의 문제, 즉 푸코의 용어로 권력 기술이 학교 주체들 간의 상호관계에 영향을 주어 제도적 구조를 형성해 가는 방법, 혹은 알뛰세의 용어로 이데올로기적 장치로서의 교육의 측면에 대한 인식이 필요하다. 특히 이데올로기의 공간적, 언어적, 규율적 실천에 주목해야 한다.

사실 교육을 그 순기능과 역기능으로 분할하기에는 학교를 둘러싼 성격 규정이 쉽지가 않다. 학교는 전적으로 지배 이데올로기에 복무하는 곳일 수만도 없고, 전적으로 사회의 압력으로부터 자유로운 지대도 아닌, 상호 대립하고 모순적인 제도적, 개인적,

11) 위의 책, 219쪽.

사회적 힘들의 모임체다. 학교 사회는 서로 충돌하고 개입하고 협상하는 모순들의 장인 셈이다.

특히 교실 안에서 '목소리'는 교사와 학생들의 상호작용과 교실 내에서 만들어 내는 지식 탐구의 교육학적 아이템으로 이용되는데, 목소리는 교사와 학생이 그들의 세계에서 적극적인 창출자로서 자신을 정의하고, 역사 속에 스스로를 표현하려고 시도하는 하나의 방법으로 인식된다.[12] 이런 의미에서 목소리는 권력, 역사 그리고 경험의 상호관계 속에서 교사와 학생이 경험하는 다양한 주체성, 담론, 각자의 전기를 나타낸다. 힘 북돋우기(empowerment)의 상징으로서 여러 부류의 목소리는 정체성을 무시하고 구성하고 혹은 경험하는 과정, 의미를 확인하고 주변화하거나 의심하는 과정, 종속이나 주장 및 계몽이 서로 맞물리고 연관되는 과정에서 형성되는 경험 가운데서 탐색되고 탐문된다.

결국 와일러의 교수법 이론은 교육 주체들이 자신을 표현할 말을 지니고 그것을 발화해야 주체적 행위자가 된다는 것, 즉 말은 실제적, 물질적 효력을 갖는 도구로서 자신을 정체화하고 주체화하는 데서 구성 요소가 됨을 강조한다. 여기에서 누구의 목소리가 정전의 이름으로 혹은 타자의 이름으로 호명되는가가 공간 정치학의 분석틀이다. 와일러는 타자(the others)의 목소리를 정당화는 것의 중요성을 강조하면서, 그러한 목소리를 높이고 탐색하고 비판하는 것에도 주력하는 한편, 우리가 타자의 목소리를 듣는 연습의 일환으로 목소리를 감별하고 지각하는 감수성을 요청한다는 차이의 정치학이 교실 안에서 작동되고 있음을 밝히고 있다.

---

12) 위의 책, 16-18쪽.

와일러는 “여성주의자이자 반인종차별주의자인 여성 교사가 들어가는 교실은 지식이 통제되거나 공허한 관중들에게 전달되기만 하는 중립적인 환경은 아니다. 그녀는 자기 자신을 정의하는 데에 지대한 영향을 끼친 가치와 억압 또는 특권의 경험을 가지고 다른 이들과 관계 맺는 방법과 나름대로 지식을 가지고 있는 학생들을 만나며 그들과 대화한다.”고 결론을 내린다.[13)]

와일러의 이론에서 교육의 위상은 현실 사회의 문제들을 해결할 수 있는 행위 주체들을 양성하는 차원에 있다. 이는 교육이 계급 지배나 성별 지배의 구조적 고리 안에 있다는 결정론의 반대 진영에 위치해 있음을 뜻한다. 특히 여성학의 실천성은 사회와 연속되어 있는 교실 안에서도 관통되어야 한다는 것이기 때문에 이론과 실천의 합일을 전제로 할 수밖에 없다. 또한 여성주의 교육은 사회 변화, 사회 평등화, 민주화 문제와도 포괄적으로 연관된다.

와일러의 연구의 이러한 착지점들이 우리 교실에 직수입될 수는 없다. 크게 미국 사회와 달리 우리 사회는 인종차별이 현재화되어 있지는 않기에 사회의 기본 지형이 다르다. 하지만 교육을 통한 인재의 사회적 분배 과정이 매우 계급 제한적이어서, 교육 수혜자층의 사회 계층적 고정화가 심각해지고, 교육 자본을 통한 계층 이동의 유동성이 비탄력화되어 가는 지점에서, 그리고 성차별을 폐지하기 위한 의식화 프로그램의 가동이 유의미한 가부장제 현실 속에서 구조적 유사성을 찾을 수 있다. 이를 공간적으로 표현하자면 자본주의적 가부장제라는 판이 사회의 주요한 운용

13) 위의 책, 231쪽.

원리가 되고 있기 때문에, 이에 대항하는 반헤게모니적 공간으로서 여성주의 공간에 대한 요청에서 공통점을 찾을 수 있을 것이다.

곽삼근의 관찰에 의하면 교육에 관한 여성주의자의 이론적 논문들은 타 학문 영역의 여성주의자 글에서처럼 신랄한 혹평이 없고 건설적인 방향으로 서로 다른 입장에 열려 있다고 한다. 이에 대한 원인으로 교육 사상이 실용주의에 의해 지배되는 풍토 때문에, 교육의 재생산과 해방, 정의, 자유 등 생산의 긴장을 어떤 식으로든 추스를 수밖에 없는 특수성을 갖기 때문이라고 추측한다(곽삼근, 1998:37 참조).

자유주의, 급진주의, 사회주의 등의 수식어로 다양하게 분기한 여성주의 담론들이 교육의 문제에 적용될 때 문제의식의 첨예성, 이론적 정치함, 정치적인 올바름만큼이나 현실에 대한 설명력과 변화 가능성의 내포가 중요하다고 본다면, 여성주의 교육의 실천성이 이론을 검증하게 될 것이다.

3. 공간의 사회적 생산

여성주의 교수법은 여성주의자가 무엇을 (생각)해야 하고, 할 수 있는가에 대해 해답을 주는 것이 아니라 질문을 던짐으로써 교육 주체들이 함께 답을 구성해 가는 하나의 방식으로서 일정 공간 내에서 이루어지는 실천 행위다. 여기에서 상정되는 공간과 인간의 관계는 빈 그릇과 그 안에 담긴 내용물의 관계가 아니다. 인간이 공간을 사회적으로 생산해 내고 있기 때문이다.

이 점을 이해하기 위해 각 사회는 자신만의 고유 공간을 생산함을 파악할 필요가 있다. 전체주의 사회는 군대가 사열하기 위한 광장을 필요로 했으며, 사회주의 사회는 인민의 거대한 힘을 상징하는 기념비적 조형물들을 설치했다. 중세 봉건제가 장원, 농촌 공동체, 수도원 등 그 고유 공간을 생산해 내었듯이 근대 자본주의는 목장 둘레에 줄을 치는 엔클로저 운동이라는 원시적 축적 방식을 필두로 하여, 지리상의 발견, 무역과 상업의 국제화 등 공간적 조정을 통하여 진행되었다.

거듭해서 자본주의는 그 위기와 난국에 대한 부분적 해법으로서 지리적 재조직화(확장과 치밀화 양자의 형태로)에 의존한다. 자본주의는 그 자신의 이미지에 따라 지리를 구성하고 재구성한다. 자본주의는 그 역사의 한 단계 동안에 자본 축적을 강화하고, 그 이후 단계에서 좀 더 많은 축적의 길을 만들기 위해 해체되고 재설정되는 독특한 지리적 경관, 교통과 통신, 하부 구조와 영토적 조직의 생산된 공간을 건설한다. 고속도로, 도시, 아파트, 공항, 호텔의 획일성은 상품 공간의 탈영토화를 상징하고, 상품 유통의 전면화를 선포한다. 자본주의 사회는 그 중심부에는 인간들끼리의 무한 경쟁의 승자가 자리 잡는 공간인 마천루들을 갖고 있으면서 동시에 주변부에는 '달동네'를 끼고 있다. 이 점을 간명하게 포착하여 르페브르는 자본주의가 단 하나의 수단, 즉 공간을 점유하고 공간을 생산함에 의해 20세기를 생존하였다고 한다.

공간은 사회적 생산물이기에 공간은 자연적 대상으로서의 투명한 고정성을 갖고 있지 않다. 그 공간 안에서 누가 무슨 일을 하는가가 그 공간의 성격을 바꾼다. 색깔을 바꾸며, 무드를 바꾸며, 의미 구조를 바꾼다. 공간은 건축물의 형태가 아니라 기능, 구조 안에서의 공간적 삶, 체험, 그 안에서 이루어지는 행위 등의 요소가 중요하다. 따라서 필자가 최종적으로 검토하고자 하는 것이 바로 사회적 장(social field)으로서의 공간 개념이다. 사회적 실천의 공간, 즉 사회에 의해 재형성되고 우리의 사회적 삶을 다시 형성하는 공간의 사회성을 드러내 주는 개념이다. 여기에서 포착되는 공간은 단지 '빈 곳'도 아니고 실체의 신비로 감싸인 곳도 아닌, 우리 인간의 물질적, 사회적, 의식적 삶의 총체성이 작동하고 있는 단위다.

사실 공간에 대한 순수 사유적 논의들과 별도로, 사회과학적 연구들에서는 사회나 하위 집단이 다르면 공간 개념 또한 달라진다는 점을 입증하기 위한 경험적이고 실증적인 자료들이 꽤 있다. 문자가 없었던 시절의 사람들은 공간에 대해 매우 제한된 인식을 가지고 있어서, 예컨대 누에르족(族)에게 다른 무리들과 관련하여 가장 효율적인 단위는 부족이었다고 한다. 그 범위는 과거 조상들의 행동인 이동과 관련되었다. 역사시대에 이르러 본격화된 국가의 성장은 인간이 전 세계를 점령하고 외계를 탐험할 수 있도록 공간에 대한 이해를 증진시킨 가장 중요한 추동력이었다(그레이엄 클라크, 1999). 이렇듯 공간 또는 지리적 감각이라고 부르는 것에 대한 인식이 확대된 것은 주로 정치적 단위들의 확대에 기인한 것이었다.

호피 인디언을 연구한 에드워드 홀에 의하면, 이들의 공간의 언어에는 상상의 공간이 없다고 한다. 따라서 현실이 아닌 데서 실제 공간을 생각할 여지가 없을 뿐더러 사고의 영향권에서 벗어난 공간을 생각할 수도 없다고 한다. 그들은 선교사가 말하는 '천국'과 '지옥' 같은 장소를 상상할 수 없다. 이들에게는 대상물을 채워 넣을 수 있는 어떤 추상적 공간이 부재한 것이다. 이들은 튼

튼한 석조 가옥을 지음에도 불구하고 3차원 공간을 지칭하는 단어를 갖고 있지 않다고 한다. 방, 거실, 홀, 복도, 창고 등등에 해당하는 단어가 없을 뿐 아니라 개인의 소유권이나 방들의 관계를 표시하지 않는다고 한다(에드워드 홀, 2002).

이러한 역사적인 자료들을 통해서 공간 인식과 사회 구성 간의 연관성은 집단마다 사회마다 다양하며, 크게 사람들이 공간 안에서 무엇을 하는가, 공간을 무엇으로 인식하는가, 공간 안에서 무엇을 지향하는가의 중층적 관계라는 맥락 속에 놓여 있다고 볼 수 있다. 게다가 이 사회적 공간은 일의적이지 않다. 공간은 불균등하게 발전되거나 수용된다. 공간들끼리의 중첩, 갈등, 경쟁은 일상적이다. 예를 들어 세계의 지도화는 공간을 자연물적 공개념이 아니라 사적인 용도로 활동할 수 있는 어떤 것으로 간주하게 해주고, 지도 제작은 권력 의지의 발현으로서 이데올로기적으로 계급/계층적으로 중립적이지 않다는 것이다. 살림의 공간으로서의 아파트와 재개발 이익의 잉여가치 창출 장소로서의 아파트는 그 의미가 다르다. 또한 근래에 가속화되는 지구적 상품 교환은 입지 변동과 공간 이동을 수반하므로 공간 조직과 공간 이동의 효율성은 모든 자본가들에게 중요한 쟁점으로 대두하고 있다.

크게 지구적 정보사회를 볼 때도 이는 또 하나의 공간적 실천이다. 큰 단위로 지구 혹은 세계는 모든 지리적 공간에 대해 주변 환경으로 작용한다. 세계는 각 공간에 스며들어 그 공간을 활용하고 거기에서 초래되는 결과에 따라 세계 스스로도 변화, 발전하게 된다. 세계라는 공간은 일종의 '메타 공간' 혹은 '공간들의 공간'으로서, 다른 모든 공간들을 한꺼번에 포용하는 유일 공간이다.

앞에서의 논의를 통해 사회적 생산물로서 공간의 성격을 파악해 보았다. 다음 단계로 동일한 사회적 공간 안에서도 그 공간을 설계하고 사용하고 경험하는 내용의 질이 차별화되는 지점을 살펴보고자 한다. 공간에 대한 참여 양식의 차이는 르페브르의 사회적 공간의 3층 구조에 대한 연구에서 잘 드러난다. 구체적으로 르페브르의 『공간의 생산』에서 제시된 사회적 생산으로서의 공간의 3차원(데이비드 하비, 1994)을 재구성해 보자.

(1) 구체적인 공간적 실천 : 생산의 공간으로서의 공장이나 재생산의 공간으로서의 가정 등 공간 속에서 그리고 공간에 걸쳐 발생하는 개인적 행위 그리고 상호작용을 말한다.

(2) 공간의 표상 : 신호나 기호, 부호, 지식 모두를 포함하여 공학, 건축, 지리학 등에서 설계하는 데 기초로 들어가 있는 공간의 과학적 인식을 말한다.

(3) 표상적 공간 : 공간적 실천을 위한 새로운 의미나 가능성을 떠올리게 해주는 정신적 발명품으로서 공간 안에서 지향하는 문화적 이상향이다.

르페브르는 우리 인간에게 공간은 공간적 실천 영역에서는 '경험되는 것', 공간의 표상 영역에서는 '지각되는 것', 표상적 공간에서는 '상상되는 것'으로 현현된다고 한다(Lefebvre, 1991). 이를 이해해 보자면, 과학적 인식에 의해 한 공간이 설계되고, 그 공간 안에서 사회적 경험들이 일어나고, 다시 그 공간이 문화적 의미 구조를 담보하기 위해서는 대안적 가능세계를 배태하고 있어야 한다는 뜻이다. 현대 사회로 올수록 공간은 디자인의 대상으로서 구조, 기능, 형태 등의 요소가 중요하게 부각되지만, '공간'에서 중요하게 대두되는 의미론은 공간에 대한 경험, 즉 공간을 살아내는 경험(lived experience)을 축적하는 일이다.

이러한 공간의 3차원을 자본주의적 가부장제 사회체제의 교육 공간 생산과 연관시켜 보자. 우선, '공간적 실천'은 교실 내의 교육 내용이라고 볼 수 있다. 교육의 주체들이 무엇을 경험하고 학습하고 소통하는가의 측면에서 볼 때, 우리의 교실은 여성들의 삶 속에서 성별적 사회화의 유산을 반성하고 젠더 의식화에 의한 의식 및 정체성의 재구성 효과를 갖는다. 또한 성차별주의에 의한 억압과 여성에 대한 연구의 초점이 다른 형태의 첨예한 사회적 억압을 보지 못하도록 해서는 안 되는 규범성의 장이 된다. 즉 계급/젠더 시스템의 상호관계가 텍스트를 통해서 혹은 자신의 경험을 텍스트화함으로써 가시화되어야 한다.

둘째, '공간의 표상'의 차원에서 교실에 대한 과학적 인식은 교실의 기능적 구조와 형태에 대한 차원이다. 교실의 목적에 맞는 형태가 설계되고 완성되는지, 수요만큼 공간이 확보되는지를 점검하는 부분으로서 교육 자본의 효율성을 담보하고 있다.

마지막으로, 공간의 의미론에서 가장 중요한 '표상적 공간'은 한 공간이 전망적으로 여성주의 요람일 수 있는가, 아니면 계급/성별 헤게모니를 발현하는 장인가에 따라 성격지어진다. 이는 공간의 현실적 의미론이기보다 상상적 의미론이라고 할 수 있는 차원으로서 억압의 현실을 극복하는 대안 공간을 표상하고 이를 상상적으로(선취하여) 경험하는 장이다.

4. 교육 공간의 여성주의적 생산

가부장제적 자본주의 사회는 억압의 전면성을 자신이 배태하고 있는 모든 공간들 안에서 균일하게 실현하지는 못하고 있다. 헤테로토피아(이질적 장소들)가 전체 공간의 균열을 내고 있다. 선거철 같은 정치적 국면에서는 무언가 개혁적인 일이 일어나고 있는 것 같은 소란스러운 여성 동원이 일어난다. 한편에서 안티 미스코리아 대회가 열리는가 하면, 또 한편에서는 여성의 무한한 상품화가 세련되게 추진되고 있다. 지옥으로 변해 버린 가정 내 폭력이 아직도 남아 있기에 '쉼터' 또한 존재 이유를 갖고 있다. 거대 대학들이 학생들을 독과점하는가 하면 대안학교의 장들도 마련되고 있다. 학교 안의 학교로서 각종 여성주의자 동아리 활동에서 목소리들이 나온다.

"착한 여자는 천당에 간다. 나쁜 여자는 어디든지 간다."라는 말이 있다. 그렇지만 여성 교육의 역사를 되짚어 보면, 우리 사회에서 모든 공간에 대한 여성의 접근은 쉬운 일이 아니었다. 유명한 여성 건축가의 말대로, 우리는 공대에 여성 화장실이 없었던 시절을 겪어 왔다. 우리 사회의 어떤 장에서는 여성의 참여가 금기시되거나 혹은 여성의 불참이 당연시되어 온 결과다. 지금은 군대든, 중장비 조종실이든, 우리 사회의 성별화된 독점 공간에 단지 여자라는 이유로 출입 금지시키는 것을 용납하지 않을 정도는 인식의 전환이 이루어졌다는 점에서는 일단 역사의 큰 진전이라고 볼 수 있다. 그렇지만 여성과 남성 모두가 같은 하늘을 이고 있다고 해서, 같은 조국에 속해 있다고 해서 같은 공간 경험을 하는 것이 아니다. 왜 그런가? 성별 체제가 공간 경험을 제약하고 분할하는 식으로 작동하기 때문이다.

여기에서 하나의 사회적 공간을 여성주의 공간으로 지칭할 수 있는 조건이 무엇인지 모색하기 위해서 가부장제가 효력을 발휘하는 사회의 성별화된 공간적 경험을 구체화할 필요가 있다. 주지하듯이 가부장제의 기본 가치관을 보여주는 개념들은 일반적으로는 지배와 종속의 관계를, 구체적으로는 여성에 대한 남성의 지배 관계를 설명하고 합법화한다. 가부장제는 다음의 특징적 공간 구성 체계로 구성되어 있다.

(1) 가치 위계질서적 사고에 기반하여 사회적 공간은 수직으로 편성된다. 즉 가치, 권위, 지위를 상하의 사고에 따라 위치지음으로써 권력이 행사되는, 독점되는 높은 자리와 명령 체계의 피집행자가 거주하는 낮은 자리가 있다. 인간 개개인으로 보면 천부인권적으로 동등한 자리를 보장받아야 함에도 불구하고, 그 사람이 거주하는 사회적 공간은 높낮이가 있어서 '위채'와 '아래채'가 다르다는 것이다.

(2) 사회적 공간을 상하로 나눈다는 것은 하나의 이원론으로서, 서로 다른 의식 공간들에 대해서도 차별화함으로써, 다양한 공간들은 상호 보완적이기보다 대립적이고 포괄적이기보다 배타적이다. '육체/감성/여성 < 정신/이성/남성'이라는 부등호 안에서 여전히 감성 공간과 합리성 공간의 층위가 이분법적으로 유지되고 있다.

(3) 이러한 상하적 사고, 이원론적 사고는 지배 논리로서 기능하여 종속과 불평등을 정당화한다. 사회적 공간의 중심과 주변의 다양한 반복들이 매 층위에서 재생산된다. 이는 자본주의 세계체

제가 갖는 중심부와 주변부의 양극화나, 자본주의 도시의 도심과 외곽에서 예화된다.

한국 전통사회의 남녀유별 교육은 남녀가 거처하는 공간의 분리를 부부간의 예로 규제하는 문화적 질서를 토대로 하였으며, 이러한 공간 분리의 의도는 근본적으로 여성의 몸에 대한 감시와 성적 통제에 있었다(조용원, 2001:26-27). 이러한 가부장제적 이데올로기는 여성 집단의 역사적, 인류학적 공간을 제한하고 사회적 공간의 점유에서 밀려나게 하였다. 여성 일반은 대체적으로 정치적 피억압 집단이(었)기 때문에 자신의 삶을 형성하는 사회적 실재들에 대한 통제를 하지 못했다. 그 결과로 여성이 있을 곳은 사회적 권력의 장으로부터 떨어져 있는 '가정'이었고, 그 안에서 여성에게 할당된 소위 '사적' 공간에서 노동을 해왔다. 특히나 여성은 교환가치가 아니라 사용가치의 생산자였고 여성의 살림은 상품 공간에서 제자리 찾기, 즉 가치 측정이 매우 어려운 종류의 노동이다. 또한 여성은 특이한 육체적 사건들(월경, 출산, 수유 등)을 경험하고 심리적으로 다른 공간 속에서 성장한다. 이러한 여성 체험들은 특수한 인식론(여성주의 입장론), 도덕 체계(여성주의 보살핌 윤리) 등을 형성하는 과정으로 귀결되었다.

이러한 여성들이 갖는 피억압 집단으로서의 체험의 공통성과 여성들 안의 문화적 지향의 차이가 덧붙여질 때, 여성주의적 공간적 실천의 차이와 다양성, 탈중심성, 탈위계성의 흐름이 소용돌이친다. 따라서 가부장제의 대안으로서 이 시대의 여성주의적 공간 투쟁이 염두에 두어야 할 새로운 가치들을 부각시켜 새로운 공간적 실천들이 형성될 수 있게 해야 하는 당위성이 도출된다.

대안 공간으로서 여성주의 공동체의 핵심 내용은 다음과 같다.

(1) 맥락적 인식 : 환경에 대한 민감한 감수성, 일상세계, 살림하는 곳에 대한 존경.

(2) 배려적 사고 : 주변부, 약자, 타자, 소수자에 대한 반응성과 보살핌 관계 유지.

(3) 젠더 감수성 : 대상에 대한 침략적 조종이 아닌 감정이입적 대화 양식.

(4) 여성주의 도덕 : 권리 중심이 아닌 의무와 책임으로부터의 윤리.

새로운 원리에 기초한 공간 경험은 기존의 공간적 질서에 대한 심대한 영향을 주기 때문에 저항이 만만치 않을 뿐만 아니라 전면적으로 확산되는 주류 문화의 경로를 밟기는 어려울 것이다. 이 점 때문에 여성주의 공동체가 하나의 해방구일 수도 있고, 고립된 폐쇄 영역으로 게토화될 수도 있다. 하지만 작은 단위에서 실험적으로 구현되는 공간적 체험들이 축적되고 다시 성찰되어 공간적 주체들이 성장하게 된다면 거기에서 희망의 공간을 엿볼 수 있다. 현실세계가 생산해 내고 있는 가부장제적 사회적 공간에 대해 대립각을 보이는 새로운 여성주의 대안 공간에 대한 실험과 참여가 세상의 새 그림을 그려 줄 수 있는 가능성은 대학사회의 여성학 관련 교실을 전경화하여 펼쳐진다. 이하에서 실례로 대학사회의 <여성철학>이라는 한 강의실을 무대로 하여 전개된 공간 경험을 소개하고자 한다. 강사가 학생들에게 제시한 강의 목표는 다음과 같다.

“여자가 철학을 할 수 있다는 것을 생각조차 못하던 시대가 있었다. 자연적 존재, 감성의 존재로 인식된 여성이 인간다움의 최고 성취인 엄정한 논리와 합리성의 세계에 진입할 수 있는 가능성에 대한 부정이었다. 오랜 인정 투쟁을 거쳐 지금은 인간으로서 여성이 보유하는 온전한 지적 능력을 폄하할 수 없게 되었다. 하지만 논리와 합리성의 세계가 여성의 경험세계와 어떤 상호작용을 하고 있는가라는 더 근원적인 관점에서 볼 때, 철학의 문제 영역은 넓어질 수밖에 없고, 여성주의는 이 과제에 대해 생산자가 되어야 한다. 철학의 존재론, 인식론, 가치론, 방법론 등 주요 근간에 대해 기존의 틀에 관성적으로 의존하지 않으면서 새로운 지식과 감수성을 생성하는 일을 자임해야 한다.

이 과목은 기본적으로는 가부장제의 문화적, 지적 유산들에 대한 철저한 비판점들을 확보하면서 여성이 ‘철학한다’는 것의 의미를 내면화하여 우리의 세계가 좀 더 발전할 수 있기를 지향하는 작업이다. 이는 여성의 눈으로 보는 철학일 수도 있고, 철학의 눈으로 보는 여성일 수도 있는 중첩성을 토대로 한다. 여성의 삶, 여성의 언어, 여성의 느낌, 여성의 사고, 여성의 체험, 여성의 모든 고민과 고통, 기쁨을 자원으로 하여 여성철학이라는 철학의 한 흐름을 형성하는 거대한 지적 작업의 출발로 삼고자 한다. 또한 여성주의는 ‘이론’이기보다 ‘실천’이라고 생각한다면, 자신의 일상적 삶, 구체적 경험, 몸과 결부된 인식에 대한 성찰이 필요할 것이다. 따라서 본 강의는 이론적 지식을 전달하기보다 학생들 간, 학생-선생 간 상호 소통적 관계에서 사고들이 풍부해지도록 이끌어 가고자 한다. 학생들의 자발적이고 능동적인 수업 참여가 학급 전체의 집단적 수준을 높여 줄 것이므로, 발표 및 토론 참여에 대한 끊임없는 요구를 전달받을 것이다. 물론 수업 기여도도 평가에 반영한다.”

이 과목에서 강사로 참여한 필자는 학생들이 내용적으로 주체가 되는 길을 모색하고자 하였다. 그 가능성은 일단 이 과목이 필수가 아니라 선택이었기에 기본 목적의식을 갖춘 학생들이 수강하게 되는 출발점에서 마련되었다. 강사는 1학기용 강의안을 준비하였지만, 첫 주에 이번 학기 수업에서 다루었으면 하는 주제들을 제안 받아 이를 부분적으로 수용하였다. 강사와 학생이 문제의식을 공유하기 위해서는 1학기 강의의 전반부에 10여 차례에 걸쳐서 '우리 안의 벽을 깨는 여성철학적 대화 만들기' 프로그램이 유효하였다([강의 자료 1] 참조).

학생들은 강의 내용의 체화를 위해 토론에 적극적으로 참여하도록 격려 받았으며, 쪽글 발표를 통해 경험을 교류하였다. 그리고 모둠과제를 통해서는 집단적 주체화를 경험한다. 자신의 생각을 말로 한다는 것은 궁극적으로 자신의 언어를 통해 주체로 나아가고, 반성적으로 의식화하는 길이다. 적어도 이 공간 안에서만은 심리적으로 안전하고, 자신의 목소리가 왜곡되거나 오해되지 않을 수 있다는 믿음을 구성원 간에 공유하고자 하였으며, 경험이 다른 타인에 대한 상호 인정의 분위기 속에서 대화하고 토론할 수 있도록 환경을 만들고자 하였다.

강의 내용에서는 전통철학의 남성 중심성과 서구 중심성을 동시에 해체하고, 한국 여성의 문화적 유산과 현 시기의 경험을 교차하면서 우리 식의 철학적 사유를 할 수 있도록 의도하였다([강의 자료 1] 참조). 음양의 존재론에 대한 재고, 유교적 가부장제 비판 등이 그 작업이다. 이는 여성주의 교육 내용과 관련하여, 획일적이고 일반적인 커리큘럼이 정해질 수 없고, 한국사회 공간에서 그 주체들의 경험에 기반하여 이루어지는 수업임을 의식한 결과이며,[14] 특히 탈식민주의 담론의 효과로써, 한국 여성의 주체성에 기반한 여성철학의 재구성 작업의 일환이다. "여성학 교육은 이론적 실천이며, 이를 통해 여성의 경험이 지식 및 행동의 대상으로서 구성되고 동원되기에"(다나 해러웨이, 2002) 이 교육의 맥락을 구체적으로 특정한 사회적 공간에 연관시키는 일이 중요하다.

5. 여성주의 공간 원리

앞에서 필자가 예로 든 교실이라는 공간 안에서의 상호작용을 통해서 증류한 여성주의 공간 원리를 제시해 보고자 한다.

(1) 독점과 서열화에서 수평적 소통으로 : 여성주의는 '스타 같은 이론가도, 독점도 허용하지 않는 지점'에서 자신의 공간의 풍요로움을 문화적으로 생산한다고 본다. 여기에서 독점은 언어의 독점으로서 주로 현상되는데, 여기에서 드러나는 권력 관계와 그 이면의 소외가 이 교실에서 재생산되지 않게 하기 위한 노력이 필요하다. 강사가 강의를 통해 지식 주장을 독점하고 학생들을 지식 생산의 역할에서 배제하는 일은 비교육적일 뿐 아니라 비여성주의적이다. 학생들의 출신 지역적 차이 및 외국 여행 등으로

---

14) 유제분은 「페미니스트 페다고지와 페미니즘 영문학 작품 읽히기」라는 논문에서, 페미니스트 영문학이 '주류' 영문학 과목과 별 관계없이 고립되어 있는 상황에서 '끼워 넣기' 기법을 통해 교수계획의 일부로 시행할 것을 상정하였다. 예를 들면 영미 문학사, 소설, 시, 드라마 등의 과목에 페미니즘 여성문학을 끼워 넣는 것이다. 이는 교사가 성별, 계층, 지역, 인종의 문제를 고려할 때 중심을 차지해 온 정전에 대한 반담론의 구상(532쪽)으로 나타난다(『영어영문학』 제46권 2호, 2000).

다른 사회적 공간들 안에서 가졌던 경험들을 교류하는 일은 그 자체로 복수적이고 수평적인 소통의 자원이 된다. 또한 학생들은 '우수 쪽글' 발표에 대한 거부감을 갖고 있었는데, 이는 여성주의가 또 하나의 줄 세우기가 되어서는 안 된다는 원칙의 표명으로 받아들여진다.

독점의 배제는 개별 주체들의 동등한 수용과도 연속되기 때문에 자신감을 주는 공간으로 자리 잡는 데 기여한다. 특히 개인에 따라서 특수하게 경험한 고통스러운 사건들이라도 본인의 허용하에 발표됨으로써 서로 힘을 북돋워 주는 실제적인 힘주기(empowerment)가 일어나고, 편안함, 안전함의 공간이 되게 한다.

(2) 재개념화를 위한 개방적 사고 : 교육 주체들은 특히 언어화, 개념화의 문제에 민감할 수밖에 없다. 우리 사회의 소수자들은 용어에서부터 차별당하고 상처를 입은 경험들이 많다. 또한 언어 안에 내재된 고정관념 및 기존 제도의 정당화를 의식하기 때문에 새로운 용어 채택이나 재개념화를 부단히 요구하게 된다.

학생들은 우리 사회에서 '여성주의자'에 대한 뿌리 깊은 편견 때문에 스스로를 여성주의자로 정체화하지 않다가 적극적으로 커밍아웃하기도 한다. '미혼모'라는 용어는 있으나 '미혼부'는 통용되지 않는 사회에서, 이성애 중심주의가 배어 있는 '남친'을 '애인'으로 바꾼다거나, 결혼제도를 주류적인 삶의 양식으로 보는 틀 아래서의 '기혼'/'미혼' 구분을 '유혼'/'비혼'으로 바꾸는 시도는 단지 사소한 용어 변화가 아니라 관념 구조의 재구성 기제가 된다. 이와 연장선에서, 정신대 할머니－종군위안부－군위안부－일본군 성노예라는 각각의 용어법들이 논의되고 있고, 윤락녀－매춘 여성－매매춘 여성－성매매자－성노동자－엔터테이너의 재개념화도 시도되고 있다.

(3) 여성 안에서의 차이를 견디는 훈련 : 강사와 학생의 차이도 기능적일 뿐 상호 주체성하에서 소통하고 문제제기하는 역할은 같다. 강사와 학생은 세대적, 문화적 차이에도 불구하고, 그것 때문에 서로 대화가 단절되게 하는 것이 아니라, 서로의 이질적인 경험을 끄집어냄으로써 내용적으로 풍부해질 수 있음을 확인할 수 있다. 세대 간의 가치관이나 의식의 차이는 그저 세대차(generational gap)로 정리되기보다는 세대 간 문화 씌우기(generational wrapping)의 계기가 될 수 있다. 이를 위해서는 학생들 간의 차이에 민감하게 대처하는 일이 필요하다.

학생들은 자신과 특히 통하는 사람들끼리 군데군데 비슷한 위치에 앉곤 했다. 우리 교실은 우연히도 계단 구조로 되어 있어 1층과 2층으로 공간적 분리가 일어났는데, 재미있게도 성적 소수자 그룹이 2층에 포진하고 있었다. 이로써 서로 등을 보고 하는 독백이 아니라 등을 돌려서 마주보고 이야기하는 풍경이 연출되었다. 타자에 대한 감수성은 서로의 이야기를 듣는 것에서 시작된다.

(4) 문화적 콘텐츠 생산 : 학생들은 개별 과제와 동시에 집단적인 모둠 안에서 창작하는 과제를 부여받는다. 우리가 과거 시대 문화 엘리트의 전유물로서 창조문화가 아니라 대중이 즐기고 향유하는 문화를 위해 노력한다면, 이는 소비자 대중의 눈높이로 창조문화의 수준을 하향 평준화하는 것이 아니라 대중 스스로 문화 내용을 꾸려 보는 경험들을 하게 열어 주는 방향이 옳다고 본다. 여성 역시 몸짓으로, 붓끝으로, 춤사위로, 펜촉으로, 손놀림으로, 자판을 두들겨서, 머리를 쥐어뜯으며 뭔가를 조형해 보아야

한다. 자신의 창작물과 마주하는 경험이 있어야 창작의 고뇌를 뚫고 더 발전할 수 있다. 문화 소비는 자동적으로 우리를 문화 생산으로 이행시켜 주는 것이 아니기 때문에 모종의 결단을 필요로 한다. '언젠가는 내 이야기를 쓰겠지…'라고 마음만 먹고 있다면 그 '언젠가'는 오지 않는다. 오늘 서투른 습작을 할 때 언젠가는 정말 사람들에게 내 이야기를 들려줄 기회가 생긴다.

현장에서 확인한 학생들의 창작 욕구는 대단한 수준이다. 동성애 등을 주제로 한 장면들을 그려 넣은 티셔츠를 입고 거리로 나가 행인들의 반응을 보고 인터뷰하고, 다시 교실로 돌아와 책상 위에서 퍼포먼스를 하는 등 표현 방식이 거침이 없었다. 춤 언어로 발표한 모둠은 교단 위 공간이 좁아서 교실 밖 넓은 곳에서 땡볕에 그을리며 양말이 해지도록 공연하기도 하였다. 인사동 거리에서 느닷없는 공연을 하고 와서 녹화 작업한 비디오로 보여주고, 자취하는 친구 집을 하루 빌려 맞벌이 부부의 일상에 대한 비디오를 제작해 오고, 성교육 비디오를 찍느라 학교 곳곳을 돌아다니며 포즈를 잡았다. 학생문화관 경비 아저씨한테 쫓겨나기 직전까지 돌아갔던 캠코더가 있었다. 이 모든 발표를 무거운 기기를 빌려와 다시 녹화해 주는 수업 도우미까지 이들의 열정은 무한대다. 학생들의 문화적 소비의 경험은 많이 축적되는 반면, 문화적 생산자 역할을 자임하기는 어려운 점을 감안한다면, 이들의 아마추어적 참신성은 매우 놀라운 성과다.

(5) 여성주의적 글쓰기 시도 : 수업에서는 강의 내용의 전달과 토론도 중요하지만, 학생들의 지적 성취를 돕는 행위들이 일어나야 한다. 필자는 이를 의식의 체화(embodiment) 과정이라고 생각하는데, '목소리'가 여성주의자의 정체성 구성 기제이듯 '글'은

자신과의 대화 과정으로서 성찰의 기제가 된다. 또한 여성의 글쓰기는 그동안 주류 남성들이 숱하게 여성에 대한 담론들을 펼쳐오면서 여성을 대상화하거나 폄하하거나 억압해 왔던 권력을 해체하는 일이기도 하다.

학생들이 1차적인 글쓰기 결과물을 제출하면 강사는 이를 논평하여 되돌려주고, 다시 학생들이 2차적인 글쓰기 결과물을 제출하는 과정에서 자신의 생각과 표현을 다듬고 성숙시켜 가는 역동적 피드백 작용이 일어난다. 강사 역시 강의안을 정기적으로 만들고 작은 쪽글, 물음에 대한 답신 등을 학생들에게 수시로 보내면서 그때그때의 맥락에 따른 유연한 글쓰기를 시도한다([강의자료 2] 참조). 죽은 문자의 공간을 대치하는 산 경험과 개성적 표현의 경험을 통해 교실이 살아나는 것은 이런 작은 실천들이 쌓일 때다.

6. 맺는 말

시간이 많은 것을 해결해 줄 것이라는 말만큼이나 공간이 무언가를 적극적으로 만들어 줄 것이라는 말은 공간에 대해 이상한 인과력을 부여하는 일일 터이다. 하지만 앞에서 살펴본 대로 체화된 여성주의의 태도가 스며들 수 있도록 디자인된 여성주의 공간의 풍경은 생생하고 살아 있는 경험을 우리에게 줄 수 있다. 학생들 또한 공간적 주체로서 참여했을 때 의외의 창조성, 창발성이 목격되고, 이 기억들은 우리 사회의 가부장제적 자본주의라는 근본 형식에 대한 균열 작용으로서 재생산될 것이다. 학생들이 모두 공간 디자이너이고 창의적 행위자다.

21세기가 여성의 세기라고 했을 때, 이는 생물학적 단위 집단으로서의 여성의 부각과 지배를 의미하지는 않는다. '여성'으로 상징되는 문화적 코드의 내용인 생명성, 관계성, 수용성을 사회의 핵심 원리로 삼고자 하는 것으로 이해된다. 즉 여성주의적 원리가 사회를 조화롭게 유지하는 기본이 된다고 믿기에, 세상의 새 판을 짤 때는 이 원리가 관철되어야 한다는 뜻이다. 이는 우리를 매우 기분 좋은 전망 속에 밀어 넣는다. 아직까지는 아니지만, 앞으로는 여성의 시간이기에, 여성주의를 체화하지 않으면 좋은 삶을 엮을 수 없다는 신념을 표방하기 때문이다. 이러한 신념은 역사의 진보적 틀을 다시 소환한다. 즉 시간이 흐르면 역사는 진보의 방향으로 갈 수밖에 없다는 소위 시간성(temporality)에 대한 가정에 기초해 있다. 필자가 보기에 이는 매우 단선적인 역사 인식이므로 경계 대상이다. 왜냐하면 그 오랜 가부장제라는 반여성주의적 무질서가 어느 시점을 통과했을 때부터는 자동적으로 여성주의적 질서로 간다는 것을 함축하고 있지 않은가 하는 생각 때문이다. 마찬가지로 성평등이 실현되는 시점이 되기 전까지 여성의 억압은 계속되고, 여성주의가 새 판의 원리로 확립되는 일은 유예된다는 함축을 갖지 않는가 의심스럽다. 역사의 완성이 모든 종류의 피억압 상태에서의 해방이므로 여기에 여성이 포함되어야 하는 것은 중요하지만 시간과 역사가 모든 것을 해결하는 물신론적 행위 주체는 아니다.

이제 우리가 주목해야 하는 것은 공간의 성별 정치학으로서, 여성주의 공간의 생산과 확산을 전망하고 그 거점을 구체적인 교실 안에서 현실화시키는 작업이다. 교실은 학교 밖과의 불연속성과 단절을 경험하게 하는 장이면서 동시에 외부의 계급/성별 지배 체제가 침윤되어 작동하기도 하는 모순이 경합하고 있다. 또한 교실 내 주체들은 일원화되기보다 다원화된 구성 요소로 되어 있기에 젠더 정체성, 젠더 감수성, 사회적 문제의식 등에서 넓은 스펙트럼을 갖는다. 이러한 타자들의 정치학 안에서 모순이 전개되고 지양되는 과정이 우리 공간적 삶의 현실이다. 지식과 정보, 인간관계, 개성, 몸과 의식 등 인간의 거의 모든 부분이 상품 가치가 되고 대상화되는 세상에 여성주의 공간을 생산해 내는 주체들의 새로운 공간적 삶의 모형이야말로 여성의 세기를 선취해서 살아내는 일이 아닌가 한다. 획일화되고 표준화된 교육 내용을 갖는 공간적 실천(Uni-topia)보다는 다수의 다양한 대안적 공간들(Utopias)에 대한 표상을 구성하도록 돕는 일에 여성주의 교육자의 존재 이유가 있을 것이다.

[강의 자료 1] <여성철학> 교과 진도

제1부 우리 안의 벽을 깨는 여성철학적 대화 만들기

1. 여성은 성공을 두려워하는가? 여성의 성취와 사회적 성공에 차이가 있는가?
2. 여성의 말은 남성의 말과 다른가? 타인에게 상처 주지 않고 위력적으로 말할 수 있는가?
3. 여성은 자연에 가까운가? 자연에 가깝다면 문화적 존재가 될 수 없는가? 여성의 노동, 여성의 직업은 문화 건설과 어떤 관계가 있는가?
4. 여성 안의 차이가 큰가, 공통성이 큰가? 나는 단지 개인일 뿐인가 집단적인 '우리' 여성에 속하는가? 여성의 성, 사랑, 결혼은 편차가 존재하는가?
5. 여성의 순종, 애교, 부드러움, 외모 가꾸기는 약자의 생존전략인가? 여성다움은 근본적으로 존재하지 않는 개념인가?
6. 성매매는 경제적 주권 행위인가? 섹슈얼리티는 기준과 한계, 규범이 있는가?
7. 포르노그래피는 여성에 대한 폭력인가? 여성 친화적 포르노그래피가 가능한가?
8. 모성은 신화인가?
9. 인권에 대한 여성주의적 해석이 필요한가?
10. 하위 주체가 말할 수 있는가? 국가/민족/계급과 여성은 구별되는 범주인가?

제 2 부 여성철학의 기초

1. 몸과 마음의 일원론
2. 음과 양의 세계관
3. 성을 본질주의에서 떼어 놓기
4. 여성주의 인식론 I (경험론)
5. 여성주의 인식론 II (입장론)
6. 여성의 시간 경험, 여성의 공간 경험 — 사회적 공간으로서 이화여대
7. 여성주의와 보살핌의 윤리
8. 성평등, 인권의 가치론
9. 여성주의 주류화(mainstreaming) 전략
10. 우리 사회에서 여성주의자가 된다는 것의 의미 — 자기 긍정, 치유의 철학

제 3 부 모둠 발표 및 여성주의 문화예술 콘텐츠 개발

※ 만화, 영화, 연극, 춤, 그림책, 회화, 조각, 시, 소설, 희곡, 콩트, 판타지 소설, 음악 등등 관심 분야를 선택하고 집중적으로 창작해 보는 일을 시도하기. 단 10분 안에 모든 것을 보여줄 수 있도록 조밀하고 알차게 구성할 것. (7-8명이 한 모둠을 이룸)

1. 모둠 발표 I, II, III, IV, V
2. 모둠 발표 VI, VII, VIII, IX, X

[강의 자료 2] <성의 철학> 학생에게 쓰는 종강 메일

종강에 부침

제가 연구원 2층과 3층을 오르락내리락하면서 여러분의 선배들께 물었습니다. "여성은(여자는) ___이다. (혹은 ___하다.) 왜냐하면 ___" 식으로요. 그 대답들을 아무런 가감 없이 보여드릴게요.

1. 여성은 고귀하다. ∵ 사람이기 때문이다.
2. 여자는 미묘하다. ∵ 알 수 없기 때문이다.
3. 여자는 아무것도 아니다. ∵ 내가 여자라고 한 번도 생각해 본 적이 없기 때문이다.
4. 여성은 훌륭하다. ∵ 이 어려운 세상을 잘도 버티고 살아가기 때문이다.
5. 여성은 아름답다. ∵ 남자가 아니기 때문이다.
6. 여성은 강하다. ∵ 견디는 훈련을 많이 했기 때문이다.
7. 여성은 가까이 있다. ∵ 늘 손을 뻗치면 닿으니까.

여러분도 지금 나름대로 그 빈칸을 채우고 계시겠지요. 백인백색이라 할까요? 여성의 숫자만큼의 다양성이 있을 겁니다. 그 다양성을 개성으로 인식하고 그로부터 나오는 아름다움과 조화로운 리듬을 깨닫기까지 인류는 참 많은 문화적 훈련 과정을 거쳐 온 것 같지만 아직도 갈 길은 멀다고 봅니다.
여성주의는 산이면서 그 산을 풋풋하게 채우는 서로 다른 많은 나무들이 뽐내는 그런 것이었으면 합니다.
여성주의는 바다이면서 개울물에서 강물까지 서로 다른 물줄기들이 노래하는 오케스트라 같은 그런 것이었으면 합니다.
여성주의는 무지개이면서 서로 다른 색들이 어깨동무하는 그런 것이었으면 합니다.
여러분 한 학기 동안 애 많이 쓰셨습니다.

[참고문헌]

곽삼근(1998), 『여성과 교육』, 박영사.

그레이엄 클라크(1999), 『공간과 시간의 역사』, 정기문 옮김, 푸른길.

김대년 외(1995), 『여성의 삶과 공간환경』, 도서출판한울.

다나 해러웨이(2002), 『유인원, 사이보그, 그리고 여자: 자연의 재발명』, 민경숙 옮김, 동문선.

데이비드 하비(1994), 『포스트 모더니티의 조건』, 구동회 외 옮김, 한울.

_____(2001), 『희망의 공간: 세계화, 신체, 유토피아』, 최병두 외 옮김, 한울.

들뢰즈 & 가타리(2000), 『천의 고원』, 이진경 외 옮김, 연구공간너머 자료실.

마거릿 버트하임(2002), 『공간의 역사』, 박인찬 옮김, 생각의 나무.

안토니오 네그리 외(2001), 『제국』, 윤수종 옮김, 이학사.

에드워드 홀(2002), 『숨겨진 차원: 공간의 인류학』, 최효선 옮김, 한길사.

이진경(1997), 『근대적 시공간의 탄생』, 푸른숲.

승효상(2001), 「이슬람의 도시」, 『중앙일보』(2001년 10월 20일자).

조용원(2001), 「한국 여성 교육 이념의 역사적 접근」, 『여성교육개론』, 교육과학사.

지루 & 프레이리(1995), 「서문」, 캐슬린 와일러, 『변화를 향한 비판적 교육』, 오재림 옮김, 여성사.

페기 매킨토시(1999), 「여성적 가치의 지성 공동체」, <여성적 가치의 지성 공동체 국제학술회의 자료집>, 이화여자대학교 한국문화연구원.

피에르 레비(2002), 『집단 지성: 사이버 공간의 인류학』, 권수경 옮김, 문학과지성사.

한스 라이헨바하(1986), 『시간과 공간의 철학』, 이정우 옮김, 서광사.

Jaggar, A.(1998), "Globalizing Feminist Ethics", *Hypatia*, vol. 13, no. 2, Spring.

Adam, A. & Green, E.(1998), "Gender, agency, location and the new information society", B. D. Loader ed., *Cyberspace Divide: agency, and policy in the information society*, Routledge.

Barad, K.(2001), "Re(con)figuring Space, Time, and Matter", *Feminist Locations*, Marianne Dekoven ed., N. J. London: Rutgers University Press.

Lefebvre, H.(1991), *The Production of Space*, D. Nicholson-Smith, tr., Blackwell.

제 4 장

여성주의 파워 네트워킹, 나비효과 리더십

1. 들어가는 말

리더 혹은 리더십에 대한 열기는 우리 사회의 한 트렌드다. 날이 갈수록 집중되는 대중의 관심 속에서 리더십 함양의 구체적이고 효과적인 스킬 교육의 열기가 증폭되고 있다. 일반 기업에서는 조직 혁신성을 강조하기 위해 "변화하지 않으면 죽는다."와 같은 다소 선동적인 문구들에 매몰된 분위기들도 느껴진다.

그러나 진정 "왜 변화해야 하는가?"에 대해서, 그리고 "어떻게, 어떤 방향으로 무엇이, 누가 변화해야 하는가?"에 대해서, 즉 변화의 당위성과 목적, 전망, 방법론, 주체 등을 진지하게 묻지 않는다면 맹목적이고 단편적인 처세술이나 성공학 이야기 수준을

---

* 이 장은 「여성주의의 사회적 파워를 위한 리더십 모형: 나비효과를 소환하기」(『여성주의 리더십 새로운 길 찾기』, 이화여자대학교 출판부, 2007에 수록)를 수정 · 보완한 것이다.

뛰어넘을 수 없다. 또한 언제라도 사회에서 탈락할 수 있다는 식으로 가해지는 위협과 공포감을 동반하는 사회적 압력 때문이 아니라 개개인의 자기 긍정과 새로 소생하는 창조적 힘에 대한 기쁜 예감과 연계된, 즉 자기가 주인 되는 리더십 의식이야말로 리더십을 운위하는 상황에 걸맞지 않겠는가? 리더십 노하우(know how)만이 아닌 리더십 노와이(know why)를 주체적으로 성찰해 보자는 뜻이다.

우리 각자는 상이한 사회적, 정치적 정체성 안에서 삶을 꾸려 가며, 리더십에 대한 주체적 성찰의 자리는 또한 각각 다를 것이다. 어떤 맥락에서 어떤 콘텐츠의 리더십을 구성해 가는가도 각각 다를 것이다. 타인의 필요에 민감하게 반응하면서 부족함을 채워 주고 잠재력을 최대로 끌어올려 주는 식의 보살핌을 실현하는 도우미형 리더도 있고, 사회적 관계망을 촘촘히 엮고 또 이를 활용하여 과업을 진행해 가는 거미형 리더도 있고, 기존 리더가 자신의 역할을 하기 어려운 상황에서는 다른 리더로 이를 대치하면서 집단 지도력을 발휘하는 기러기형 리더도 있다.

당대에는 리더 개인의 리더십 특질이나 여기에서 비롯한다고 가정된 개인적 성취를 중시한다기보다는 리더가 속한 조직 안에서 이루어 내는 공동체 단위의 성취에 주목하는 경향이 있다. 이는 리더 개인의 영도력이나 통솔력, 즉 헤드십(headship)보다 팀 단위의 수행과 업무 성과의 기반이 되는 조직력인 팀십(teamship)을 중시하기 때문이다.

필자가 보기에 여성주의 리더십은 팀십에 기반해야 한다. 일차적으로 여성주의의 가치 지향이 여성주의 리더를 매개로 우리 사회의 시공간에 만연한 가부장제의 진행 및 그 유제를 청산하고 대안사회를 모색하는, 즉 각급 조직과 사회 공동체의 여성주의화[1])에 있다면, 거시적인 단위에서 매우 창의적이고 생산적인 팀십 의식이 창출되어야 한다. 여성주의 리더십에 관심을 갖는 사람들은 그간 여성 활동가들이 실천적으로 지향해 온 양성 평등 사회의 실현과 같은 비전을 리더십의 차원에서 이어받아 계승하면서 여성의 행위성(agency)을 집단적으로 사회적으로 더욱 확장시키고자 하는 의지를 갖는다고 생각한다.

기초적으로 여성주의 리더십은 다음과 같은 세 차원의 중층적 실천과 과제 안에 주소를 둘 수 있을 것이다.

(1) 탈가부장제의 전망 속에서 여성주의 사회를 실현하기 위해서 여성 행위성의 총량이 증진되어야 한다. 이는 여성주의 리더가 집합적 규모로 성장해야 함을 의미한다.

(2) 여성 안의 차이들을 반영하여 여성 집단 각각은 자신의 고유한 사회문화적 정체성 안에서 영향력을 발휘할 수 있어야 한다. 각급 조직 내의 여성운동 리더, 여성정책 입안자, 사회 주부 등 다양한 공간에서 다채로운 영향력들을 발휘해야 하고, 이 각양각색의 자원들을 통한 성취가 공간적으로 소통됨으로써 서로 상생하고 상승하는 흐름을 만들어야 한다.

(3) 여성주의자 개인으로서는 개성과 독특성을 살린 자기 브랜

---

1) 필자가 사용하는 '여성주의화(feminization)'는 '여성화'와 구분되는 개념이다. 후자의 경우 이주의 여성화나 빈곤의 여성화에서 사용되듯이 특정 현상에서 사회적 집단으로서 여성이 드러내는 양적 대표성에 기반한다. '여성주의화'는 하나의 질적인 가치 기준에 따라 사회 내 반여성주의적 의식, 관행 및 제도가 청산됨으로써 탈가부장제를 지향하는 질서로 전환됨을 뜻한다.

드를 가질 수 있도록 셀프 리더십을 함양하여야 한다.

이상의 세 차원에서 여성주의 리더십은 상호 교차하며 상호 자극을 주면서 여성 집단과 여성 개인의 파워 수준을 끌어올린다. (여기에서 파워란 여성주의 리더의 비전을 실제적으로 실현시키는 에너지다.) 이러한 세 차원이 공시적으로 전개되는 역동적 구조를 탐구함으로써 리더십을 어느 한 차원에 응결시키거나 한 차원을 절대시하게 되는 오류를 피할 수 있다. 동시에 우리 사회의 여러 부문(정치, 경제, 정부조직, 시민사회 등)에서 사회적 활동을 하는 여성들의 다수 등장, 소위 여풍(女風)이 자동적으로 여성주의 리더십 효과를 담지해 내지 않는 만큼 이들이 여성주의적 리더가 되는 데 필요한 이론적, 실천적 자원들에 대한 연구가 필요하다. 여성 중 직위상 리더(positional leader)와 비직위상 리더(non-positional leader) 간의 교류와 소통, 자극, 지원을 통해 형성되는 사회적 연결망에 대한 탐구도 병행해야 한다.

우리 사회의 여성주의화는 모든 사회 공간 안에서 활동하는 여성 리더들이 동시다발적으로 약진하는 가운데, 차이와 이질성, 개성 등이 노출되고 충돌하는 파워의 총량에 비례한다. 동시에 이렇듯 막대한 사회적 에너지가 소요되는 여성주의 기획에 여성뿐만 아니라 더욱더 많은 사람들이 여성주의 리더로서 몸담을 수 있기 위해서는 여성주의의 장(場)이 강한 흡인력을 가져야 한다.

여성주의 리더는 자신이 몸담고 있는 조직, 집단의 장(場)에 여성주의라는 새로운 문화적 바람을 일으키는 사람이다. 마치 북경의 나비 한 마리가 날개를 펄럭이자 뉴욕에 폭풍우가 내리듯 여성주의 리더는 실천적 영향력을 통해 우리 사회를 변혁시키고 있다. 바람은 온도 차이에서 일어난다. 조직의 관점에서 보면 가부장제적 질서, 성차별주의 등 여성 억압 구조가 배태한 습하고 무겁고 정체된 공기 대신에 밝고 산뜻하고 쿨한 기운이 스며들 때 바람이 일어난다. 바람은 다시 말해 새로운 변화의 에너지다. 필자는 이러한 착안점을 통해 유비 추론(analogical reasoning)[2)]에 바탕을 두고 여성주의 리더십 논의를 진행해 보고자 한다.

2. 카오스 나비효과와 여성주의 리더십

일반적으로 자연현상과 사회현상을 설명하거나 분석하기 위해서는 서로 다른 방법론과 개념틀을 요구한다고 생각하지만, 나비효과가 일어나는 물리적 사건의 구조와 리더십이 생성되고 확산되는 사회적 구조의 유사성을 찾을 수 있다면 과감하게 이 둘을 연결시켜 볼 수 있을 것이다.

1) 카오스 현상과 일상세계

카오스 이론가들은 20세기 과학사에서 세 가지 큰 업적으로 상대성 이론과 양자역학과 카오스 이론을 꼽는다. "상대성 이론은

---

2) 유비 논리란 "비유를 들어서 설명하는 논리로서 … 이러한 설명이 가능한 것은 우리의 세계가 여러 가지 측면에서 비유가 될 수 있는 대상들을 가지고 있기 때문이다. 큰 것과 작은 것이 비슷한 구조를 가지고 있다든지, 전체의 구조가 부분의 구조에서 반복된다든지, 비슷한 모양을 한 것이 비슷한 기능을 한다든지, 같은 종류의 원인 조건에서 같은 종류의 결과가 나온다든지 하는 것들은 모두 유비적 논리에 의거한 설명을 가능하게 하고 예측을 가능하게 한다."(소흥렬 외, 1995)는 소흥렬의 논의에서 빌려 왔다.

절대적 공간과 시간이라는 뉴턴 물리학의 환상을, 양자역학은 측정 과정을 제어할 수 있다는 뉴턴 물리학의 꿈을, 카오스 이론은 결정론적 예측 가능성이라는 라플라스적 환상을" 없앴다(제임스 글리크, 1993)는 것이다. 이 세 혁명 중 카오스 이론은 우리가 일상적으로 보고 접촉하는 세계(중간 우주)의 차원에 광범위하게 적용된다.

예를 들어 콘서트장에서 박수는 혼돈과 질서가 교차하는 현상이다. 처음에 관객들은 개별적이고 주체적으로 자신의 들뜬 마음을 표시하는데 이는 마치 우연적으로 조합된 감정의 발산으로 보인다. 그러다 갑자기 박수를 치는 사람들의 동조 현상, 즉 박수갈채 안에서 어떤 규칙성을 확인할 수 있게 된다. 질서의 단계로 접어드는 것이다. 여러 차례의 박수를 관찰해 보면 대부분 질서와 혼돈이 간격 속에서 수차 반복됨을 알 수 있다. 질서 상태와 혼돈 상태가 서로 갈마드는 순환적 현상을 보이는 것이다. 여기에서 흥미로운 사실은 어떤 기계 같은 차원의 현상이 아니라 우연적으로 모여든 관객의 무리가 이러한 태도를 나타낸다는 것, 살아 있는 유기체들도 분명히 혼돈의 규칙에 종속되어 있으리라는 것이다(요아힘 부블라트, 2003)

카오스 이론에서는 우리의 탐구 대상 중 선형(linear) 방정식으로 풀 수 있는 질서의 섬은 아주 제한적이며, 오히려 예측 불가능한 혼돈의 가장자리가 광대무변함을 인정한다. 비선형계(non-linear system)는 수학적으로 예측되지 않는다. '마찰 항' 같은 예를 들어 보면, 이 마찰 항이 없다면 단순한 선형 방정식에 의해 하키의 퍽을 가속시키는 데 필요한 에너지를 계산해 낼 수 있다. 마찰을 고려하면 사태가 복잡해지는데 퍽이 움직이는 속도에 따라 필요한 에너지가 달라진다. 비선형성이란 어떤 게임을 진행하는 과정 자체가 그 게임의 룰을 변화시키는 것을 의미한다. 마찰에 똑같은 중요성을 부여할 수 없는 것은 그것이 속도에 좌우되기 때문이다. 반대로 속도는 마찰에 의해서 좌우된다. 이렇게 서로 얽힌 변화 가능성 때문에 비선형성을 계산하기가 어렵다. 그러나 이 예측 가능성의 난점이 선형계에서 결코 나타나지 않는 풍부한 형태를 유발한다(제임스 글리크, 1993).

1960년대에 나온 카오스 이론은 모든 자연현상 이면에 숨겨진 복잡한 인과율의 존재를 인정하고 인과의 끈이 길고 복잡하며, 우회적이고 숨겨져 드러나 있지 않음을 기술하고자 하였다(최종덕, 2003). 나비효과(butterfly effect)란 카오스 이론을 일반인들에게 쉽게 설명하기 위해 기상학자인 로렌츠가 만든 용어로서, 나비효과는 결국 자연의 현상들이 공간적으로 분리되어 있는 것이 아니라 어떤 방식으로든 서로 연계되어 있으며, 초기 조건이 미미하게 차이가 난다면 그 결과로 나타나는 현상은 매우 달라진다는 것을 함축하고 있다. 국지적인 기상에 대한 어떠한 예측도 시간의 흐름에 따라 정확도가 급격히 떨어지며, 오차와 불확실성은 일련의 격동현상을 통해 증폭되어 회오리바람이나 스콜을 대륙만한 크기의 와류로 발달시킬 수도 있다는 것이다. 그런데 그 싹은 바로 한 마리 나비의 날갯짓일 수 있다! 날씨의 경우 단기 예측은 어느 정도 들어맞지만 최근의 발달된 기상학으로도 장기 예측이 어려운 원인은 바로 이 나비효과 때문이라는 것이다. 우주선이나 행성의 궤도(거시 우주적 현상)에 대한 계산이 구름의 생성과 발달 경로(중간 우주적 현상)보다 더 정확한 이유도 이 때문이다.

못이 없어 편자를 잃었다네.
편자가 없어서 말을 잃었다네.
말이 없어 기수를 잃었다네.
기수가 없어서 전투에 졌다네.
전투에 져서 왕국을 잃었다네.
(제임스 글리크, 1993)

외국의 이 전래동요는 부정적으로 전개되는 나비효과를 잘 드러내 준다. "첫 단추를 잘 끼워야 한다."는 우리 속담에서도 초기의 작은 변수가 궁극적으로 굉장한 규모의 파국을 결과할 수 있음을 경계하는 것이다. 반대로 긍정적인 방식으로 초기 조건을 차이 나게 한다면 긍정적인 패턴의 눈덩이 효과가 생길 수 있다.

"자연은 반복을 싫어한다."는 말처럼 우리의 일상 현상들에서 기계적으로 단순하게 반복되는 것은 오히려 매우 적은 부분이어서 연역적 자연법칙에 의한 설명과 예측이 어렵다. 그러나 그 대신 복잡성은 풍요로움과 무한한 복수성의 차이가 배열되게 하는 원리이기에 자연현상이 다채로울 수 있는 것이다.

카오스 현상에 내재한 복잡성의 모형을 정리해 보면 다음과 같다. 복잡 현상의 과정은 (1) 서서히 연속적으로 변화하지 않고 누적되다가 갑자기 나타난다. (2) 아주 많은 수의 자유도를 지닌다. (3) 고전물리학이 다루는 닫힌계가 아니라 생명계가 열린계이듯이 그런 열린계이다. (4) 비선형계이므로 환원주의나 분석적 방법론으로 접근할 수 없고 전일적(holistic) 유형을 지닌다(최종덕, 2003).

2) 열린계로서 사회조직

프리초프 카프라는 『히든 커넥션』에서 사회 시스템을 자기 생성적인 커뮤니케이션 네트워크로 보고 있다. 인간 조직은 하나의 네트워크로서 조직화되거나 그 경계 내에 작은 네트워크들을 포용할 때만 생명계가 될 수 있다(프리초프 카프라, 2003). 이는 인간 조직이 새로운 정보의 유연한 흐름을 수렴하여 자기 쇄신을 거듭할 때, 즉 열린계로서 작동할 때 생명력이 유지될 수 있음을 뜻한다.

후기 산업사회의 급격한 정보사회화 흐름을 보면 이러한 변화가 인간 조직과 의식에 미치는 영향 또한 매우 크며 그 핵심에 유연성과 창발성이 기본 정신으로 자리 잡고 있다고 볼 수 있다. 열린사회는 사회적 자유도가 지속적으로 증가되어 간다는 것을 함의하므로 이제 '얼마만큼 사느냐'라는 생활 기회의 문제를 지나 '어떻게 사느냐'라는 생활 방식의 문제가 중요한 관심사로 대두된다(윤혜린, 2002). 이에 발맞추어 표준적이고 규범적인 삶의 기준의 보편성보다는 개인의 자율적 선택과 개성적 삶을 더욱 높게 가치 평가하는 문화적 환경이 요구된다.

조직사회를 보면 과거 조직을 운용해 온 관행이나 규칙들을 기계적으로 적용할 수도 없고, 소수의 주도적 개인들이 변화를 계획하고 조직을 전담하는 것 역시 어려운 상황에 처해 있다. 가장 정교하게 계획된 조직 중의 하나인 기업이라 할지라도, 단지 강력한 팀워크나 강한 공동체 의식, 공동의 가치관을 중심으로 형성된 집단 정체성으로만 유지되지 않는다. 외부세계에 대한 개방성을 수용하여 새로운 생각과 새로운 사람에 대한 포용력을 발휘하지 않는다면 사후 경직성을 드러낸다.

> “사람이 태어날 때는 부드럽고 약하지만, 그가 죽을 때는 단단하고 강해진다. 온갖 풀과 나무도 태어날 때에는 부드럽고 여리지만, 그것이 죽어 갈 때에는 말라비틀어진다. 그러므로 단단하고 강한 것은 죽음의 무리이고, 부드럽고 약한 것은 삶의 무리이다. 그래서 군사가 강하기만 하면 이길 수 없고 나무가 강하기만 하면 부러진다. 강하고 큰 것은 낮은 곳에 있고 부드럽고 연약한 것은 높은 곳에 있다.”(『도덕경』, 76장)

우리가 전형적인 열린계로서 생명체에서 배우는 내용은 바로 자연의 카오스적 혼돈 현상에 내재한 변화와 성장의 잠재력이다. 환경이 동요할 때 불안정, 두려움, 혼돈, 자기 의혹, 고통, 존재론적 위기감은 당연한 반응이다. 그러나 불확실과 혼돈과 의혹에 깊이 침잠한 후에 약하고 새로운 생명의 맹아가 갑작스레 창발한다. 이 창발 과정은 철저히 비선형적이고 복합적인 피드백 고리를 포함하기 때문에 전통적인 선형적인 추론 방식으로 완전히 분석할 수 없고, 전일적인 이해를 통해서 그 질서를 파악할 수 있지만 막연한 신비로움은 아니다.

살아 있는 모든 네트워크는 창발적이다. 생명은 혼돈이 닥칠 때 이 혼돈을 인식해서 어떤 식으로 반응할 것인가를 결정하는 새로운 정보 네트워크를 생성한다. 기계는 외부 설계에 의해 통제되고 조절되고 프로그램될 수 있지만, 생명계는 스스로 새로운 정보의 수용을 통해 구조를 변화시키는 자기 조직성으로 위기에 대응할 수 있다. 결국 의미 있는 혼돈이 조직의 관심을 끌면서 구조 변화를 유도한다(프리초프 카프라, 2003).

에티엔느 웽거 등은 움직이는 커뮤니티(community of practice) 즉 COP 모형을 통해 "동일한 관심사와 일련의 문제, 어떤 주제에 대한 열정을 공유하고 있으면서, 지속적으로 상호작용하는 과정을 통해서 이 분야에 대한 지식과 전문성을 더 깊이 있는 것으로 만들어 가는 사람들의 집단"이 창출해 내는 힘을 강조한다(에티엔느 웽거 외, 2004). 이 집단의 성원들은 상하 위계적인 팀이나 공식 조직이 아니기에 일정한 규칙에 따라 움직이지 않는 유동성을 특징으로 한다. 이들은 팀 활동의 문제점을 자신의 커뮤니티에 가지고 가서 도움을 받거나 새로운 해결 방안에 대해 토론을 하며 문제를 의미화하는 능력을 보강한 뒤에 다시 본연의 팀 프로젝트로 돌아가는 다중 멤버십 학습 사이클을 갖는다(에티엔느 웽거 외, 2004:41). 공식 조직은 이러한 비공식적 커뮤니케이션이 활성화될 수 있는 사회적 공간을 제공함으로써 조직문화의 경직화를 차단하고 조직 안에 새로운 기풍을 진작할 수 있다.

이렇듯 움직이는 커뮤니티의 생성, 창의성과 학습과 변화와 발전이 생명계에 내재된 특징이라면, 이런 과정들은 모든 조직에 일반적으로 적용 가능한가? 생명체는 본질적으로 새로운 질서의 자연발생적 창발을 특징으로 하기에 하나의 인간 조직에서 창발적 해결책으로 떠오른 내용이 다른 문화를 지닌 다른 조직에 전달되지 못한다. 특정한 조직문화 내에서 제시된 특정한 맞춤식 해결 방안이란 이런 속성 때문에 변화의 모델을 모방, 직수입하려는 태도는 문제점에 봉착한다. 새로운 구조를 창발시킨 묵시적 배경지식들과 의미의 정황을 고려하지 않은 채 성공이 검증된 사례만 형식적으로 수용하기 쉽고 이는 실패로 가는 길이다. 지식 경영, 임파워먼트, 구조조정, 컨설팅 등 아무리 전례 없는 구조적 혁신을 표방하는 경영 전략이더라도 구성원 간에 의사소통과 의미의 공유에 이르지 못한다면 잠재력과 활력이 끊기게 되어 고사할 수 있다(가이 브라우닝, 2005 참조).

리더십 이론에는 외우고 익혀야 할 전범이 따로 있을 수 없다. 리더십은 이론이기보다 오히려 실천이며, 그것도 구체적인 현장에 기반한 문제 해결 과정과 동반할 때 장차 발전을 기약할 수 있다.

3) 나비효과와 조우한 여성주의 리더십

진화의 역사는 작은 생명체들뿐만 아니라 인류 집단이 시도한 새로운 행동의 개시가 진화의 불을 지피는 역할을 함을 보여준다. 인간은 진화의 가장자리에서 계속 틈새를 뚫고 새로운 서식지를 찾아내고 새로운 행동의 가능성을 열어 왔다. 예를 들어 아프리카에서 살았던 것으로 보이는 오스트랄로피테쿠스와 호모는 두 종류의 초기 인류인데 이 둘의 행동은 상이한 경로를 밟았다. 둘 다 동굴 생활을 했고 하이에나와 표범의 동굴 습격은 공통적인 위협 요소였다. 전자는 날씨가 추워지면 별 대책 없이 동굴 안으로 들어가기를 해마다 반복한 반면, 후자는 맹수로부터의 위험을 피하는 방법을 학습하여 전 집단이 그에 대한 대응을 할 수 있었다(Cooper, 1996). 누군가 새로운 일을 감히 시도해 본 것이다! 비슷한 경로를 따라 인류는 원숭이와의 공통 조상에서 유인원으로, 유원인으로, 그리고 호모 사피엔스사피엔스로 진화하였다.

이와 유사하게 여성주의 리더는 새로운 실천의 개시자다. 가부장제가 성차별주의를 통해 오랜 동안 여성 집단을 열등하고 결핍된 성이라고 규정하면서 삶의 기회를 박탈해 왔지만, 여성들은 생활문화의 혁신을 이루고, 남성 중심적 사회 공간에 과감히 진입하고, 가부장제 구조 자체를 변화시키기 위해 노력해 왔다(장필화, 2004)

여성주의 리더는 약자, 희생자, 제2의 성, 세계사의 최후의 식민지 등등 여성 집단 안팎에서 사회의 주변적 역할로 한정짓는 규정성들을 넘어서기 위해 불굴의 정신을 매개로 하여 스스로를 역사의 전면으로 진입시키고 있다. 그리하여 주변의 장을 바꾸고 조직의 규칙을 바꾸고 삶의 결과 가치를 바꾸는 광의의 변혁적 리더십[3])을 발휘하는 중이다. 여성주의의 변혁적 리더십은 좁게는 한 조직의 문화에서부터 넓게는 사회 공간 전체에 파급효과를 미쳐서 삶의 의미구성에 개입해 들어간다. 마치 카오스 이론의 나비효과처럼 여성주의 리더의 날갯짓은 가부장제의 낡은 장(場)을 청소하는 폭풍우를 몰고 온다.

다시 되돌아보면, 인류의 역사에서 보면 동굴에서 나오기로, 혹

---

3) 원래 변혁적 리더십은 거래적 리더십에 대조되는 리더십 유형으로서 조직 구성원들의 신뢰를 통해 조직의 비전을 공유하고 멘토링이나 권한 위임을 통해 부하들이 잠재적인 능력을 모두 발휘할 수 있도록 하고 부하들이 조직에서 더욱 유능해질 수 있도록 한다. 반면 거래적 리더십은 리더가 어떤 행동이나 보상, 인센티브를 사용해서 구성원들로부터 바람직한 행동을 일으키는 과정이며, 이때 거래(transaction) 혹은 교환(exchange) 관계가 성립하는데, 부하의 업무 수행 혹은 순응을 보상과 연계시키는 것이다(최정순, 2004). 거래적 리더십이 여성주의자에 의해 전혀 채택될 수 없는 것도, 또 변혁적 리더십만이 전적으로 선호되어야 하는 것도 아니다. 필자는 단지 팀 단위의 협소한 변혁적 리더십이 아닌 사회의 여성주의화라는 변화의 맥락에서 변혁적 리더십을 재해석할 수 있다는 것이다. 제2장, p.63도 참조.

은 서서 걸어 보기로 시도한 날갯짓이 있었다. 위험을 무릅쓰고, 관성이 주는 예측 가능성 속의 편안함에 안주하지 않고 시도했던 몸짓이 있었다. 여성주의 리더는 또 하나의 복잡계(complex system)인 우리 사회 안의 존재다. 한 명의 리더가 만들어지고 그 리더가 활동해 가는 궤적이란 무수한 변수와 상황 요인들, 개인적 요소와 시대정신이 복합적으로 아우러져 만든 합작품이다. 그리하여 필자는 이러한 리더가 만들어지고 그의 영향력이 파급되는 경로에 관한 모형으로 '카오스의 나비효과' 리더십을 시험적으로 구성해 보고자 한다.

신분제든 가부장제든, 그 사회의 구조적 조건에 얽매이지 않고 치고 나가는 사람이 있다. 스파르타쿠스나 허난설헌 같은 사람들이다. 그들은 그 개인이 부재하지 않고 존재했던 바로 그 초기 조건을 만듦으로써 역사를 진전시켰다. 그러나 길게 보면 구조적 억압에 대한 저항은 사회법칙과 유사한 어떤 필연성을 가지며 이를 내면화한 행위자의 실천을 매개로 하여 사회가 변화한다.

행위성이 단지 역사적 조건에서 결정되어 나온다면 시대적 인물의 각양각색의 컬러가 불가능하다. 예를 들어 버지니아 울프 시대는 제1물결 여성주의가 형성되던 시대였다. 일반적인 여성주의자들은 공민권, 남성과 여성에 대한 동등한 교육 등의 주장들을 제기했지만, 그녀는 그 차원에 머물지 않았다. 제2, 제3의 물결에서도 접합될 수 있는 여성주의 의미세계의 중첩성을 두텁게 쌓은 그녀의 정신의 두께는 세월을 흘러 지금의 여성주의자에게까지도 영감을 주면서 시공간적으로 연결된다. 그녀가 불특정 독자를 대상으로 한 저자로서의 영향력을 끼치기에 '리더'라고 할 수 있을지는 논란의 여지가 있다. 단지 그런 특이한 인물들이 시대를 뛰어넘어서까지 효과를 발생시키는 나비와 같은 영향력을 주목해 볼 수 있겠다. 이 유형은 그 시대의 구조적 제약에 속박당하지 않은 행위자의 의식과 실천을 미시적으로 포착할 때 발견되고 적극적으로 해석될 수 있다. 역사는 분포적으로(distributely) 그런 창발적 개인들을 만들어 낸다.

나비효과 리더십은 역사 결정론이나 구조 결정론에 반대하는 비환원주의로서 개인 행위와 시대정신을 연결시키는 모형이다. "그 사람이 변화의 주도자였다."는 명제는 "그 사람이 그 자리에서 그런 역할을 하지 않았다면 그런 변화는 없었을 것이다."와 같은 반사실적(counterfactual) 조건문을 통해 정당화된다. 그들의 성취에 대해서, 개인의 몫인가 시대의 몫인가라는 배타적 이분법에 의해 판단 내릴 필요는 없다고 본다. 장기적으로 보면 여성주의 가치에 공감하는 시대정신이 또 하나의 이상한 끌개(strange attractor)[4] 역할을 하고 있는 것이 아닐까?

3. 여성주의 리더의 자원

여성주의 리더십이 여성주의 리더들의 실천과 인식의 총화라고 한다면 리더가 구현하는 리더십의 구성 요소에 주목할 필요가 있다. 물론 리더십이 리더 개인이 타고난 특질이나 품성이라기보다는 구성원과의 관계에서 창출되고 실현되는 관계적 속성임을 인정하면서도 행위자로서 리더 개인의 역능을 상술해 볼 수 있겠다.

---

4) 카오스 이론이 다루는 난류 현상에서 뒤엉킨 유선, 나선형의 소용돌이가 위상전이 상태에서는 일정한 패턴으로 수렴되는 질서를 말함(제임스 글리크, 1993).

1) 다이아몬드의 균형성

쾨스텐바움(Koestenbaum, 2002)이 개발한 리더십의 '다이아몬드 모형'(리더는 가치적 '전망' 속에서 '현실'적 변수들을 고려하면서 행위의 '윤리성'을 담보로 하며, 길을 개척해 나갈 수 있는 '용기'를 동력화하는 네 항목들을 좌표로 하여 리더십을 구현한다)을 여성주의 리더십에 적용시켜 구성 요소를 전망, 현실 인식, 윤리, 용기로 나누어 체계화해 볼 수 있다. 그리하여 필자는 여성주의 리더는 여성주의 가치 전망 속에서 여성에 대한 각종 가시적·비가시적 억압, 상황 요인, 집단의 편견, 문화 규칙 등에 대한 현실 인식을 바탕으로 도덕적 수단을 통해 장애물들을 극복하고 용기 있게 리더십을 구현해야 하는 것으로 연결시키고자 한다.

첫 번째 요소인 전망(vision)은 현실세계와 다른 가능세계에 대한 구상력을 뜻한다. 이러한 비전을 통해서 여성주의 집단은 탈가부장제 사회를 미리 그려 보면서 새롭고 평등한 질서를 선취해서 '지금 여기에서' 행동하고 실천하는 힘으로 전화시킨다.

그 다음으로는 현실(reality)에 대한 통찰적 인식이 매우 중요한데, 기존 질서를 변화시키기 위해서는 현실의 주객관적 조건에 대한 정확한 이해를 통한 전략 개발이 필수적이기 때문이다. 이로써 여성주의자들은 사회로부터 여성주의 집단의 게토화나 고립을 넘어서서 여성들의 역량 강화를 도모할 수 있는 다양한 전술을 구사한다.

세 번째로 윤리성(ethics)이 강조될 수 있는데, 이는 리더십의 창출과 실현 과정에서 문제 해결의 수단에 대한 윤리적 성찰을 뜻한다. 윤리성의 차원을 좀 더 넓히면 다른 사회적 소수 집단들과의 연대, 다양성의 공존, 다양한 개성주의의 조화를 보장하는 내용을 갖는 여성주의 철학의 가치론과 접목된다.

마지막으로 용기(courage)를 들 수 있다. 이는 자기 긍정, 결단, 내공, 진취성, 낙관주의, 힘 북돋우기 등 크게 보면 셀프 리더십의 개발과 연관된다. 사회적 소수자로서 여성이 더 이상 잃을 것이 없는 상태에서 이후 비상을 예감하는 상황에서, 더군다나 '시간은 우리 여성 편에 있기에' 과감한 실험과 실천이 요구된다.

균형 잃은 다이아몬드

-- 리더가 전망을 결여하면 다른 요소들, 즉 용기도 있고 팀 정신도 있고 리더십을 증거하는 사실들이 아무리 많다 해도 그녀/그가 어디로 가고 있는 것인지 아무도 모르게 된다. 이런 종류의 리더나 조직에 대한 불평불만, 문제제기가 제일 빈번하다고 한다.

-- 리더가 현실 인식을 놓치면 이런 사람은, 충분히 구성원들과 우호적이고 협조적인 관계들을 만들어 내고 용기 또한 가상하다고 해도, 그 현실감의 결여로 인해 조직을 위험에 빠뜨릴 수 있다. 그런 리더를 만나면 사실상 구성원들의 자원과 기회를 다 탕진하게 만들 수 있다.

-- 리더가 윤리성에 기반하여 조직을 끌고 나가지 않으면, 전망도 있고 매우 실용적인 감각과 사고를 겸비했다고 해도, '사람'을 놓친다. 사람은 그들에게 숫자, 대상, 도구, 사물에 불과하고 영혼이 아니고 느낌의 중심이 아니다.

-- 리더가 용기가 없다 해도, 위대한 전망 성공 사례들을 많이 축

적하고 있고 개인적으로 근사하고 매력 있는 인물일 수 있다. 그러나 용기가 필요한 순간 즉 이니셔티브를 쥐고 행동해야 할 때 그 사람이 '잠수 중'이나 '휴가 중'이라면 지금까지의 모든 노력이 물거품이 될 수 있다. 타이밍은 일을 만들어 가는 데서 결정적일 경우가 많다.

만일 여성의 어머니 노릇을 리더의 자원으로 분석해 보면 어떻게 될까? 일단은 몸으로 마음으로 생명을 낳고 기르는 일에 내재한 무한 가치를 긍정할 수 있으며 그러한 보살핌이 사회 곳곳에 시공간적으로 파급되고 확산되어 여성주의의 새로운 질서를 '전망'하게 한다고 볼 수 있다. '현실 인식' 측면에서 볼 때 보살핌에는 상대방이 무엇을 필요로 하는지 알아채는 능력, 그리고 상대방의 발전을 위해 어떤 도움을 주어야 하는지 판단하는 능력 등이 포함된다. 보살핌이 '윤리성'을 담보하려면 약자에 대한 사랑, 포용, 헌신 등 비계약적 가치를 전승해야 하고 특히나 가족이기주의로의 함몰, 즉 과도한 가족 중심성을 경계해야 한다. 어머니 노릇에 필요한 '용기'에 대해서는 그것이 어떤 것인지를 묻지 않아도 될 정도로 우리의 경험적 모성 안에는 강한 인내와 여러 삶의 위험 요소에 대한 극복의 노력 등이 전경화되어 있다.

2) 여성주의의 변혁성

앞에서 간략히 언급한 변혁적 리더십을 여성주의적으로 적극적으로 요청하여 해석해 보면, 다음과 같은 주요 구성 요소를 추출해 낼 수 있다.

(1) 카리스마(charisma) : 리더가 리더 자신에 대한 강한 정서적 동일시를 일으킴으로써 구성원들에게 영향을 미치는 속성으로 변혁적 리더십 구성 요소 중 가장 강력한 위치에 있다. 카리스마 리더는 변화에 대한 구성원들의 저항감을 해소시키고 정서적 상승 분위기를 이끌어 기대와 흥분을 조성해 낸다. 또한 스스로 강한 자신감을 지니고 있으며 타인에게 영향력을 행사하고자 하는 욕구가 강하며, 뛰어난 의사소통 기술을 갖고 있고 목표를 이념적 형태로 전환하여 명확하게 제시할 수 있으며 자신이 제시한 비전과 사명을 달성하도록 구성원들의 동기와 정서를 불러일으키는 능력을 지닌다.

(2) 개별적 배려(individualized consideration) : 리더가 구성원들에게 개별적인 관심을 갖고, 그들을 신뢰하고 존중하며 그들의 책임감을 고취시켜 학습하는 것을 도움으로써 그들을 육성한다. 이때 리더는 이들의 개별 욕구와 가치관에 대해 깊은 통찰력을 지니면서 아래로부터 위를 바라보는 시각에서 사물을 판단하며, 부하들의 능력 발휘와 동기 부여가 효과적으로 이루어질 수 있도록 하기 위해 개인적인 성향에 기초하여 과업을 할당하며 도전적인 직무를 배정하거나 책임을 증대시킨다. 개별적 배려를 통해 리더와 부하는 직접적으로 접촉하고 양방향 의사소통을 이루게 된다.

(3) 지적 자극(intellectual stimulation) : 리더가 구성원들로 하여금 문제에 대한 인식을 증가시키고 새로운 관점에서 문제를 바라보도록 영향을 미치는 과정에 필요하다. 이러한 리더는 자신이 지적으로 풍부해야 하며 이러한 지식을 통해 그들에게 새로운 아이디어를 제공함으로써 도전의식을 느끼게 하고 일상적인 문제에

대해서도 새로운 방식으로 생각해 보도록 자극한다. 부하 스스로 자신이 갖고 있던 기존 가치, 신념, 기대 등에 대해 의문을 품도록 유도하고 또한 현재의 당면 문제를 해결하는 데 적절하지 못하거나 진부한 조직의 내용에 대해 회의를 갖도록 자극한다.

(4) 영감적 동기화(inspirational motivation) : 리더가 부하들에게 비전을 호소하고 다양한 상징들의 사용을 통해 부하들의 노력을 고무시키며 적절한 행동적 모델링을 제공하는 것이다. 이를 위해서는 부하들에게 자신의 기대를 명확히 전달하고 팀 정신을 창출하며 자신의 일에 열정을 갖도록 해야 한다.

변혁성을 잃은 여성주의

-- 카리스마가 결여될 때 : 무엇보다 조직 변화의 추동력이 떨어지므로, 조직을 물려받고 간수하는 과정이 아니고 새로운 여성주의 가치 전망에 따라 새로운 조직 내용과 문화를 만들어 내야 하는 상황에서 이 점은 심각한 문제로 진단될 수 있다.

-- 카리스마는 있으나 개별적 배려를 못할 때 : 리더에 대한 충성도는 강하지만 의존도가 높아지고, 개성적인 차세대 리더로 개인이 발전하기 어렵다.

-- 변혁적 리더로서 다른 요소들은 갖추었지만 지적 자극을 줄 수 없을 때 : 집단의 의식 수준이 제고되기 어렵다.

-- 영감을 불러일으키지 못할 때 : 활력 있고 창의적인 차세대 리더 집단이 육성되기 어렵다.

3) 파워의 진정성

베른하르트 그림은 『권력과 책임』에서, 인류사를 보면 권력이 항상 '다른 사람에 대한 권력'이자 '타인에 대한 착취'였다고 말하면서 사람에 대한 권력이 사람을 위한 권력으로 바뀌는 것은 불가능한 일인지를 묻는다(2002:165). 또 어떻게 하면 권력을 다른 사람에게 힘을 북돋우는 권력으로 전환시킬 수 있을지를 묻는다(171). 그가 보기에 권력이란 자신의 인간적, 개인적 존재성을 실현하려는 노력을 통해서 인간으로 발전해 나가는 길이라고 말한다(170).

가부장제하에서 여성은 '권력'과 어떤 역사적 관계를 맺어 왔는가? '권력'을 억압적이고 위계적인 사회질서를 유지시키기 위한 전형적인 강제력 행사로서 타인에 대한 '통제력'이나 '지배력'과 동치시킨다면, 아이 기르며 살림했던 보통 여성들의 실천들은 무력했거나 혹은 권력과 무관했다고 볼 수 있다. 정치, 경제, 군사적 측면에서 사회적 지배력을 행사해 온 소위 '세계사적 인물' 안에 들 수 있는 여성은 소수였다. 권력이 남성들끼리의 비즈니스였던 역사가 참 길었다. 승패가 확연히 갈리는 권력 투쟁은 남성들 안에서 너무나 자연스럽고 불가피한 사회의 현실태로 받아들여진다. 그들은 승자로서나 패자로서 별 변명이 없다. 지배를 위한 힘에의 의지도, 피지배에서의 굴종감도, 사회적이고 조직적인 게임의 규칙으로 보는 것 같다.

그런데 우리가 여성과 관련하여 '권력'을 가치 차원에서 음미해 보면 논의가 복잡해진다. 주로 재생산 영역에서 이루어졌던 여성들의 노동에 대해 가부장제적 시각이 아닌 여성의 시각으로 재평가해 보면 여성의 수고로운 돌봄 양식은 실로 세계사적 노동으로 부상한다. 여성은 소위 남성적(masculine) 의미의 권력 주체가 아니었을 뿐 자신의 행위를 통해 삶의 가치를 실현해 온 행위자였고, 따라서 그녀들은 매우 위력적인 존재들이었다고 볼 수 있다. 가부장제라는 억압의 촘촘한 그물망에 포획됨 없이 살아남은 그 생명력의 원천(타인에 대한 돌봄 과정에서 훈련되고 요구되는 헌신성과 책임감, 지혜, 용기, 직관력, 감수성 등)은 후배 여성들에게 매우 두텁게 전수되었다. 이렇듯 여성이 긍정적 가치 차원에서 보유하고 전수해 온 힘은 권력인가 아닌가? 가부장제적 억압에도 불구하고 여성의 일은 가치를 담보했기에 여성이 행위 주체였다는 이야기는 약자를 위한 변명, 패자의 자기 위안, 연민의 덫, 집단적 허위의식인가? 아니면 역사의 간지, 주인－노예 변증법의 나선형 경로인가?

분명한 것은 외부에서 할당받은 젠더 분업은 이제 청산되어야 한다는 것이다. 자율적인 선택에 따라 자신의 삶을 통제하는 힘이 여성 안에서 나와야 한다. 여성이 적어도 세계사적인 패자는 아니었다는 소극적 차원의 평가 대상이 아니라 파워 게임의 규칙을 새로 쓰는 데 주체로서 공히 참여하기를 소망하기 때문이다. 엘슈테인의 말처럼 "여성은 위력적(powerful)이면서 동시에 무력했다(powerless)." 해도 이제 여성주의 리더는 전방위적으로 위력적이기를 희망해야 하는 것이 아닌가.

질문은 계속된다. 타인의 자유의지에 반하여 통제력을 행사하는 힘이 부정적 의미의 권력이라면, 타인의 자유를 증진시키기 위해 영향력을 끼치고 우리 자신의 힘(strength)을 발견함으로써 어떤 것을 해내는 힘은 긍정적 의미의 권력인 것인가? 가부장제적 억압에 맞서기 위해 여성을 조직하고 동원하고 집단화해서 권리를 확보하는 일은 일종의 권력 투쟁인가? 가부장제 권력에 대응하는 여성주의의 권력 행위는 권력이라는 동일 속성에서가 아니라 그 권력의 목표가 무엇인가에 의해서 긍정적 혹은 부정적으로 평가되어야 하는가? 여성주의는 대안 권력의 제시를 자신의 프로젝트로 하는가, 아니면 권력의 해체를 도모해야 하는가?

이상의 물음들 안에 공통된 '권력' 용어는 그 뜻이 다양하다. 권력, 권위, 권한, 권능, 권익 등의 의미가 분산 혹은 중첩되어 있다.

(1) 지배하는 힘(power over) : 법적 강제력 등으로써 남성 지배를 청산하는 권력이자 여성의 권익 침해를 시정하는 권력 개념.

(2) 공유하는 힘(power with) : 지도자의 권력 독점이 아닌 구성원 간의 권력 분산과 공유를 원칙화하는 권한 개념.

(3) 일을 해내는 힘(power to) : 일을 해낼 수 있는 권능 개념.

(4) 안에서 나오는 힘(power from within) : 내면적 에너지 증진을 토대로 한 개인 주권의 처소 개념.

파워가 갖고 있는 각각의 측면은 '임파워먼트(empowerment)'에서도 재현된다. 주로 여성정책에 도입되는 성별 주류화(gender mainstreaming)의 관점에서는 사회적 소수자로서의 여성 집단에 대한 권한 증진 혹은 세력화를 통해서 여성의 삶의 질을 높이고자 하므로 '힘 갖추기'나 '힘 보여주기'가 적절한 맥락이 된다. 기업에서 조직 구성원들의 역량을 결집시켜 시너지 효과를 생산하고자 하는 의미에서는 조직 상하 간의 위계질서가 아닌 쌍방적 의사소통, 분산적이고 병렬적인 연결 구조를 만들고자 하므로 팀 간, 팀 내 역학 안에서 권한을 부여하고 힘을 나누는 과정이 중요하게 도입된다. 개인 안의 차원에서 보면 '힘내기' 과정이라고 불리는, 소위 자기 리더십(self leadership)과 연관될 수 있다.

여성주의는 '권력'의 여러 중층적 의미들과 관련을 맺기 때문에 어떤 종류의 권력에 주로 의지할 것인가는 구체적인 사회적 맥락과 환경, 조건에 따라 유연하게 설정할 필요가 있다. 여성주의가 물리적 강제력이 아닌 지적, 도덕적 권위로써 양성 평등 사회를 이루어 낼 수 있으면 최선이지만, 국면과 이슈에 따라 효과적인 수단은 달라질 수 있다. 남성 지배의 역사와 방식에 대응해야 하기 때문이다. 그럼에도 불구하고 여성주의 공동체가 권력의 면역 지대일 것이라는 나이브한 기대가 아니라 여성주의적 원칙의 견지가 소중하다는 가치 판단은 살아 있어야 한다. 여성주의는 관계에서의 민주성과 권위주의의 청산, 권세로서의 권력 구사가 아닌 영향력의 전파 경로들이 실험되는 개념적 장이어야 한다.

다시 현실 사회로 돌아와서 여성주의 집단 내 역할 분담이 가능한지 혹은 필요한지의 문제를 검토해 보자. 여성이 전통적 의미의 권력에서 소외되고 권력 게임을 낯설어 하며 자신의 권력화에 대한 내면적인 경계심을 유지하는 것이 현재의 모습이라면, 그 양태는 긍정적일 수도 있고 부정적일 수도 있다. 소위 정치판에 뛰어든 여성은 남성에게는 이미 생득적일 만큼 자연스러운 것인데 스스로는 의지와 각오로써 준비해야 할 것이 있다(being able to get their hands dirty). 경제계에 진출한 여성은 경쟁력과 수월성 제고를 독려해야 하는 현실적 부담이 있다. 가부장제적 국가, 기업, 가족 구조에서 전선이 그물망처럼 미시화되어 있기 때문에 어디가 최전선이고 어디가 후방인지 알 수 없게 되어 버렸지만, 소위 남성 텃세 지역을 양성의 공간으로 만들어 가기 위해서 수단과 목적을 분리적으로 사고해야 하는 짐을 더 많이 떠맡는 부분들이 있다. 정치 경제적 영향력 확대를 도모하는 이들의 작업이 개인적 성취가 아니라 결국 여성주의의 중요한 자원으로 자리매김되려면 여성주의 안에서 통합적이고 거시적인 시각이 필요한 것이 아닐까?

리더십과 권력의 관계에서 리더십이 규범적 성질이라면 권력은 추진 에너지다. 따라서 권력을 구체적으로 실천적으로 가동하지 못하면 여성주의의 목표가 공허해진다. 그렇다면 우리는 권력 자체를 혐오할 것이 아니라 지배 권력의 역사를 성찰하고 더 발전된 권력관을 갖는 것이 필요하지 않은가 생각한다.

여성의 권력에 대한 태도를 형성하는 첫 단추는 우선 자신들이 역사적으로 구조적으로 구체적인 현장에서 얼마나 무력화되었는가, 억압되었는가, 비가시화되었는가를 비판적으로 인식할 수 있어야 한다. 그리고 다음 단계는 가부장제 지배 권력을 시정 혹은 무화시킬 수 있는 힘의 증진을 향하여 자기의 자원을 인정, 개발, 확대하는 일이다. 자신의 잠재력을 현실의 힘으로 질적 전화해야 한다는 뜻이다.

이상에서 파워의 문제가 여성주의에 하나의 아젠다로 도입되면 논의의 지평이 바뀜을 알 수 있다. 이를 여성주의의 나비효과 리더십이 창출하는 권력의 3중 구조적 변화로 부를 수 있을 것이다. 첫째, 권력 내용의 변화로서 권력은 사람에 대한 지배 권력에서 사람을 위한 책임 권력으로 바뀐다. 둘째, 권력 형식의 변화로서 권력의 위계적 독점 구조에서 탈위계적 분산 구조로 이행한다.

마지막으로, 권력 가치의 변화로서 권력과 각 개인이 맺는 내면적 관계가 변화한다.

4. 나비로 날아오르기, 그 전사(前史) 및 후사(後事)

리더십에 관한 지침서들에서는 리더로서 성장하기 위해 시련에 던져졌던 '단련기'(crucibles, 도가니)가 언급된다. 예로서, 워렌 베니스 등(2003)은 당사자가 단련기를 찾아 나서는 것(단식에 비유됨)과 단련기가 대상을 발견하게 되는(굶주림에 비유됨) 두 유형을 언급하면서, 단련기는 새로운 정체성을 비교 검토하고, 가치를 검증하고 강화하거나 바꾸며, 자신의 판단과 다른 능력들을 예리하게 다듬는 전환점이라고 한다. 또한 자신의 새로운 성찰과 새로운 개념을 위한 배양기 역할을 하며 때로는 타인의 삶에 영향을 미치는 힘을 가지고 있다는 자각이 변화의 계기가 된다는 것이다. 더 나아가 역경에서 의미와 강점을 발견하는 능력이 리더와 비(非)리더를 구분 짓는데, 재난이 발생할 때 무능력한 사람들은 소외감을 느끼고 무력감에 빠지는 반면, 리더들은 목적과 결의를 찾아낸다고 말한다.

만델라의 예를 들어 보자. 그는 인간성을 말살시키려는 교도관의 노력을 무산시키기 위해 강직한 품성과 상상력을 동원하여 자신을 수동적인 희생자 — 타인에 의해 투옥된 사람 — 가 아니라 (스스로) '수감 중인' 한 개인으로서 바라보았다. 교도관이 그를 일개 수감자로 정의하는 것을 용납하는 대신 스스로 영웅적인 정체성을 창출해 낸 것이다. 이 정체성으로 그는 아프리카와 세계 곳곳의 수많은 사람들을 감동시키고, 인종차별정책이 종식되고

다양한 문화가 공존하는 새로운 남아프리카의 창조에 기여했다. (워렌 베니스 외, 2003)

필자가 보기에 단련기는 개인의 생애 안의 비약을 위한 중요한 계기라는 성격을 지니나, 집단적으로도 어떤 종류의 단련기를 겪거나 통과할 수 있다고 생각한다. 즉 가부장제가 여성의 삶에 드리운 수련의 측면을 보면, 역사상 가장 오래된 구조적 억압으로서 젠더 불평등 체제 자체가 여성에겐 가혹한 단련기라는 생각을 하게 된다. 그러므로 단련기를 꼭 개인 차원에 국한하지 말고 사회적 약자 집단의 고통의 나날들에 대해 적용해 볼 수 있을 것이다.

단련기는 개인적 시련기일 뿐 아니라 그 시대의 정점에서 어떤 적응력과 비전으로 새로운 활동을 개시해야 할 것인가를 숙고, 성찰하는 생산적 고뇌의 시기다. 기존의 경험과 자원들로 집적된 몸체가 내부 분열하면서 고온에서 녹아내리고 새로운 주물이 하나 탄생하는 파괴와 생성의 시기다. 그리고 과거와 마찬가지로 미래에 또 다른 모습으로 다가올 이 단련기를 어떻게 상대해야 하는지를 거듭 궁리할 수밖에 없다.

여성주의 리더의 경우 자신의 여성주의적 정체성 때문에 혹독한 시련에 휘둘릴 때도 스스로를 무기력한 존재로 규정할 수 없다. 리더십의 기본 요소인 상황에 대한 적응력이란 우호적인 환경에서의 도약이 아니라 비우호적인 외부 현실에 노출된 자신의 삶에 모종의 의미를 부여함으로써 시련과 역경의 체험을 삶의 자원으로 통합시키는 능력이다. 단련기에 대한 여성주의자의 집단적 대응은 남성 지배의 희생자, 사회적 약자 등 부정적인 측면에 대한 투쟁과 고발, 시정 촉구 등의 노력과, 한편으로 그러한 유구한 억압'에도 불구하고' 무기력화, 수동화, 노예화되지 않고 당당히 살아남아 이제는 양성 평등 세상을 열어 가는 주체로 자리매김하는 궤적에서 드러난다.

전통적인 남성의 세계로서 정치판에 뛰어든 1970년대 한 여성 의원은 남장을 통해 여성비하적 정치문화를 극복하고자 했지만, 요즈음은 그런 수준은 뛰어넘었다. 지금 정치 진출을 도모하는 신예 정치인은 과거 여성 선배들의 길을 답습하지 않을 것이다. 이들은 과거에 남성 중심적 조직에서 살아남아 높은 지위에까지 오른 많은 여성 리더들이 가장 많이 취한 '남성성의 수용' 전략(강시현, 2004) 즉 내면, 외면 다 남성처럼 똑같이 하는 것이 조직에서 살아남을 수 있는 유일한 길이었던 것에서 오히려 시대적 한계와 흔적을 본다.

당대 여성주의 리더들의 활동으로 인한 사회 변화는 다기한 국면들을 창출하고 있다. 여성 노동자의 이중적, 사적 부담으로 존재했던 가사노동과 육아 등 영역이 여성의 사회활동에 지장을 초래하지 않도록 공공적인 사회 책임의 문제로 부각된다. 여성 개인의 직장생활은 사회구조의 변화와 연결될 수밖에 없다는 것, 또한 젠더화된 역할 고정에 대한 비판적 인식을 확산시킬 수밖에 없다는 확신이 남성적 동화 전략을 수정하여 조직문화에 변화를 가져오게 하는 첫걸음이다.

여성이 무력감, 부정적 자기 인식을 극복하고 자신감, 자기 존중감을 강화하며 환경 조절 능력을 확장하여 자신의 파워 수준을 높일 때, 이러한 여성 리더들의 등장이 사회문화의 지형을 바꿀 수 있다. (상징적, 실제적 의미에서) '아이를 직장으로 데려와야 하는' 여성의 처지가 직장 내 갈등요소로 등장할 수 있음을 알면서도 균형 잡힌 삶의 추구라는 전망 속에서 버텨 낼 수 있어야 한다. 여성의 사회 진입은 공/사 위계를 흔들 뿐 아니라 노동을 통한 사회적 기여의 소중함만큼 개인 삶의 의미구성 역시 가치 있음을 보여준다. 삶의 수단적 가치가 아무리 많이 확장된다 해도 행복 추구, 자기실현과 같은 목적적 가치를 대치할 수는 없다는 것이다.

균형 잡힌 삶에 대한 여성주의의 지향성은 "한 분야에 있어 성공이 삶의 다른 분야들에서의 실패를 보상해 주는 것이 아님을 인식해야 한다. 조직사회 내 구성 인자로서의 자신의 역할과 목표가 건강, 가족, 전문성, 개인 발전과 같은 삶의 중요한 영역과 갈등을 보여서는 안 된다. 진정한 효율성과 목표 달성은 균형을 요구한다."는 브라운 등(2005)의 책에서도 강조되고 있다. '회사인간', '조직 인간'으로 표현되듯이 경제 발전기에 오로지 조직생활을 위해 물리적으로나 정신적으로 가정을 떠난 사람들, 영속적인 거대한 조직의 정신이며 영혼일 뿐인(워렌 베니스 외, 2003), 주체성을 저당 잡힌 사람들이 결여한 것이 무엇인지를 놓치지 않아야 한다.

마지막으로 여성주의자들은 미래로 향한 길을 닦아야 하는 또 다른 과제를 받아 놓고 있다. 여성주의라는 사회변혁의 아이콘이 몰개성화되어 고정적 이미지와 콘텐츠로 대중 영향력을 감소시키게 되는 경우를 예측해 본다면, 개성적 여성주의자들이야말로 여성주의 안팎의 새로운 혁신 자원이 될 것이다.

"같은 강물에 두 번 발을 담글 수 없다."는 헤라클레이토스의 상속자는 과거와 다른 새롭고 창의적인 리더십 콘텐츠를 구성해 내기 위해 어제와 다른 오늘의 사고, 오늘과 결별한 내일을 전망하고자 할 것이다. 여성주의 리더는 각각 자기의 서명이 있는 리더십을 추구해 볼 수 있겠다.

5. 나비효과 리더십의 의의와 자기 성찰

나비의 날갯짓은 누구와 만나는가? 나비효과 리더십은 리더십의 공간적, 인적 확산 고리에 대한 모형으로서 리더 개인에서 발아된 리더십 싹이 일파만파로 다른 공간에 있는 다른 이들에게도 확산될 수 있는 잠재력을 갖는다. 장(場)의 변혁을 통해 다른 나비들의 날갯짓을 계속 야기해 내는 일을 여성주의적으로 해석해 보자면, 여성주의의 세대적 재생산으로 귀결된다. 나비효과 리더는 더 많은 여성 리더가 여성주의화의 견인차가 되게끔 후세대 나비들을 재생산한다. 이는 가부장제 조직문화에 대한 개인적 저항과 비판, 혹은 개인적 성취 정도와 여부가 리더십의 판별 기준이 아니고 그 개인으로 인한 여성주의화라는 사회적 효과를 중시하는 것 덕분에 '찻잔 속의 폭풍'과 구별된다.

폭풍우는 무엇을 쓸어 내는가? 폭풍우에 휩쓸려 가는 것들은 대부분 그간 제대로 손보지 않고 허술하게 놔둔 도로, 제방, 건물 등 사회의 인프라 구조다. 폭풍우는 파괴적이나 새로운 공기와 바람과 물이 유입될 수 있는 의미 있는 혼돈이기도 하다. 가부장제의 남존여비적 의식구조나 여성 리더들에 대한 가시적, 비가시적 장애물들을 파죽지세로 철폐하고 여성의 대대적 진입을 오히려 환영하는 사회구조를 갖출 때 취약성을 극복할 수 있다.

누가 나비인가? 개인마다 개성적으로 구현하는 창의적인 리더십의 싹을 염두에 두고 일단 모형화해 본 것이기 때문에 이 문제는 확정적으로 답하기 어렵다. 그들이 온 생애를 두고 만들어 낸 긴 사슬로써 나비 여부는 평가될 것이다. 단지 나비는 자기가 무슨 일을 벌인 것인지 모를 수 있으나, 인간 나비는 여성주의 의식과 비전을 체화하고 스스로를 성찰하는 리더가 되고자 부단히 노력할 때 리더십의 고형성(동맥경화)을 피하면서 열린 리더십, 유연한 리더십으로 접속될 수 있는 가능성이 있다.

나비효과 리더십은 어떤 종류의 성질인가? 어떤 종류의 영향력 혹은 파워인가? 리더십은 관계적 성질이자 동시에 입자/파동적 성질이다. 리더십은 지도자 안에 있는 탁월한 능력이 추종자에게 전달됨으로써 상하 간에 통제를 이루는 권력이 아니다. 리더십은 서로의 관계성 속에서 공유되어 확산되는 식으로 서로 힘을 북돋아 주는 에너지 공유와 전달 회로로 보아야 한다. 리더 유일의 중심이 아닌 분산적 권한과 책임성을 함께 나누어 가질 수 있는 다중심적 주체들의 양성이 중요하기 때문에 리더십은 팔로워십(followership)과의 관계성하에서 규정될 수밖에 없다.

물리학적 메타포를 사용해 보자. 만일 리더십의 콘텐츠가 입자적 경로를 따른다면 리더가 이 내용들을 고형화시켜 일정하게 전수하고 교육할 수 있지만, 파동적 경로를 따른다면 리더십은 고정될 수 없고 비가시적으로 전파될 수밖에 없다. 즉 리더십 콘텐츠는 하나의 패키지로서 묶일 수 있는 단위 지식에 머물러서는 안 되고, 리더에게 도움을 받는 팔로워 각자가 자신의 현장에서 현실 조건에 감응하면서 새로 창출해 내는 리더십, 즉 지식이나 전문기술이 아닌 지혜로서의 리더십으로 연결되는 고리를 갖고 발전되어야 한다는 뜻이다.

리더십 확산의 핵심 경로는 바로 임파워먼트(empowerment)다.

리더는 팔로워가 지고 있는 모든 문제의 해결자를 자임함으로써 의존적으로 만들어서는 안 된다. 팔로워로 하여금 스스로 문제를 인식하고 해결할 수 있게끔 지원하고 격려하고 돕는 자로서의 역할에 국한해야 한다. 따라서 '리더 대 팔로워'의 잠정적, 한시적 관계 방식과 함께 '리더 대 차세대 리더' 또는 '셀프 리더 대 셀프 리더'의 미래 지향적 새로운 관계 모형이 중층적으로 구상될 필요가 있다.

결국 나비효과 리더십은 조직과 사회의 룰을 바꾸는 리더십으로서 리더십의 발동 메커니즘, 리더십의 효과 측정 기준[5]조차 바꾸어 내는 메타적 리더십이다.

리더십에 대한 이론적 논의와 사회 현실의 만남을 위해 현실 진단을 조금 해본다면 우리 사회 각계각층에서 여성 리더들의 확연한 진입과 괄목상대한 성취들이 눈에 띈다. 그동안 여성 참여를 공식적으로 배제하거나 비공식적인 방식으로 어렵게 만들었던 그런 공간들에서 한 여성이 일보를 내딛는 일은 그 자체로 의미심장한 효과를 불러온다. 한 사람이 아니라 일정한 양을 확보할 정도가 되면 아무리 강한 가부장제적 난시청 지역일지라도 그들의 몸과 목소리가 보이고 들릴 수밖에 없다.

이러한 기초 단계가 지나가기 전에 여성 리더 집단들은 무엇을 목적지로 하는가에 대한 대대적인 성찰이 스스로에게 필요하다.

---

5) 예를 들면 조직의 목표 달성이나 업무 성과라는 가시적 측면뿐만 아니라 조직 구성원의 임파워먼트, 권력과 영향력 공유, 동료나 부하 여성의 리더십 향상에 기여한 바, 나아가 조직의 구조 및 문화의 변화에 기여한 정도 등도 리더십 효과 측정의 지표가 될 수 있다(조형, 2004).

(1) 강한 리더가 되고자 하여 가부장제적 리더의 덫에 빠져 버렸음을 느낄 때의 질문 : 나는 보스가 되고자 했던 것인가? 보스는 직위 권력을 표면에 내세우거나 은밀한 통제력을 과시하는 존재라면, 진정한 리더는 인격성(지성, 감성, 의지 등)을 우선적인 자원으로 삼고, 직위나 직책에서 나오는 힘을 활용해야 하지 않는가?

(2) 생존경쟁에서 살아남기 위해 혹은 성공하는 삶에 다다르기 위해 온 에너지를 집중시키고 있을 때의 질문 : 나는 승자가 되고자 하는 것인가? 리더는 성공의 결과만이 아니라 과정적 성취를 더욱 중시하는 사람 혹은 성공은 과정의 결과이지 목적이 아니라고 생각하는 사람이 아닌가?

(3) 여성주의적으로 환골탈태한 의식과 행동, 실천으로 집단 문화를 끌어올리기 위해 노력하지만 구성원들이 변화를 환영하지 않고 구태에 머무르는 모습을 보일 때 : 나는 대중에 영합하는 스타가 되고자 하는 것인가? 변화의 바람이 강할수록 저항의 맞바람도 더욱 커질 수 있지만 이것은 과정상 불가피한 일이고 이러한 갈등 구조를 성장의 동력으로 삼아야 하는 것이 아닌가? 리더십과 인기도는 비례하지 않지 않는가?

(4) 우리 조직은 잘 해나가고 있는데 뭐가 문제인가 싶을 때 : 리더와 매니저가 같은가? 조직은 관리의 대상이 아니라 리드의 대상이다. 관리자는 일을 제대로 하는 사람이며 리더는 제대로 된 일을 하는 사람이다. 주어진 일을 효율적으로 하는가와 비전과 일을 결합하는가의 차이다. 리더십은 조직에 비전을 제시하고 그 비전을 현실로 바꾸는 능력을 제공해 주는 것이다.

(5) 나 혼자서 많은 일을 해낸 것 같은데 후속 주자가 눈에 띄

지 않을 때 : 리더는 구성원들이 새롭게 행동하도록 만들고 그 가운데서 차세대 리더들을 발굴해 내고 훈련시키는 사람이 아닌가? 나 홀로 리더십은 그 리더가 활동을 더 이상 못하게 되면 후속집단으로 이어질 수가 없다.

무엇이 우리를 여성주의 리더로 만드는가? 리더는 다른 구성원들과 보스와 추종자 관계에 있을 수도 있고, 승자와 미래의 패자들과의 관계나, 스타와 팬의 관계, 매니저와 하급 직원의 관계, 나 홀로 섬과 연육교 없는 육지의 관계 등등 여러 모습 안에 스스로를 위치 지을 수 있다. 리더 개개인은 이러한 주변의 다양한 유형들을 성찰하고 더욱 가치 있는 관계 모형을 창출해 보는 실험들과 실천들이 필요하지 않은가?

6. 맺는 말

필자는 지금까지 우리 사회에서 여성주의 리더십의 효과가 더욱 강해지길 희망하면서 '나비효과 리더십'을 기쁜 마음으로 구상해 보았다. 이후로도 나비효과 리더십이란 이론 자체가 나비효과를 지니기를 희망한다. 즉 나비가 되고 싶은 여성들과 이 이론이 더욱 많이 조우하기를 기대한다. 어찌 보면 역으로 현실에서 치열하게 발휘되고 있는 여성주의의 선배 리더들의 실천적 힘이 이론 구성에 날갯짓을 한 것일 수도 있겠다. 결국 이론은 실천과 앞서거니 뒤서거니 하는 두 엔진이 아닐까?

리더십은 여성주의화를 위한 수단적 가치이자 여성 개인의 발전을 지향하는 목적적 가치다. 여성주의적 대안 리더십은 단지 여성의 권한 증진이나 사회의 양성 평등 실현을 위한 수단적 가치에 머무르는 것이 아닌, 지혜나 행복과 같은 차원에 놓인 것으로서 인간이 자기를 성취할 수 있는 본질적, 목적적 가치라는 위상을 갖는다. 결국 여성주의 리더십의 철학적 기초로서 성찰적 개인의 리더십을 도출하게 되는데, 미래 지향적 관점에서 리더가 자기 고유의 개성적 리더십을 창출하면서 자신의 정체성을 확고히 할 수 있을 때 통합적인 삶으로 다가서는 것이 아닐까 생각한다. 리더십 스타일은 젠더 이념형에 따르기보다 개인적이며 여성주의자 개인의 역사적 경험과 여성주의 집단의 리더십 실천 경험이 생산적으로 결합할 때 독특하고 역동적인 사회의 장이 창출될 것이다. 나 홀로 섬이 아닌 팀과 조직, 사회적 공간들의 차원에서 영향력을 확장해 가는 성취는 그 무엇과 바꿀 수 없는 가치 있는 도전이다.

무엇보다 리더십은 이론이기보다 실천이다. 리더십 발휘 상황은 다양하고 다기하다. 일반화된 이론적 틀에 얽매여서는 구체적 현장의 문제점을 해결하기 어렵기 때문이다. 창의적 아이디어들이 교류되고 과감한 실천들이 결합될 때 우리는 시대에 끌려가기보다 시대를 끌고 갈 수 있지 않을까?

자신의 의식과 관심이 가는 곳, 가치 지향이 머무는 곳, 가슴이 뛰는 곳, 그 현장에서 리더십은 비로소 시작된다. 스스로를 리더로 정체화하는 것이 리더십 강화의 첫걸음이듯이 스스로를 여성주의 리더로 정체화하는 일은 새로운 한 걸음을 떼는 일이다. 그것에서부터 시작하여 앞으로 갈 길이 멀고 할 일은 무궁무진하다.

필자는 마지막으로 여성주의 리더십은 차세대 여성주의자 교육을 위한 3차원적 과정과 연결되어야 한다는 생각을 해본다. 여성주의 리더십에 대한 교육(리더십에 관한 지식을 체계적으로 전달하고 익히는 과정)과 여성주의 리더십을 위한 교육(일상적 삶을 리더십의 관점에서 재구성하고 리더십을 형성하는 데 필요한 기술을 전수하고 자원을 확보해 가는 과정)과 여성주의 리더십을 통한 교육(스스로 리더로서의 정체성을 구성해 가고 셀프 리더십을 향해 나가는 과정)에 대한 새로운 실천의 개시를 향해 아이디어를 생산해 낼 때가 아닌가 한다.

[참고문헌]

가이 브라우닝(2005), 『풀뿌리 리더십』, 형선호 옮김, 을유문화사.

강시현(2004), 「성별 인식과 리더십에 관한 연구」, 이화여자대학교 대학원 석사학위논문.

김용운(1999), 『카오스의 날갯짓』, 김영사.

베른하르트 그림(2002), 『권력과 책임』, 박규호 옮김, 청년정신.

소흥렬 외(1995), 『논술문 강의와 연습』, 이화여자대학교 출판부.

신순옥(2005), 「여성의 제도정치 진입을 위한 선거과정 참여 연구」, 이화여자대학교 대학원 여성학과 석사학위논문.

에티엔느 웽거 외(2004), 『COP 혁명』, 황숙경 옮김, 물푸레.

요아힘 부블라트(2003), 『카오스와 코스모스』, 염영록 옮김, 생각의 나무.

워렌 베니스 외(2005), 『리더와 리더십』, 김원석 옮김, 황금부엉이.

워렌 베니스 외(2003), 『시대와 리더십』, 신현승 옮김, 세종연구원.

윤혜린(2002), 「과학기술 문명과 정보적 생활양식에 대한 철학적 반성」, 『정보매체의 지구화와 여성』, 이화여자대학교 출판부.

이상화(2005), 「리더십과 권력에 대한 여성주의적 재개념화」, 『여성학논집』 제22집 1호, 이화여자대학교 한국여성연구원.

장필화(2004), 「여성 리더, 여성적 리더십, 여성주의적 리더십」, <여성적 가치와 여성 리더십>, 이화리더십개발원 1주년 기념 학술대회 자료집.

제네비브 브라운 외(2005), 『여성 리더십』, 조병남 옮김, 예영커뮤니케이션.

제임스 글리크(1993), 『카오스 현대과학의 대혁명』, 박배식 외 옮김, 동문사.

조형(2004), 「비공식에서 공식으로: 여성운동과 공공 영역」, <또 하나의 문화 20주년 기념행사 자료집>.

페이 맨델(2003), 『셀프 파워먼트』, 이순주 옮김, 북폴리오.

프리초프 카프라(2003), 『히든 커넥션』, 강주헌 옮김, 휘슬러.

최정순(2004), 「여성 영업관리자의 리더십 유형이 리더십 효과성에 미치는 영향에 관한 연구」, 국민대학교 정치대학원 석사학위논문.

최종덕(2003), 『시앵티아 과학에 불어넣는 철학적 상상력』, 당대.

킴 반즈(2005), 『포스트 리더십 긍정적 영향력』, 정우찬 옮김, 한스미디어.

Cooper, R.(1996), *The Evolving Mind: Buddhism, Biology and Consciousness*, Windhorse Publication.

Koestenbaum, P.(2002), *Leadership: The Inner Side of Greatness, A Philosophy for Leaders*, Jossey-Bass Publishers.

제 5 장

지구화 시대 여성주의 리더십의 공간과 철학

1. 들어가는 말

지구화(globalization)는 지구/지역 공간들 간의 정보, 의식, 실천의 소통을 증진시킴으로써, 사회문화의 차원에서 기존의 경계와 경직성을 완화시키고 가치의 다원화와 차이의 공존을 통한 다양화를 촉진하고 있다. 이러한 소통과 문화 인프라의 재편을 리더십과 관련시켜 본다면, 기존의 패권적이고 수직적이고 구심적이고 일원적인 구도에서 수평적이고 탈중심적이고 다원적인 관계맺음의 활성화 구도로 그 패러다임이 전환되는 국면이라고 볼 수 있다.

그렇다면 지구화 과정은 여성의 사회 참여를 필연적으로 추동

* 이 장은 「지구화 시대 여성주의 리더십의 공간과 철학」(『지구화 시대의 현장 여성주의』, 이화여자대학교 출판부, 2007에 수록)을 수정 · 보완한 것이다.

하는가? '여성'의 각종 사회 공간에의 진출과 '여성 리더들'의 두각은 우리 사회를 '여성주의' 사회로 질적으로 변환시킬 것인가? '지구화'와 '지역적 실천'의 역동적 중첩 관계는 또 어떻게 규명되어야 할 것인가? 또한 '여성주의 리더십'과 '여성의 공간적 행위성' 등 핵심적으로 규명해야 할 기둥들이 서로 얽혀 있는 상황에서 그 관계들을 지적으로 성찰하는 일은 새로운 과제다.

구체적으로 지구화 시대는 리더들이 한국사회 혹은 더 미시적으로 자신이 속한 사회적 공간들과 지구/지역 공간 사이의 장들에서 만들어 내고 있는 사회적 네트워크 형성 행위들이 어떤 가치론적 의미를 지니는지에 대한 새로운 물음을 제기하게 한다. 또한 '지역'을 물리적 공간에 구속된 장소가 아니라 맥락적이고 행위론적인 '현장'으로 폭넓게 이해했을 때, 리더들이 활동하고 교류하는 지구/지역 현장들의 비전을 철학적으로 음미해 보아야 할 필요성을 느끼게 한다. 그리하여 리더들이 다른 공간에 있는 여성주의자들과 소통하면서 관계망을 맺어 가고 활동해 가는 공간적 경험의 궤적을 추적해 볼 것을 요구한다.

이에 현장의 공간들을 이동하면서 새로운 경험들을 만들어 내는 하나의 주체로서 여성주의 리더들에 주목하여 그 공간적 활동의 의미 구조를 파악하고 이들이 리더로서 자리매김되는 과정을 추적해 보는 일은 지구화와 리더십 관계에 대한 새로운 시대적 분석이 된다. 또한 최대의 사회적 약자로서, 그리고 가부장제적 주류 문화의 주변부로서, 가시적, 비가시적인 여러 진입 장벽에 막힌 여성들이 자신의 사회적 현장들, 확장되는 공/사 공간들에서 행위 주체로 나설 수 있는 가능성들을 어떻게 실험해 가고 있는지를 탐구하는 일은 거시적으로 볼 때 참다운 지구시민사회 실현을 위한 실천적 노력이면서 가부장제 사회의 철저한 극복을 위한 이론적 촉매 작용을 한다.

필자는 자신의 직업, 활동, 부문에서 공간적 주체로 활동하는 여성주의자들이 자신의 리더십을 어떻게 이해하고 어떻게 여성주의적으로 의미화하고 있는가에 대한 탐구에서 시작하여, 이들 자신의 리더로서의 정체성, 집단 안의 인간관계, 리더십의 장애 극복 방안 개발, 리더로서 조직 발전에 대해 보유하는 철학의 내용, 여성주의 리더로서 발전하기 위한 네트워크 구성 방식 등의 지점들과 연관하여 어떤 활동들을 기획하고 실현해 내고 있는지를 연구 과제로 삼고자 한다. 이러한 여성주의 리더십의 철학적 체계화를 위해 설정한 연구 내용은 다음과 같다.

첫째, 지구화 시대를 공간적 관점 위에서 규정해 보는 일이다. 전통적으로 관계에 대한 감수성, 정서적 지지, 상호 평등한 보살핌 등으로 거론되는 여성적 자원들은 국가 경계를 넘어선다. 그리하여 지구적 시민이 갖추어야 할 성평등한 젠더 감수성 및 내부 민주 역량, 사회 변화를 추동하는 가치로서의 다양한 공동체 성원 의식으로 질적 발전을 이루므로 지구화는 여성에게 새로운 공간 활동의 틀이 되고 있음에 주목한다.

둘째, 지구/지역적 행위자로서 여성주의 리더 개인의 의식 확장 및 공간적 교류의 내용을 추적하는 일이다. 자기가 속한 조직 내부에서 수평적 소통을 확보하고, 탈중심 구도하에서 발현되는 시너지를 조직하고, 네트워킹 능력을 체계화하는 등 행위자로서 개인 능력의 증진 방식을 살펴볼 것이다. 이는 개인의 내면적 요소들이 집단과 어떤 종류의 역동적인 상호작용을 이루어 낼 수 있는지 하는 가능성을 현실의 실천과 연관짓는 작업이다.

셋째, 리더십의 철학적 기초를 확립함으로써 여성주의 리더십 발휘를 담보하고 여성주의 리더와 팔로워 간에 이루어지는 상호 성장과 힘 북돋우기(empowering)가 인간 개발의 목적적 가치임을 밝히는 일이다. 이를 기초로 리더십 교육 프로그램을 사회적으로 실천함에 있어서, 리더로부터의 멘토링의 공급과 팔로워에 대한 정서적, 심리적, 언어적, 정책적 차원의 힘 북돋우기를 해내는 방법 등의 콘텐츠를 마련하고자 한다.

이러한 전체적 논의틀 안에서 우리 현실의 구조에 정합적인 여성주의 리더십에 대한 밑그림을 그려 보고자 하는 이 연구가 어떤 접근법을 취할 것인가를 고민해 볼 때, 필자는 연역적 접근과 귀납적 접근을 상향적, 하향적으로 통합시킴으로써 리더십에 대한 좀 더 좋은 설명력을 확보할 수 있지 않을까 생각한다. 즉 한편으로 연역적 접근 혹은 규범적 접근을 통해 지구화 맥락에서 여성주의 리더십의 공간적 실천에 대한 이론적 구성물을 마련하고 그것이 여러 여성 행위자의 활동에 어떻게 적용될 수 있는지를 고찰해 보자는 것이다. 그리고 이어서 혹은 이와 중첩적으로 귀납적 접근 혹은 기술적 접근을 통해 리더들의 현실적, 경험적 실천에서 출발하여 쟁점, 가치 체계 혹은 문제들을 확인하고 그 이면에 구조화된 공간 이론적 문제가 무엇인지를 파악하는 것이다.

구체적으로 여성 리더들에 대한 심층 면접 방법은 이들의 직접적 실천과 경험, 성찰적 자원에 대한 관심을 환기시키며 개인 경험이 갖는 문제의 정치적 차원을 인식하고 구조적 차원에서 그 문제를 다시 바라보게 한다. 이는 리더십의 공간적 구조에서 출발하여 행위자로, 다시 행위자에서 출발하여 구조에 대한 파악으로 이어지면서 상향·하향의 양 방향이 서로 교류하고 소통할 수 있는 가능성을 모색하는 것이다. 이론과 실천이 역동적으로 비선형적으로 만나는 담론의 장 속에서 여성주의 리더십 의제가 지적, 현실적 통합성을 견지할 수 있을 것이다.

이 연구의 면접 대상자들은 30, 40대 연령으로서 사회활동 경력은 10년 이상이다. 특히 여성주의적 가치를 표방하고 지향하는 조직(여성단체)이나 여성주의적 가치와 병존할 수 있는 NGOs(생협 및 지역여성 자활 공동체 등), NPOs(이주노동자지원 센터 및 WTO 반대 시민단체 등), 그리고 교육 및 문화 관련 직종 안에서 리더급에 있는 여성들 9명이다. 이들에 대한 1차 면접(평균 2시간 정도)을 수행하여, 이 과정을 통해 여성 리더들이 여성주의적 가치에 따라 조직을 운영하고 구성원의 자발적 참여하에서 상호주도적 행위성을 발휘하는 방식과 경로, 비전을 추적해 보고자 하였다. 이 면접은 2005년 2월 15일에서 5월 30일 사이에 행해졌다. 그 후 선별적 보강 면접(2005년 10월 1일에서 11월 30일)을 통해 리더의 주변 인간관계에서 관찰된 내용들을 새로 다각적으로 수렴하고 리더 스스로 작성한 각종 텍스트들도 참조하여 연구를 보완하였다.

기초적이고 핵심적인 질문 및 대화 주제는 다음과 같다. 여성주의 리더의 자기 정체성은 무엇인가? 여성주의자 개인의 의식, 사고, 행위에 영향을 주는 지구/지역적 범위의 인간관계는 무엇인가? 리더의 선배－동료－후배(제자)의 삼각관계에서 시너지가 어떻게 생성되는가? 여성주의 리더가 존재함으로써 그 사회적 공간이 어떻게 바뀌는가? 카오스 이론의 '나비효과'가 어떤 식으로 나타나는가? 여성주의 리더는 기존 조직문화에 어떤 변화, 갈등 관계를 불러일으키는가? 조직 성원들은 그 공간을 어떻게 의미화하는가? 조직 안에서 기존 가부장제 문화의 재생산이 아닌 여성주의 문화의 생산이 어떻게 이루어지는가? 조직 안의 의사결정구조에서 여성주의적 방식이 무엇인가? 여성주의 리더의 멘토는 누구이며 어떤 역할을 하는가? 여성주의 리더십이 구현되기 어려운 장애 요인은 무엇인가? 여성주의 가치 교육을 위한 리더십 프로그램은 어떻게 되어야 하는가? 등이다.

2. 공간 문제로 본 '지구화'

지구화(globalization)는 지구촌 곳곳을 거시적으로 또한 미시적으로 연결시키고 있는 무형의 인프라 구조다. 지구화의 토대 위에서 각 지역사회들 간에 정보, 의식, 실천의 소통이 증진됨으로써 각 사회문화 안에 새로운 콘텐츠들이 생성되고 있다. 이는 각 사회 단위 안에서 기존 가치 규범의 기준과 경직된 경계들을 완화시키고 가치의 다원화와 차이의 공존을 통한 다양한 질서를 수립하게 하는 힘이 된다.

'지구화'를 이런 식으로 시공간 응축(time-space compression)에 따른 경험의 증폭과 공간적 교류 및 소통의 환경으로 이해함으로써 우리는 지구적 환경과 각종 지역적 현실들이 상호작용하는 새로운 에너지의 흐름을 관찰할 수 있다. 다중적 현장들에서 활동하는 행위 주체들과 리더십들이 소개되고 연구되면서 기존의 인식틀에 변화를 가져온다. 여기에서 '현장'이란 한 사람의 행위가 사회구조와 협상하는 곳, 의미 있는 사건이 만들어지고 발생하는 곳, 사회적 관계가 만들어지는 곳을 의미한다(Friedman, 2001). 그렇다면 지구화는 물리적 공간의 사건으로 국한되지 않고, 비물리적이지만 새로운 사회적 공간들에서, 경계 안에서 그리고 경계를 넘어서 횡단하는 활동 주체들을 만들어 내는 역동적인 지형 자체를 표상한다.

구체적으로 우리는 지구화의 힘 안에서 자신의 고향 및 고국을 벗어나 다른 지역에서 노동하다 귀환하거나 왕복 운동을 하게 되는 이산적 경로들도 발견한다. 또한 다른 지역사회로의 여행 및 각종 교류 활동, 사이버 정보 서핑 등을 활성화시킴으로써 지역 간의 공간적 교류와 삶의 질의 대조 작업을 대폭적으로 증진시킨다. 이는 지구촌 시민으로서 삶의 방식의 유목화(nomadism)라고 할 수 있는 대목이다. 그뿐만 아니라 정치적 행위와 사회 발전을 위한 노력 등의 지평도 국가 경계를 넘어설 것이 요구된다. 왜냐하면 한 개인에게 영향을 미치는 정치 · 경제 · 사회 차원의 힘이 국가 단위를 넘게 됨으로써, 지구적 시민사회를 성숙시키는 방향과 개인이 속한 집단을 발전시키는 방향이 만날 수밖에 없기 때문이다. 지구적 노동권 확보나 글로벌 스탠더드에 대한 요구는 바로 자신의 현장에 직접적으로 영향을 미치는 힘이 되고 있다.

하나의 사회적 인간으로서 개인의 경험은 이러한 공간적 맥락들과 조우 혹은 교차함으로써 펼쳐진다. 즉 경험의 선험적 구조 혹은 토대로서의 공간의 차원과 다르게 경험의 구체적 내용과의 연관성이 중요하게 대두된다. 따라서 우리의 경험을 탈공간화하는 것은 경험의 의미를 구성하는 데서 오류를 범하게 한다. 만일 우리가 지구화를 공간 문제로서 보지 않고 우리 삶에 개입하는 실체적 힘으로 본다면, 이는 지구화를 하나의 신비적 주체로서 물신화시키는 일이다. 그 대신에 지구화를 절대적 규정력으로 보지 않으면서 인간의 삶에 개입하는 하나의 변수로서 받아들이는 것, 혹은 지구화 안에서 각종 이질적인 사회적 공간들이 갖는 상대적으로 자율적인 인과력(생산력, 효과)을 생각해 보는 방향이 필요하다고 본다. 인간이 공간을 만들고 공간이 인간의 삶을 배치하는 두 힘의 방향을 종합해서 생각하는 것이 필요하다는 뜻이다. 인간과 공간은 동질적인 지평에 놓인 동급의 두 주체라기보다는 서로에 대한 연관 항이다. 인간은 공간 생산의 주체이며 공간은 사회적 인간 생산의 기제다.

그렇다면 당대는 지구시민의 공간 경험(체험)을 과거와 어떻게 다르게 구조화하고 있는가? 지금까지 논의에서 지구화가 곧 지구촌화, 즉 하나의 큰 외연을 갖는 세계의 형성을 뜻하지 않는다는 것이 명확하다면 지구화는 어떤 다양한 사회적 공간들을 창출하는가? 공간 문제로서의 지구화는 어떤 특질적 면모들을 노정시키는가? 이하에서 다섯 가지로 정리해 보았다.

첫째, 지구의 외연은 상대적으로 고정되어 있지만 지구화 안에서의 사람들의 경험(내포)은 무한 증식하고 있다. 공간 간의 이동시간이 짧아지면서 물리적 지구는 축소감을 준다. 공간의 거리감이 증발하고 있다. 동시에 각 개인이 처한 여러 사회적 상황에 따라, 즉 성별, 계급, 국가, 섹슈얼리티, 인종, 각종 일상세계의 여건 등으로 미분화되는 여러 복수적 세계가 발아하는 조건이 만들어지고 있다. "나는 어떤 세계에서 사는가?"의 문제는 "나는 어떤 사회적 공간 속에서 타인과 상호작용하면서 내 삶의 방식을 정체화하는가?"의 문제로 연결된다.

둘째, 공간 이동의 폭은 확장되고, 이동에 의한 심리적 부담은 감소되고 있다. 사고의 유연성과 가소성(plasticity)이 증대되고 있다. '내가 살기로 선택하는' 공간 개념이 생기고 있다. 어디에나

갈 수 있고, 어디에나 여행할 수 있다. 구체적으로 공간의 직접적 이주(노동, 여행 등)가 확산된다. 상이한 사회 공간에 대한 체재 및 경유를 통해서 심미적, 공간적 경험이 증폭되고 있다. 한편으로는 다양하고 이국적인 '이미지 소비'에 물려서 단순하고 소박한 내 세계를 지향하는 경향도 생긴다. 하나의 유기체적이고 전체론적인 질서로서 나의 삶을 지배하는 사회적 단위들(국가, 민족)이 아닌 개인이 거주를 선택하는 공간들이 생성된다.

셋째, 사이버 공간을 통한 교류가 창출되면서 새로운 사회집단들이 생기고 있다. 사회의식 및 생활세계의 관심사와 취향에 따라 틀과 범위가 다종다양하고 공간 구속력이 천차만별인 공동체들이 생겨나고 있다. 이는 누가 나의 이웃인가, 친구인가를 전 지구적으로 재협상하는 국면이다.

넷째, '내 세계'의 전통적 외부가 소멸하고 있다. 국민국가 대 국민국가의 대결 구도가 아닌 초국가적 공간 안에서 내 밖의 경계들이 문턱을 낮추고 있다. 국가와 국가 간의 교류 증대를 뜻하는 '국제화'와 다르게 '지구화'는 공간 단위들을 재편성한다. 안과 밖의 경계 해체는 실천의 지향점을 복잡하게 하고 미시화시킨다. '지구화'와 '지역화'는 반대 개념이 아니고 서로 양립 가능한 개념이 된다.

다섯째, 공간 이동을 통한 정체성 구성과 해체, 재구성이 활성화된다. 삶의 공간, 노동의 공간, 친밀성의 공간들 사이를 유영하면서 자아를 구성해 간다. 이는 자아 확립이 공간적인 경로를 따라 전개됨을 뜻한다. 특히나 개인이 영향을 받는 문화적 질료들이 세계의 전 방향에서 유입됨으로써 공감과 연대 관계의 창출이 다기화된다.

이러한 면모들은 지구화를 하나의 역동적인 환경으로 이해하게 해준다. 지구화를 일면적이고 패권주의적으로 규정하여 예컨대 정치 경제적 차원에서만 인식할 때 주목할 수 없었던 행위성(agency)이 이러한 인식적 전환을 계기로 하여 출구를 열어 갈 수 있다. 특히 여성 등 지구화의 약자로 규정되는 여러 소수자 집단들은 지구화가 벌려 주고 있는 여러 사이(in-between) 공간들을 적극적으로 활용함으로써 억압적인 현실 질서에 대항하고 대안을 선취하여 실천하는 공간들을 개척하는 데 힘써야 한다.

우리의 대안적 공간은 해방을 위한, 비판을 위한 논의들의 담론적 공동체일 수도 있고, 구체적으로 물리적, 사회적으로 실현되는 맥락적 공동체일 수도 있다. 그 조건은 공간적 행위성이 발현되는가 아닌가, 해방적 가치를 구현하기 위한 노력들이 창출되는가 아닌가이다. 중요한 것은 지구화가 주어진 공동체와 선택한 공동체의 사이 공간들이 병존할 수 있는 조건을 가능하게 한다는 것이다.

3. 공간적 리더십을 구현하는 여성

얼마 전(2005년) 우리 사회 가부장제 유지의 주요 기제였던 호주제가 법적 효력을 상실하였다. 여성사회의 오랜 숙원을 사회적 합의를 통해 철폐하기로 한 것이다. 이를 두고 혹자는 마땅히 없어져야 할 반(反)여성적 제도가 역사의 뒤안길로 사라지는 당연한 일이 진행되고 있을 뿐이어서 별 감흥이 없다고 하는 반면, 여성운동의 실천과 투쟁 그리고 그 과정에서 리더들의 헌신과 비전의 몫이 중요했다고 보는 시각에서는 또 다른 평가를 내리고 있다.

21세기가 여성의 시대, 혹은 여성 리더십이 부각되는 시대라는 담론에 대해서도 마찬가지 혼선이 엿보인다. 여성의 사회 참여가 시대정신이라는 원론적 사고가 강조되기도 하고, 여성의 구체적 실천과 경험이야말로 우리 사회를 여성주의화할 수 있는 행위 자원이므로 여성 리더십은 더욱 개발되어야 하고 여성 주체에 의해 창의적으로 구성되어야 한다는 주장이 제기되기도 한다.

사회활동의 진입에서 여성에 대한 배제나 공사 영역의 엄격한 분리 속에 사적 영역에 대한 여성의 일방적 배치 등이 가부장제하 공간 정치학의 내용이라면 여성주의적 지향점은 공간 안에서 표출될 수밖에 없다. 각종 공간의 여성주의화는 실제적이며 새로운 프로젝트다. 현실의 문제점을 극복하는 이상적 가치는 이러한 대안적 공간 창출과 결부되어 나타난다.

이 점과 관련하여 벨 훅스는 우리가 속한 가정, 학교, 지역사회, 종교기관 등의 공동체에서 그 공간 밖으로 나가지 않으면 그 공동체의 억압적 질서에 동의한 것인가를 묻는다(Lugones, 1998). 여성주의를 대안적 가치로서 내재화할 때 각종 사회적 공간에서의 여성의 지위와 위상에 대해 민감할 수밖에 없고 그로 인해 새로운 공간적 질서를 모색하는 것은 불가피하다고 볼 때, 자연스럽게 두 가지 선택지가 가능해진다. 하나는 기존 공간 안에서 문제들과 싸우면서 계속 협상해 나가고 변형시켜 나가는 운동의 흐름을 타는 것이며, 남은 하나는 공동체 외부에서 분리주의적 전략을 구사하면서 억압 체제의 틀을 비판하는 것이다.

그렇지만 앞에서 살펴본 지구화를 논의 축으로 할 때 여성주의 공간의 내부와 외부는 분명하지 않다. 억압적 공동체로서 가정이나 지역사회, 시민사회, 국가사회에 대한 순응과 대안의 모색은 이분법적으로 나뉘는 것이 아니다. 비판적 창조력의 힘으로 인해서 그 매개 고리 덕분에 자신에게 운명처럼 주어진 공동체를 개혁하여 새로운 공간으로 만들 수 있다. '희망의 공간'(데이비드 하비, 2001)은 기존 공동체 외부에 뚜렷한 윤곽을 가지고 존재할 수도 있지만 공동체 내부로 삼투해 들어올 수도 있지 않은가?

더구나 지구화로 인해 기존 사회 경계들이 이완되고 공간 구속력이 완화되면서 창출되는 각종 사이 공간들을 보면, 성불평등 속에서 여성이 진출하지 못했던 기존 부문들에 대한 진입 못지않게 그 공간의 콘텐츠를 바꾸는 근본적인 리더십이 요구된다고 보며 여성주의는 그 내용성을 담보하는 원천이 될 수 있다. 변혁적 리더십(transformational leadership)이나 규칙 창조적 리더십(rule-creating leadership)에 기여할 몫이 있다는 뜻이다.

여성이 각종 사회적 공간에 진출한다는 것 자체가 그 공간 내의 갈등 요소로 등장한다는 것이고, 여성은 이 점을 두려워하거나 회피하기보다는 발전적, 적극적으로 해석하는 것이 필요하다. 여성이 리더로서 사회 안에서 입지를 굳히려면 생애사 안에서 갖가지 관문을 통과해야 한다. 성차별이 관행인 가부장제 사회에서 개인적으로 의식적인 무장이 아무리 단단하더라도, 집단 내의 조직적 비협조나 여성 상사에 대한 비가시적 저항 등에 직면했을 때 이를 극복하기는 어렵다. "저기 전시용 여성(token woman)이 하나 있군."(곽삼근, 1998) 하는 질시 속에서 여성에게 가해지는 무언의 압력은 여성에 대한 여러 합법적인 장치(예컨대 정부에서 추진하는 적극적 조치들, affirmative actions)를 무색하게 한다. 여성이 승진했을 때 그것을 성실한 노력이나 리더십 역량보다는 상대적으로 쉬운 일감을 맡은 행운의 탓으로 돌리거나 주변 관계를 이용한 효과로 생각하고, 남성이 승진했을 때는 주요하게 능력 기준에 의해 승인하는 비평행적이고 왜곡된 시각의 경우 또한 여성에게 보이지 않는 유리벽 역할을 하면서 사회 안의 여성 리더 그룹 형성을 막는 역할을 한다.

직업을 가진 여성에게 암묵적으로 가해지는 이러한 성별 고정관념 때문에 혹은 고용평등법 같은 선진적 제도보다 더 무서운 관행들 때문에 조직 내에서 승진하고 경력 관리를 하려면 특별한 전략을 사용해야 한다는 생각이 일반적이다. 여성이 리더십을 발휘하게 되는 데는 능력에 못지않게 여러 사회적 협상 전략이 필요하다는 것이다. 이는 때로는 소위 '천상 여자임'을 강조하는 전략으로, 또 때에 따라서는 '중성화' 전략으로, 때로는 여성 전사형으로 나타난다. 여성성을 강조하거나 부정하거나, 자신의 정체성인 여성주의를 부인하는 전략 등은 국회의원, 기업인 등 성공한 여성 안에 실제로 일반화되어 있는 부분들도 있다.

이는 성평등에 대한 관념과 현실 변화 사이의 문화적 지연 현상(장필화, 2003)을 보여줄 수 있지만, 여성주의 문화 재생산의 관점에서는 매우 제한적이다. 특히 여성 리더의 기존 직장문화에 대한 협상력에서 사회 안에서의 성공이 자신의 잠재력을 최대한 끌어올림과 동시에 자신이 속한 집단, 조직 안에서 좋은 리더십을 통해 조직의 발전을 이루어 내는 것이라면, 이러한 방어적 리더십의 한계는 분명하다. 반드시 가부장제 문화에 순응하고 여기에서 결정론적으로 자신의 의식 및 행위를 조정해야 하는가라는 기본적인 문제가 제기되는 것이다. 이와 관련하여 여성주의 리더십의 정체성은 뛰어난 여성 개인의 생존전략을 넘어서 사회적 소수자, 약자 집단(DAWN, 2003)에게도 확산되고 개인에게 체화되고 보편화 가능한 가치이어야 함을 강조하고자 한다.

큰 구도에서 보면 리더십을 둘러싼 지구적 환경 변화는 한국 여성의 리더십 발휘에 매우 유리한 환경을 제공하면서 동시에 리더십이 질적으로 비약할 수 있는 새로운 기회를 조성하고 있다. 하지만 그와 동시에 리더가 되고자 하는 여성 개개인은 공식적, 비공식적으로 가해지는 각종 압력에서 자유로울 수 없다는 점이 현실적 제약이라고 볼 때 그 부담을 오히려 장애가 아니라 추진력이자 대의적 전망을 가능하게 하는 요소로 적극 해석해야 할 것이다. 다음은 여성이 공간적 리더십을 실현하고자 할 때 대면하는 세 가지의 국면들이다.

첫째, 소위 성평등의 주류화(mainstreaming) 정책을 실시함으로써 지구적 차원에서 여성 집단의 지위와 권한을 증진하려는 국제사회의 글로벌 스탠더드를 활용하여 지역으로서의 한국사회에서 실현하는 국면이다. 국제사회의 긍정적 압력이 가해지고 각 사회의 여성 지위가 공개적으로 비교되며 국가경쟁력을 제고하려는 한국 정부의 전망과 맞물리면서 개선의 추동력이 확보되는 효과를 낳고 있다. 그리하여 우리 사회의 법률적, 제도적, 직업적 부문에서 성평등을 주류화하는 구체적 정책, 입법 과정으로 연결될 수 있다.

둘째, 여성의 사회 진출에서 그 양을 확보하는 차원을 넘어서서 리더십의 내용적 발전을 고민하고 성찰해야 하는 대목이다. 보살핌이나 관계성으로 특화된 성별화된 여성 특유의 리더십 개념은 그 자체로 한계적이다. 일반적으로 여성 리더가 남성 리더와 변별성을 갖는 지점을 다시 해석함으로써 여성적 특성과 남성적 특성이 이분법적으로 분류되고 고착화되는 것을 막아야 한다. 남성 중심적 조직문화의 해체와 리더십의 구성 요소 자체를 재구성하고 변화시킬 수 있는 적극적 대안 마련이 중요하다. 기존 공간의 질서마저 해체할 때 여성주의의 역량은 극대화된다.

셋째, 각종 공간에서 위상을 확립한 여성 리더들이 지역 활동가일 뿐 아니라 다시 국제무대로 진출하여 서로 네트워크를 이룸으로써 지구 공간의 생활양식 자체를 여성주의화하는 데 기여하는 국면이다. 이는 여성주의 리더십에 참여하고 이를 내용적으로 발휘할 수 있는 인적 구성에 지구적 시민의식과 성 인지적 관점을 가지면서 시대 변화에 민감하게 대응하는 타 지역의 여성주의자도 연대 관계에 포함될 수 있음을 의미한다.

따라서 시대 발전에 호흡할 수 있는 참여적 리더십의 확보를 위한 여성주의 의식의 철학적 기초들을 다져 나가면서, 여성 전문인력의 개발 및 활용과 양성에도 주력할 때, 사회적 여건의 변화와 여성의 역량 성숙 면에서 상호적인 발전이 담보될 수 있을 것이다. 이를 위해 21세기 여성주의 리더십의 철학과 전망을 정립하고 다양한 현장, 사회적 공간들에서 성장한 여성주의 리더들의 경험을 이론화하는 등의 학문적 연구가 필요하다. 이는 역으로 새로운 지도자의 역할 모형들이 생산되어 사회 안으로 파급되고, 그 실천들을 증폭시킬 수 있을 것이다. 지구화 안에서 사회적 공간들의 다변화는 지구적으로 소통하고 지역에서 실천하는 여성주의 지도자를 육성하는 계기로 작용한다.

여성주의 리더의 활동 공간은 매우 다양하고 다중적이다. 가부장제의 모순이 그만큼 여러 층위에 전면적으로 침투해 있기 때문에 너무나 당연한 귀결이다. 이때 최장기의 최대 다수의 사회적 소수자로서 살아온 여성이 이제는 스스로가 중심화하겠다는 것이 성주류화(gender mainstreaming)가 아님을 인식할 필요가 있다. 그것은 또 다른 중심－주변의 관계를 재생산하기 때문이다. 지구－한국, 대도시－지역, 가부장제 주류 남성－여성, 중심적 사회운동－주변적 사회운동, 팀 구성원－리더 등등, 이 다양한 이원적이고 위계적인 심급들에서 다중심적이고 탈위계적인 관계성들이 창출되어야 한다.

4. 여성주의 리더의 리더십 경험

리더십에 대한 현대적 해석에 따르면 리더십은 리더가 갖고 있는 내적 역량이나 권능이 아니라 조직, 집단 등 사회적 관계 안에 작동되는 관계성의 성질로 인식된다(워렌 베니스 외, 2002; 수잔 쿠즈마스키, 1999). 즉 한 개인의 탁월한 능력의 수직적 전달이 아니라 사회적 장(場) 안에서 집단적으로 새로운 에너지가 창출되는 데 영향력을 발휘할 수 있는가가 리더십 연구의 출발점이 된다는 뜻이다. 이 점에서 리더는 기본적으로 팀 플레이어 역할을 하게 된다. 과거 비범한 개인이 태생적으로 지닌 속성으로서의 리더십 가정과 현격하게 달라진 것이다.

가부장제 사회에서는 여성이 이런 리더십을 발휘할 여지가 구조적으로 차단되거나, 혹시 상징적인 리더로 부각될 수 있는 여성이 있었더라도 이 소수의 여성은 다른 대다수의 여성과 다른 예외적 존재 혹은 가부장제 사회에 거의 균질적으로 동화된 여성이었기에 여성 집단의 리더십을 논의할 토대로서 이들의 경험을 도입하기는 쉽지 않다. 가정 안에서 헌신적으로 가족을 돌보고 경제적으로나 생활상으로 부딪히는 여러 위기 때마다 자기희생과 사랑으로 집안을 이끌어 간 어머니 혹은 여성들은 많았지만, 엄밀한 의미에서 이들이 여성주의 리더였는가는 다시 평가되어야 한다고 본다.

필자는 소위 '공/사 영역'의 엄격한 젠더 상징체계에 따라 사회활동에서 여성의 진입을 배제하거나 여성을 사적 영역으로 일방적으로 배치하는 것 등이 가부장제하 공간 정치학(space politics)의 내용이었다고 생각한다. 가부장제 이데올로기[1]는 여성 집단의 역사적, 인류학적 공간을 제한하고 사회적 공간의 점유에서 여성들을 밀어내어 가정 안에 파편적으로 수용한 것이 아닌가? 여성 일반은 대체적으로 젠더 정치적 피억압 집단이었기 때문에 자신의 삶을 형성하는 사회적 실재들에 대한 통제를 하지 못했다(윤혜린, 2005). 그렇다면 여성주의 리더십은 이러한 가부장제 사회의 공간적 규칙 자체에 정면으로 대항하는/대치되는/대안적인 성격을 가질 수밖에 없는 새로운 공간 프로젝트다.

공/사 공간의 이분법에 따른 성별 분리를 거부하는 여성주의는 공간에 대한 다른 분류법을 내장하고 있다. 즉 각종 공간의 여성주의화는 여성의 눈으로 볼 때 가치 위계적이지 않은 양성 평등한 세상을 지향하는 실제적이며 새로운(paradigmatic) 틀에 따라 수행되는 작업이기에 각종 사회적 공간들은 이제 공/사가 아닌 반(反)여성주의적 공간이냐 혹은 여성주의적 공간이냐 하는 그런

1) 이 용어에 대해 "생물학적 성의 차이를 중심으로 인간을 남녀로 이분화하고 서로 다른 역할과 규범을 배정하는 사회 속에서 남성의 경험을 중심으로 제반 사회적인 가치와 규율, 제도 등을 조직화하는 성질"(허라금, 2004)로 정의하는 것을 이어받아 이러한 이데올로기가 공/사 공간에 대한 남성/여성 배치를 주축으로 한다고 논의하는 바다.

기준과 속성에 따라 정성적으로 분류된다.

여성주의를 대안적 삶의 양식으로 내재화한 사람으로서는 각종 사회적 공간에서의 여성의 지위와 위상, 역할에 대해 민감해질 수밖에 없다. 이들은 개인의 의식적 공간 안에서는 이미 기존의 젠더 통치(gender regime)에 대해 '아니오'라고 한 사람들이다. 여성 억압적 현존 질서에 대해 비판적 성찰을 행하고 대안적 상상력을 체화한 사람은 플라톤식으로 이야기하면 '동굴' 밖으로 나가 본 사람, 이 세상이 전부가 아니라는 과감한 상상을 실천에 옮긴 사람, 그리하여 백일하에 드러난 진짜 세상을 보고 온 사람이다.

앞에서 여성주의 공간의 내부와 외부가 분명하게 구획되지 않는다는 논의를 상기한다면, 현재 여성 리더가 처한 상황을 더 명확하게 볼 수 있다. 거시 단위로 볼 때 한 국가 내에도 이질적이고 다종적인 사회적 공간들이 병치되고 중첩되어 있다. 정부 내의 여성주의 공간인 여성부가 있는가 하면, "호주제가 폐지되면 온 나라가 짐승 천국이 된다."는 발언을 서슴지 않는, 유림으로 대표되는 반여성주의적 공간이 있다. 여성주의의 대규모 인적 자원인 여성 집단 안에도 가부장제 제국들에 맞서 여성주의 리더십을 꽃피우는 사람이 있는가 하면, 거식증을 앓으면서 사회적 공간 안에서 최소한도로 축소된 물리적 신체로써 자기를 은폐하는 사람이 있다.

가부장제의 권력은 제도적, 구조적 차원의 시스템일 뿐 아니라 이미 구성원들의 신체와 행위에 삼투하여 작동하고 있다고 보는(미셸 푸코, 1994) 한, 이에 대한 대응 역시 미시화되고 미분화되어야 하는, 즉 여성주의의 실천 역시 다기한 경로를 밟아야 하는 것이 아닐까? 여성주의의 잣대로 보면 공간들마다 다기한 불균등 발전을 보이는 것이 현실이라면 선도적 부분과 후발로 따라오는 부분, 마지막까지 문화적 지체를 노출하는 부분이 있기 마련이고, 이들 각각이 다양하고 치열한 가치 경합 속에서 여성 대중을 포함한 대중적 동의와 실천을 누가 이끌어 내는가가 중요한 것이 아닐까?

여성주의자 개인으로서는 이미 여성 억압적 사회의 선에서 탈주한 사람들이라고 하더라도 여성주의의 가치가 집단적이고 보편적이고 이상적인 지평에 놓여 있는 한, 리더십이라는 조직적이고 전략적인 작업에 투신함으로써 공간의 질서(논리)와 결(정서)을 바꾸어야 한다. 그런 점에서 여성주의는 공간적 프로젝트일 뿐만 아니라 집단적인 기획일 수밖에 없다. 여성이 각종 사회적 공간에 진출한다는 것 자체가 그 공간 내의 갈등 요소로 등장하는 것이기에, 여성은 텃세를 지불하는 과정에서 오는 심정적 불편함이나 경계를 넘을 때 치르는 비싼 통행세를 회피하거나 개인적으로 해결하기보다는 과정상의 저항이자 동력으로 발전적으로 해석하고 집단적으로 미래 지향적 낙관성을 견지하는 태도가 필요하다.

우리 사회의 가부장제 문화 규칙을 지닌 남성에게 세상이란 공간은 단일하다. 이들은 주류의 정체성을 갖고 있기 때문에 공간적 역할의 다중성을 드러낼 필요가 없다. 여성은 이와 달리 공적 영역에서의 배제라는 역사적 경험과 가부장제적 공간과 성평등적 공간의 불균등 발전의 경험 때문에 공간적 전략을 다양하게 구사할 수밖에 없다.

여성주의 전국연합단체에 소속되어 있는 한 활동가는 다음과 같이 공간적 결의 차이를 진술하였다.

"여기 있으면서 결혼을 했거든요. … 시어머니가 처음에 부엌에서 일하거나 이런 거 하지 말라고 하셨어요. … 제가 7년차니까 요즘 부엌에서 일하라고 그러세요. 그러고 뭐라고 하시면 예전에는 그냥 듣고 말았어요. 듣고 '알았어요, 어머니.' 이러고 했는데, 지금은 받아쳐요, 어머니한테. '어머니 그러지 마세요. 왜 그러세요?' 험하게 얘기하기도 해요. 저의 어머니는 험하게 얘기하지 않으면 잘 안 통하기 때문에 … 근데 좀 참아요. 그렇게 여기 있던 방식대로 말씀을 드리면 상처 입으세요. 그리고 꽁해 계시는 게 보여요. 그래서 너무 미안해서, (웃으며) 정말 잘 안 가고, 가면 참죠. 저는 초등학교 동창들 만나면 그렇게 답답해요. 얘기할 수 있는 통로가 전혀 없는 것 같더라고요. 여기서는 호주제 이런 얘기하고 이러면 같이 이렇게 가는 게 있는데 거기는 너무 스펙트럼이 넓으니까 이미 들었던 얘길 또 들어야 되니까 재미없구요, 공통의 관심사를 찾는 게 너무 힘들더라구요. 전업주부인 친구들 만나면 재미없어요. '아이 어떻게 키울까?' 자기 아이만 생각하니까요. … 우리는 어떻게 살지? 우리 가족은 언제 집을 살까? 집 사게 대출받았는데 이 대출을 언제 어떻게 갚을까? 뭐 이런 생각들, 딱 고것만, 고것만 생각하더라구요. '너 학교 다닐 때 안 그러고 살았어.' '너도 살아봐. 너도 집에 있어 봐봐, 그럼.' '난 그러면 집에 안 있어.' 사실 집에 있다가 (다시) 나오려고 했던 이유 중 하나는 놀이터에서 만난 엄마들은 다 자기 아이들을 어떻게 잘 키울까에 대해서 학습지 선생님 뭐 이런 게 정보가 공유가 돼요. 그리고 그걸 다 시키더라구요. 근데 저는 그거를 왜 시켜야 되는지 모르겠어요. 그리고 너무나 많은 유혹들이 오는데 못 견디겠더라구요. '아, 할 수 없다. 여기를 떠나야 되는구나.' 그런 것들이 있어요. 여기 오면 그런 거 안 시켜도 아무런 부담 없거든요. 심지어 그런 거 왜 시키냐고, 그런 거 없이 애들 다 잘 크니까 그냥 두라고, 그렇게 위로를 받는 게 너무 좋아요, 여기에서. 부담을 많이 덜게 되었어요." [사례 7]

여성주의자에게 각종 사회 공간들은 온도 차이가 심하여, 이들은 말하자면 난류 지대와 한류 지대를 오가면서 생활하게 되고 따라서 공간 정치적인 협상력을 발휘해야 한다. 예컨대 여성은 가정교육이나 학교 교육에서 양성 평등 문화 속에서 교육되었다 해도 보통 직업세계에서 비가시적으로 작동하는 유리천장 때문에 갈등을 겪는다. 또한 여전히 온존해 있는 가부장제 가족문화는 혼인 관계에 있는 여성으로 하여금 친정에서의 위치와 시집에서의 지위 및 역할 간의 차이를 조정할 수 있는 삶의 지혜를 요구한다.

동시에 여성주의자들은 양성 평등적 역사 발전 방향에 대한 관념론적 기대가 아니라 자신의 행위성을 통해 기존 사회의 변화를 실천적으로 도모해야 하는 현실적 안목을 필요로 한다. 이들에게 중요한 하나의 계기는 지구화 국면 등으로 인해 기존 사회문화적 경계들이 이완되고 공간 구속력이 완화되면서 창출되는 각종 사이 공간들이 생겨나고 있다는 것이다.

지구촌 분쟁 지역 곳곳을 누비며 다큐멘터리 프로듀서로 활동하고 있는 한 여성은 이슬람 세계 안의 틈새 공간을 다음과 같이 진술하였다.

> "남자들이 (다큐멘터리 분야를) 자기들이 장악하고 있는 직업의 세계라고 생각하기 때문에 … (여성을) 잡아먹어야 되는 약육강식의 상대로 보지를 않기 때문에 거기에서 오는 메리트가 있구요. … 두 번째는 저는 여성이라든지 어린이라든지, 이런 아주 개인적인 사람들의 삶이라든지 이런 좀 작은 부분들을 보려고 하죠. … 미시적이고 감정적이고 아주 그런 접근들이 필요한 … 여성문제 같은

경우에도 외간 남자한테는 절대로 자기 와이프나 마누라를, 어, 저거(자기) 여동생을 보여주지 않는 습관 때문에 … 근데 저는 안채에서 벌어지는 여자들의 삶들을 볼 수 있죠." [사례 6]

일반적으로 당대에 지구적 정보 소통과 인적 이동이 새로운 현실로 대두되면서 지구촌의 다른 사회들에 대한 지식과 견문이 축적될 기회가 많아지고 있다. 이로써 자신의 삶의 사회문화적 조건에 대한 성찰의 기회가 확대되면서 여성주의 리더십은 탈가부장제 사회를 희구하는 전망 속에서 대안적 공간 질서를 실천해 가는 실제적 역량으로 자리매김된다. 특히나 여성주의는 기존 국민국가의 문화적 가치로 국한되지 않는 인류의 보편 가치이기에 여성주의자의 친교와 소통의 범위는 국내외를 넘나든다. 여성 리더는 자기가 활동하는 현장에서 지구화와 모종의 인터페이스를 맺고 있다. 그 상호작용은 집단적, 개인적 교류 양쪽에서 실현된다.

한 예로, WTO 반대 국제연대활동을 하고 있는 한 활동가는 지구적 연대 현장의 감동을 다음과 같이 회고한다.

"멕시코 칸쿤 WTO 각료회의 할 때 제가 그 실무자였거든요. 그때 그 이경해 열사가 자결을 했을 때 현장에 있었고 병원에 쫓아가고 … 그때 외국사람들이 사실 굉장히 이해를 못하죠. 할복하는 걸 어떻게 이해를 해요. 그런데 그럼에도 불구하고, 이해를 못해도 지지해 주고 연대해 주고 … 같이 와서 울어주고 천막 쳐주고 다해줬거든요. 그때 이제 좀 일단은 워낙 다른 사람들 감정 상태가 다 약간 좀 간 상태기도 했는데, 그때 그런 경험을 했었고 … 마지막 날 또 한 번 시위를 하는데 그때 천명이 모였는데, 다 달라요. 현지사람, 한국사람 뭐 다 섞여 있는데, 누가 한 명 발언할 때 한국사람이 발언하면 그걸 영어로 통역해 주고 … 영어에서 스페인어로 통역하면 굉장히 지루하거든요. 근데 그때 완벽한 침묵을 유지했죠. 그 많은 사람들이. 근데 저는 국내에서도 그런 거 한 번도 못 봤어요. 근데 그 말도 안 통하는 사람들이, 다, 그, 그 침묵을 완벽하게 할지 모르겠는데, 그때 굉장히 감명이었고, 이런 게 가능하구나 그런 생각이 들었고 …" [사례 1]

활동가들의 문화적 차이에도 불구하고 문화적 관용과 연대를 구현할 수 있었던 배경에는, '～에도 불구하고' 타자 집단과 연대한다는 의식성의 토대가 있었다고 본다. 연대는 '차이 때문에' 부각되는 가치이지 차이 때문에 실현 불가능해지는 가치가 아님을 보여준 것이다. 이러한 소통의 경험은 비록 한시적이고 잠정적이기는 하지만 활동가들의 긴장 어린 장 속에서 면면히 흐르는 가치 있는 삶의 의미를 되새기는 소중한 경험으로 남는다.

한 이주노동자 운동가는 자신이 힘을 받는 국제 친구를 다음과 같이 소개하였다.

"(어떤 사람들이) Non Violence Peace Force(비폭력평화군)라는 국제조직을 얼마 전에 만들었어요. 이 그룹은 예전에 흑인분리정책에 항거해서 싸웠고, 그 다음에는 남미에 미국이 무기수출하고 그때 … 뭐 군함이 간다, 그러면 보트 타고 군함 옆에서 막아서 블로킹하고, 그 다음에 철도로 무기를 나른다, 그러면 그 철도에 다 드러누워 가지고 … 그래서 그 옆에 있는 친구는 철도가, 그렇게 블로킹하고 있는 거 아는데도 지나가서 다리가 완전히 다 절단된 분 … 정말 자신이 생각하는 그 평화를 지켜야 된다고 할 때 온몸으로 저항하는데 그것이 철저히 비폭력적인 수단이었고 … 지금 60이

넘었는데도 진짜 열심히, 열심히 막 날아다니면서 활동하시거든요."
[사례 8]

지구화 맥락에서 리더십의 특징은 지구적 그리고 지역적 수준에서 움직일 수 있어야 할 뿐만 아니라 그 구분을 초월하는 창의적인 실천 형태를 통해 양자를 연결시킬 수 있어야 한다. 리더들은 지역의 문제를 고립적으로 이해하는 것이 아니라 동시에 전 세계적으로 관철되고 있는 문제로 볼 수 있는 능력을 발휘하여 그 문제에 적절히 대응하기 위해서 지구적, 지역적 차원 모두에서 행동을 취할 필요가 있음을 인지하고 그 양자를 연계하는 방법을 경험적으로 발견해 가고 있다고 본다. 그 과정에서 역할 모델이 될 만한 사람과 인적으로 조직적으로 교류하고 서로 영향을 주고받는 경험이야말로 실천이 제공하는 삶의 역동성 바로 그것이다.

한편으로 한국의 활동가는 다른 지역의 활동가들을 접하면서 스스로의 객관적 위치에 대해 새롭게 성찰할 기회를 획득하며 한국사회의 특성에 대한 재발견을 통해 현장에서의 비전을 새롭게 구상하는 힘을 얻는다. 한 예로 생협 활동가가 다른 나라, 다른 지역의 생협 활동가들과 교류하면서 느끼는 대목을 정리해 보면 다음과 같다.

"일본 생협에 있는 지도자들을 보면서 느꼈던 건 뭐냐 하면 확실한 리더십에 대한 자각을 가지고 자기 역할을 해나갔던 것 같아요. … 특히 한 사람은 여성으로서, 애 혼자 키우면서 직원에서부터 시작해서 이제 전무님이 된 분이 있었는데 … 그분이 이제 가정생활을 어떻게 처리하는지부터 그 다음에 자기가 중간 과정 부장일 때 이사장하고 생각이 달랐을 때 자기가 어떤 식으로 결정을 하고 처리를 하려고 했는데 생각의 변화를 가졌던 거, 그리고 현재 지금의 위치에서 직원들을 생각하는 거, 조합원들을 생각하는 거, 그리고 자기 미래를 생각하고 준비하는 것들에 대한 영향을 참 많이 받았어요."

다른 나라와 많이 교류하시나요?

"일본에서는 (현장학습을) 오는데, 일본에서는 우리보다 훨씬 더 선진적인데 와서 뭘 배울까 이런 생각이 들더라구요. 와서 뭘 보나, 이런 시설도 후지고, 그런데 그 뭔가 문제가 있을 때 원점으로 돌아가서 생각하란 얘기를 많이 하잖아요. 원칙이랄까 원점 … 그쪽 같은 경우에는 생협이 처음 만들어질 때 인간과 인간의 어떤 네트워크에서 출발된 공동체성이나 이런 것들이 많이 사업 쪽에 밀려서 옅어진 부분에 대해서, 한국 생협에 와서 보면 직원들 간에 어떤 그 뭐랄까, 동지애랄까, 그 조합원들 간의 공동체성, 모임, 생산자하고 관계, 이런 것들을 보면서 과거에 대한 뭐랄까, '아 우리가 그때 이런 가치를 가지고 했었지.' 그래서 감동을 많이 받고 돌아간다고 그래요." [사례 5]

이 생협에서는 이런 경험을 확산시키기 위해 직원들과 조합원들이 1년에 한 번씩 해외 연수를 경험하게 하고 있다. 생협 실무자들은 이를 통해서 자신의 활동을 객관화, 공식화해서 이해하는 수준이 커지고, 자신의 활동에 대한 프라이드도 생기고, 우리의 상황과 대조, 비교를 통해서 구체적인 업무상의 제안도 할 수 있는 좋은 기회라고 생각한다([사례 5]).

이와 유사하게 한국에서 초빙교수로 6개월간 생활한 중국의 한 교수는, 우리 사회의 문화적 개방성과 여자 대학생들의 당당한 의견 주장(결혼, 연애, 가족 관), 젊은 여성들의 자기표현(복식 및 두발 디자인 포함)에 대한 인상 깊은 느낌을 말하면서 중국의 대남자주의(大男子主義, 가부장제)를 되돌아볼 수 있는 기회를 갖게 되었다고 긍정적으로 평가하였다([사례 4]).

교육 부문에 종사하는 한 여성 리더는 이탈리아의 한 도시에서 개최되는 교육 프로그램에 연수단으로 지속적으로 참가하여 세미나 강좌, 정보 교류, 시설 및 교육 시스템에 대한 관찰, 운영자들의 마인드를 관찰함으로써 자신의 교육 현장에 적용할 수 있는 자원들을 확보할 수 있었다고 한다([사례 3]). 이로써 다른 사회 공간에 대한 관심과 호기심을 가지고 직접 그 삶의 현장을 경험하는 일은 한 개인의 시야를 객관적으로 확장해 주면서 자기 성찰의 기회를 더 심화시키는 기능을 하고 있다고 평가할 수 있겠다. 여성주의의 발전에서 자기 사회의 부정성에 몰두하여 패배적인 경향성을 띠는 것보다 현재적 삶을 들여다보면서 더욱 미래 지향적인 그림들을 그려 갈 수 있게 하는 것, 즉 전망의 확보는 귀중한 나침반이 된다.

아프간 그런 데 가시면 그쪽 여성들의 삶과 우리 삶도 자연스럽게 비교가 되지요?

"저는 여성뿐만 아니라 자연도 그렇고, 모든 것이 한국만큼 괜찮은 사회가 없다고 생각해요. 뭐 지금 한국 여성의 위치가 어떠하든 간에 그게 문제라고 인식이 된다면 그 문제를 해결해 나가고 발전시켜 나갈 수 있는 능력이 있고 에너지가 있는 사회이기 때문에 … 우리만이 갖고 있는 그 굉장한 힘, 그게 있는 것 같아요." [사례 6]

성평등한 세상에 대한 희구 속에서 우리 사회의 문제들을 들여다보았을 때, 여성에 대한 인식 및 여성의 사회 참여 등의 측면에서 갈 길이 멀다는 느낌이 들기도 하지만, 문제 해결은 그것을 문제화하는 것에서부터 출발한다고 볼 때 한국 여성들의 문제의식은 이미 현장 곳곳에서 확인된다. 이 연구에서 규명한 바는 아니지만, 한국 여성의 삶의 에너지와 실천의 역동성, 변화의 큰 폭은 하나의 엄연한 사실로 받아들여도 될 만큼 압축적, 선진적 의식화가 이루어져 '여성'은 이제 '변화'와 동의어가 되고 있다.

또 하나 이 연구를 통해 밝혀진 바에 따르면 한국사회의 맥락에서 여성주의 리더십을 구성하는 내용성으로서 리더십 발현 맥락의 '사회적 속성'과 리더 개인의 '인격성'이라는 내적 속성의 미분리 혹은 통합성이 두드러진다. 여성주의 리더의 경우 그러한 집단 내 요구가 부담스러운 측면도 있지만, 본인이 속한 조직을 스스로 하나의 직장으로만 생각한 것이 아니라 생활 공동체적인 측면에 대한 기대감을 안고 들어가기 때문에 당연한 귀결이라고 생각한다. 한 사례를 살펴보자.

> "남자들이 많은 조직에서 리더에게 요구하는 것과 여성들이 많은 조직에서 리더에게 요구하는 것들이 조금 차이가 있는 것 같아요. … (직원들한테) 너희들은 나한테 아주 유능한 능력 그런 것도 요구하고 굉장히 자상한 (양면을) 다 요구하는데, 내가 무슨 천사냐, 내가 무슨 천재냐? … 근데 남자들은 … 그 리더라고 하는 사람이 일에 대한 비전과 확실한 성과, 이런 것들을 제시해 주면 그 사람 인간성이 어떻든 간에 따라오는 것 같아요. 여자들인 경우에는 그거 가지고는 절대로 따라오지 않는 것 같구요." [사례 5]

“여러 가지 사회 경제적인 기반, 정서적인 유대감 이런 것들을 생협 내에서 해결할 수 있을 거라고 생각하고 왔기 때문에” [사례 5]

“저도 그만뒀다 들어온 경우고, 작년에 9년차 됐던 분도 3년인가 있다가 다시 들어오셨어요. 또 한 분은 3년마다 휴직 쓰고 공부하고 여행 갔다 오고 들어오는, 계속 쉬고 일하고 쉬고 일하고 이런 패턴으로 가는 친구도 한 명 있고 … 그런 식으로 적은 계속 (○○에) 두고 있는 친구들이에요.”

여기 말고 다른 사회적 관계들은 어떤 걸 맺고 계세요?

“들어오면 사회적 관계들은 한 2년 정도 유지되구요, 그 이후에는 이게 저희 사조직이에요. … 뭐 돌잔치 있다고 그래도, 결혼식 있다 그래도, ‘아직 일 안 끝났거든. 미안해. 다음에 보자.’ 이러고 못 보고 … 그래서 개인적으로 초등학교 동창들 모임, 스터디 모임, 뭐 이런 것 말고는 여기 있는 조직이 제 조직이에요. 사조직이에요. 티켓 팔아 이러면, 어 고민인데, 사조직은 여기밖에 없는데, 다들.” [사례 7]

원 직장으로의 복귀율이 상대적으로 높고 조직 집중성 또한 매우 높은 이러한 상황은, 본인이 몸담고 있는 공간이 여러 객관적 여건(보수, 노동시간 등등)에서 볼 때 매우 열악하지만 그것보다 의미 생산의 기능과 자신의 자율성, 주체성 발휘에서 높은 가능성이라는 더 중요한 대가가 있다는 생각에서 연유한다고 본다.

그렇지만 여성 리더의 이러한 공간 집중성이 꼭 바람직한 것인가는 별도로 논의될 필요가 있다. 빈민 활동을 오래 지속했던 한 활동가는 한 번도 잠옷을 입고 자본 적이 없었다고 하였다. 밤 12시고 2시고 가정폭력에 희생된 여성이 언제라도 불쑥 들어올 수 있는 상황에서 비상사태 분위기로 살아가는 것, 그 속에서 자기 생활이 없어서 황폐해지거나 피해의식도 많이 생기는 것 등([사례 9])을 문제점으로 지적한다. 마찬가지로 한 여성단체 활동가는 바쁠 때 하루 15-16시간 근무하면서 남편들이 "일주일에 한 번은 같이 저녁을 먹게 해달라", "나는 베개와 결혼한 것이 아니다"라는 피케팅을 할 거라는 얘기를 들어야 했다고 한다([사례 7]). 이러한 활동에서 누적되는 피로와 일중독 증상, 건강 적신호, 그리고 활동력 저하로 이어지는 악순환은 여러 사회적 관계를 통합적으로 형성할 때 가능한 사회적 건강성이 심대하게 저하되고 있음을 보여준다고 할 것이다.

활동력이 강한 여성 리더가 후배 여성들을 키우는 자리에 있을수록 자기 개발과 창의적 사고의 여지를 남겨 놓는 지혜가 필요한 것이 아닌가라는 성찰은 이제 막 시작되고 있다고 본다.

> "중간 관리자를 키울 때 저는 일을 많이 … 분담만 해주면 되는 거라고 생각을 했는데, 제가 그 당시에 중간 관리자일 때 필요했던 것들은 자신이 생각하는 거를 정리할 시간, 그 다음에 또 재투자를 위한 재충전의 시간들을 굉장히 많이 절실하게 요구했던 것들이 있었는데, 그 시간을 주는 게 중간 관리자를 키우는 데 한 3분의 1 정도를 투자를 해줘야 된다는 생각이 이제 들거든요. … 시민단체들이 그 부분에 대해서 노력하지 않으면 그야말로 소모품으로 하다가 만신창이 돼서 끝나 버리지 않을까 싶어서 … 조직적으로 시스템적으로 만들어 줘야 될 것 같은데 …" [사례 5]

다음의 사례는 자신의 사회적 활동과 가정생활, 그리고 친밀한 인간관계 유지 등에 두루 에너지를 투여하는 것을 바람직하게 생각하는 리더의 진술이다.

본인을 정서적으로 지원하는 집단이 있나요?

"저는 하나도 그거를 우위에 놓기 어려운데요 … 원 운영에 어려움이 있을 때는 친밀하게 이야기 나누는 원장들이 있어요. 저는 속얘기를 감추지 않는 스타일이어서 자주 얘기하고 자주 얘기를 들어요. … 근데 내가 원 운영이 잘되는데 내 아이가 아프거나 뭐 학업에 문제가 있거나 친구에 문제가 있으면 저는 결코 행복하지가 않더라구요. 그리고 남편하고 싸웠는데 일만 잘하고 내 새끼만 잘되도 행복하지가 않더라구요. 그래서 그걸 발견하게 된 거죠. 제가 살면서 처음에 내가 이 모든 것들이 나에게 이루어져 있는 이 요소들이 하나라도 기우뚱하면 내가 슬퍼한다는 걸 발견한 거죠. 그렇다고 해서 가족만 행복하고 내가 일이 없거나 나를 자기 개발을 포기해도 난 굉장히 시무룩해지는 걸 볼 수 있구요. … 힘을 주는 영역이 다른 거지, 다 필요로 해요." [사례 3]

우리 시대에 여성들은 기존에 진출하지 못했던 기존 부문들에 대한 진입을 활성화하는 한편 그에 못지않게 그 공간의 문화 콘텐츠를 바꾸는 근본적인 변화 추동자가 되어야 한다고 볼 수 있다. 공/사 공간의 이분법을 폐지한다는 것은 공적 공간의 리더십을 우월한 것으로 보는 위계적 사고를 철폐하고 삶의 공간들을 인간답게 창조해 내는 더욱 근본적인 설계도를 마련해야 가능하다. 여성주의는 경제적 효율성이나 경쟁력, 전문성 등과 같은 직업적 가치에 대한 성찰 속에서 자신의 총체적 삶의 핵심적 가치가 무엇인가에 대한 콘텐츠를 새로 만들어야 하는 단계에 와 있다. 당대의 여성주의는 공간적 생활양식을 변혁시키거나 공간의 규칙을 새롭게 쓰는 창발적 리더십에 속한다.

공간 전략적 관점에서 보자면 여성 리더에 대한 교육, 양성, 훈련 등의 작업은 기초적이고 하위적인 전술로서 폭넓은 토대 역량으로 건설되어야 할 부분이다. 동시에 우리 사회의 여성주의화를 위해 여성의 사회활동에서 임계질량 확보는 필요하지만 충분조건은 아니라는 점이 강조되어야 한다. 여성주의라고 하는 상위적인 전망적 가치에 의해 추동되고 기획되지 않는다면, 각종 사회적 공간에 대한 여성 리더들의 대거 진입만으로 대안 공간을 정초하는 리더십이 될 수 없다.

리더십은 추상적 이론이 아니다. 현실 사회에서 가장 긴요하고 절실한 구조적 문제들을 극복해 가는 과정에서 궁극적으로 삶의 가치를 선택하고 실천하는 사람들의 행위성이 온전하게 발휘되는 동선이 표시되는 그림이 가장 멋진 리더십 지도라고 본다.

5. 여성주의 리더십의 철학에 대한 시론

철학 없는 리더가 없다면, 한국사회가 지구화 시대를 맞아 성평등한 방향으로 발전하기 위한 구체적 전망의 일환으로 여성주의 리더십의 내용성과 가치를 담보할 수 있는 리더십의 철학이 무엇이어야 하는가는 매우 중요한 질문이다. 이는 지구촌 곳곳의 다양한 지역 현장들에서 발굴되고 실천되고 있으며 서로 소통되고 있는 유망한 여성주의 리더십 모형 개발과 관련되어 기술되고 해석된다. 이는 리더십의 철학을 기술적으로(descriptively) 접근하는 것을 뜻한다. 또 한편으로는 리더십의 철학에 규범적으로(normatively) 접근할 수 있는데, 이는 여성주의 리더십을 정의하고 재개념화함으로써 리더십의 가치를 규범화하는 것을 뜻한다. 필자로서는 현실에서 구현되고 있는 구체적인 행위자들의 리더십을 기술하면서 동시에 여성주의의 이상적 목표로서 여성주의적 리더십을 추상화해 보고자 한다.

1) 무엇이 여성주의 리더십인가? : 리더십의 인식론적 탐구

여성 리더가 기존 가부장제 문화로부터 완전한 성평등 사회로의 이행에 촉매로 작용하려면 어느 정도 임계질량(critical mass)이 필요하다. 이러한 리더십에 대한 성인지적 접근은 지구화의 과정 속에서 '남성'과 '리더십'을 당연한 짝 개념(coupling concept)으로 보는 고정관념을 타파하면서 한국사회 각 부문의 세계적 경쟁력을 강화시킬 수 있을 것이다. 그러나 동시에 리더들이 새로 창출한 공간들은 기존 세계의 억압 구조를 폭로하고 대안 가치들(평등, 자유, 이질성의 공존, 복수적 세계관 등)을 모색하는 한, 스스로를 또 하나의 억압 단위로 기능하게 해서는 안 된다.

그동안 여성이 겪어 온 각종 차별과 억압의 역사를 돌이켜 본다면, 주변부의 인식적 의무를 견지하면서 위로부터의 리더십(top-down)이 아닌 아래로부터의(bottom-up) 리더십을 구현할 수 밖에 없는 것이다. 집단으로서의 여성보다 더 하위에 있는 여러 주변화된 약자들에 대한 사회적 배려와 공명할 수 있는 이해력이 여성 리더 집단에게 요청된다.

앞 장에서 소개한 쾨스텐바움의 리더십 '다이아몬드 모형'에 의하면(Koestenbaum, 2002), 리더는 가치적 전망(vision) 속에서 현실적(reality) 변수들을 고려하면서 행위의 윤리성(ethic)을 담보로 길을 개척해 갈 수 있는 용기(courage)를 동력화하는 네 항목들을 좌표로 하여 리더십을 구현한다. 지금 논의의 맥락에서 이 모형을 적용시켜 보자면 여성주의 리더는 여성주의 가치 전망 속에서 여성에 대한 각종 가시적, 비가시적 억압에 대한 현실 인식을 바탕으로 도덕적 수단을 통해 장애물들을 극복하고 용기 있게 리더십을 구현해야 한다.

이 네 가지 항목 모두 리더십을 구성하는 필수적인 요소로 이해되며 특히나 전망 제시와 관련해 볼 때 여성주의는 아래로부터의 해방이 모든 해방에 필수 불가결하다는 인식적 관점을 견지해야 한다.

이 연구의 면접에서 관찰하고 정리한 내용들을 연결시켜 보면 다음과 같다.

(1) 여성주의 비전

-- 현재 한부모 자녀 가정 어린이집 및 여성 자활 공동체 운영, 여성 주체적 마을의 거점으로서 '여성의 집' 세우기 [사례 9]
-- 현재 생협 사업을 복지 공동체 건설로 확장하고자 하는 비전 [사례 5]
-- 현재 이주노동자 지원 활동을 대안 무역 활동으로 연결하려는 시도 [사례 8]
-- 현재 회사 단위의 공동 육아 지원에서 큰 규모의 돌봄 공동체 건설 계획 [사례 2]

(2) 현실 인식

-- 자활 공동체 품목 선정시 사업 현실성 판단 : 기술 수준에서 최고의 경쟁력을 보여줄 자신이 없는 봉제업 아이디어 대신에 자연화장품 개발에 역점을 두고 추진함 [사례 9]

-- 생협 법인화와 물류 통합의 관철을 통해 조직 발전 꾀함 [사례 5]
-- 학원 경영에 경영 마인드 도입 [사례 3]
-- 여성 틈새 공간 공략 : 외국 여성의 삶을 취재할 때 남성이라면 접근하기 힘든 영역을 뚫고 들어갈 수 있음 [사례 6]

(3) 윤리성
-- 집단 내 상호 보살핌 실천 [사례 2], [사례 5]
-- 내부 민주주의 : 직책의 차이에도 불구하고 의사소통과 의사결정의 하향식 구조가 허용되지 않는 수평적 조직문화 [사례 7], [사례 8]
-- 능력주의 철폐 : 조직 성원 간 자원, 능력의 공유를 위해 순환적 대표성 채택 [사례 1]
-- 지역 문화 공간으로서의 위상 유지와 대규모적 확장 경계 [사례 3]
-- 조직 헌신성 [사례 7]
-- 운동의 건강성 [사례 8]
-- 취재윤리 준수 [사례 6]

(4) 용기
-- 국제연대 단위 내 여성 대표성 주장 [사례 1]
-- 자신에 대한 잘못된 비방 사과 요구 및 여성 경영자에 대한 비우호적 분위기 시정 [사례 9]
-- 분쟁 지역의 위험에 맞섬 [사례 6]
-- 일중독에서 벗어나기 위해 과감히 일을 줄임 [사례 9]

2) 리더십은 여성주의 가치와 어떻게 만나는가? : 리더십의 가치론적 탐구

여성주의의 새로운 리더십 콘텐츠는 권력 집단이 자의적으로 자신들의 이익을 위해 지배 대상을 향해 행사하는 힘이 아니라 상호 주체적 구성원들 사이에서 공동체에 대한 책임과 봉사, 의무를 공유하는 자원이라는 인식의 전환이 있어야 실현될 수 있다. 정치적으로 리더십은 통치 행위라기보다는 공치 혹은 협치(governance) 행위다. 여기에서는 파워 엘리트의 권위주의적인 의사결정이 아니라 이해 당사자들끼리의 자율적 조정을 해내는 파트너십과 소통 및 연대가 중요한 가치가 되며 이를 위한 네트워킹(제네비브 브라운 외, 2005)이 주요 매개 기제가 된다. 이 점을 소통 구조의 재구성과 관련시켜 본다면 기존의 수직적이고 구심적이고 일원적인 구도에서 수평적이고 탈중심적이고 다원적인 관계 맺음의 활성화 구도로 패러다임이 전환된다.

이러한 맥락에서 당대에 창출된 공감대는 가부장적 남성 중심의 리더십이 아닌 탈가부장적인 대안 리더십이 사회 발전에 필수적이라는 인식적 전환이다. 면접을 통해 추출한 리더십 내용은 다음과 같다. 일정 부분 위에서 서술한 인식론의 '윤리성' 대목과 중복되는 것은 제외하였다.

-- 리더의 권력화와 자원 독점 경계 [사례 8], [사례 1]
-- 조직 내 상호 주체성 확보 [사례 7], [사례 5], [사례 3]
-- 자기 발전 도모 [사례 2], [사례 9]

3) 리더십의 존재론적 성질은 무엇인가? : 리더십의 존재론적 탐구

리더십은 지도자와 추종자 간에 통제하는 권력의 행사가 아닌 서로에게 공유되어 확산되는 식으로 힘을 북돋아 주는 에너지로 보아야 한다. 리더 유일의 중심이 아닌 분산적 권한과 책임성을 함께 나누어 가질 수 있는 다중심적 주체들의 양성이 중요하다. 그리하여 리더십은 일차적으로는 팔로워십(followership)과의 관계성하에서 규정되지만 더 발전적으로는 셀프 리더십 대 셀프 리더십의 교차라는 수평적 관계성이 모색되어야 한다.

현재 리더의 위치에 있는 사람들 스스로 차세대 리더들의 발굴, 양성에 힘쓰는 것이 리더십의 중요한 한 축을 구성한다고 인식하는 대목들([사례 6], [사례 9])을 보면, 리더십에서는 고정된 실체로서 한 개인에게 속박되어 있는 에너지가 아닌 확장적, 연속적 흐름의 맥락이 중요함을 알 수 있다.

리더십의 철학은 가르쳐질 수 있는가? 물리학적 메타포를 사용해 보자. 만일 리더십의 컨텐츠가 입자적 경로를 따른다면 리더가 이 내용들을 일정하게 전수하고 교육할 수 있지만, 파동적 경로를 따른다면 리더십은 고정될 수 없고 비가시적으로 전파될 수밖에 없다. 즉 리더십 콘텐츠는 하나의 패키지로서 묶일 수 있는 단위 지식에 머물러서는 안 되고 리더에게 도움을 받는 팔로워 각자가 자신의 현장에서 현실 조건에 감응하면서 새로 창출해 내는 리더십, 즉 지식이 아닌 지혜로서의 리더십으로 발전되어야 한다는 뜻이다.

리더십의 핵심 콘텐츠는 바로 임파워먼트(empowerment)다. 리더는 팔로워가 지고 있는 모든 문제의 해결자를 자임함으로써 의존적으로 만들어서는 안 된다. 팔로워로 하여금 스스로 문제를 인식하고 해결할 수 있게끔 지원하고 격려하고 돕는 자로서의 역할에 국한해야 한다.

참고로 UNDP에서는 인간 개발이란 개념을 사용하여 일인당 소득, 인적 자원 개발, 기본 욕구를 넘어, 인간의 자유, 명예, 인간 주도성(agency), 즉 발전 과정 속의 사람들의 역할을 포함하고 있다. 개발이란 단지 국가 수입을 늘리는 것이 아니라 궁극적으로 사람들의 선택권을 확대시키는 과정, 구조에 의한 결정력보다 개인의 행위력을 신장시키는 데에 목표를 두고 있다고 천명한 것이다(UNDP, 2003).

우리는 결국 리더십의 철학적 기초로서 개인의 성찰성과 자기 주도성에 기반한 리더십에 도달한다. 그렇다면 현 사회에서 신분 상승으로 통할 수 있는 리더십의 내용을 따라잡기보다 미래 지향적으로 자기 고유의 리더십을 창출하고 자신의 정체성을 확고히 할 수 있는 방향이 더욱 적극적인 전망을 가능하게 하지 않을까 생각한다. 기존의 관성과 문화, 관점에 묶여 있는 리더십은 사회 변화를 추동하는 행위력을 증진시키기 어렵다. 가까운 미래 사회에 대한 각종 예측들은 리더십을 성별에 따라 차이화하기보다 리더십의 개성화와 다양화에 주목한다.

팀 문화를 지적인 의사결정 집단화하는 사례에 대한 연구(하비 세이퍼 외, 2003)나 리더십의 관건을 집단 감성의 창출 여부로 보고(다니엘 골먼 외, 2003) 이에 주목하는 연구 경향들은 소위 남성적 가치에 따른 리더십과 여성적 가치에 따른 리더십 연구들의 제한성을 극복하고 있다. 이는 성별화된 차이에 기반한 여성적 자질, 혹은 덕성을 강조하는 경우 여성을 생물학적 집단으로 분류하고 고착화함과 동시에, 여성 집단 안의 다양한 차이들을 외면하는 비현실성을 갖기 때문이다. 여성주의 리더십은 여러 가치 지향적인 리더십과 교류할 수 있다.

한 예로 팀 능력을 극대화하기 위해 집단의 감성 기능을 조직화하는 일은 감성적 지능이 뛰어난 개인들이 보여주는 자기 인식 능력, 자기 관리 능력, 사회적 인식 능력, 관계 관리 능력을 필요로 한다. 팀의 감성적 기조가 어떤 상태인지를 확인하고 팀 구성원들로 하여금 그들에게 어떤 부조화가 존재하는지를 자각하게 해주어야 한다는 것이다(다니엘 골먼 외, 2003). 이러한 감성 지능의 최대화를 조직하는 리더십은 팀 내의 감성 자원들을 관리하면서 자신의 일과 내면의 불일치를 최소화하는 통합적인 인간 모형을 추구하는 여성주의 리더십 자원으로 재구성될 수 있다.

또한 지휘자 없는 오케스트라로 알려진 오르페우스 프로세스는 성취 지향적인 다양한 환경 속에서 개인의 자유와 협동이라는 의무가 역동적인 균형을 유지하게 하려는 체계로서, 각 방면의 지식 중심 조직에서 스스로 관리하는 팀의 역할이 중요해지면서 오르페우스 프로세스가 이루어 낸 성공은 기업들에게 많은 시사점을 던져 주고 있다(하비 세이퍼 외, 2003). 소위 리더십 앙상블을 만들어 낸 이 집단의 특성은 리더의 복수화를 통해 각 성원의 자발적 리더십을 고취하고 이를 실제 효과 면에서 검증해 낸 사례다.

결국 지구화 시대가 여성의 시대 혹은 감성의 시대라는 말은 리더십에 있어서 여성 특유의 생물학적 소질들의 동원을 유도하거나 이를 가치화하는 것으로 오해되어서는 안 되며, 여러 다양하고 미래 지향적인 가치 개념으로서 여성주의 리더십에 대한 요구로 받아들여질 수 있다. 이와 관련하여 젊은 리더들이 윤리적 행동을 글로벌 시대 차세대 리더들의 중요한 특성 중의 하나로서 채택하면서 이를 기존 리더들이 결여하고 있는 부분으로서 지적하고 있는 대목(워렌 베니스 외, 2002) 또한 대안적 리더십의 내용이 될 것이다.

FORESEEN 연구소는 미래에 대한 예측 보고서(2000)에서 "새로운 사회 모델은 남성적인 가치보다는 여성적인 가치에 특권을 부여하며, 여성들만큼이나 남성들에 의해서도 실행되는 모델이 될 것이다. … 도덕적인 힘이 있는, 정서적, 직감적, 경험주의적, 사회 연대적인 조화와 행복의 모성적 가치들에 특권을 부여하는 모델이 될 것이다. 그것이 이른바 여성적인 것이라 불리는 가치들의 선택이다."라고 말한다. 여기에서 '여성적인 가치'를 소위 모성이나 여성 특유의 본질에서 비롯되는 속성으로 보지 않고 성 평등하고 상호 소통적인 유대의 확장을 이루어 낼 수 있는 가치로서 이론과 정서적 삶의 통합을 지향하는 인간의 통합적 가치로 맥락화해서 이해한다면(정대현, 2004) 이를 '여성주의적 가치'로 재개념화할 수 있을 것이다.

리더가 되고자 하는 욕구 및 열망이 글로벌 트렌드라고 할 정도로 날이 갈수록 증가하는 사람들의 관심 속에서 리더십 함양의 구체적이고 효과적인 스킬 교육 또한 성행하고 있다. 이러한 사회문화적 분위기를 반영하듯 경력 개발이나 자기 개발을 향한 노력들도 생존전략으로 자리 잡고 있다. 그러나 누가 진정한 여성주의 리더인가에 대한 성찰이 없다면 단편적이고 맹목적인 처세술 이상이 될 수 없고, 성공한 사람에 대한 이런저런 선망만이 떠돌 뿐이다. 반면에 '여성주의'를 원론적이고 이상적인 가치 지향으로만 보면서 여성주의와 리더십의 관계를 불편하게 생각하는 한 우리 사회의 실제적 변화는 한계적이다.

진정한 리더는 부하나 하급 직원과의 상하관계를 맺을 때도 그 기능적 차이를 유지할 뿐이며 기능에 따른 지위나 권한이 아닌 다른 권력 관계를 강요하지 않는다. 기능적으로 발휘하는 능력이 다를 뿐 인격적 수직성이 아님을 인식한다. 따라서 이런 리더는 스스로를 또 다른 (차세대) 리더와 수평적으로 소통하는 존재다. 권위는 있으되 권위주의에 매몰되지 않는 리더가 진정 힘 있는 리더다. 리더는 부하-추종자-팬-구성원의 넓은 스펙트럼 중에서 어떤 파트너십을 가져야 할지, 리더 자신의 주변의 관계들은 어떤 속성을 드러내는지, 그 위상적 차이에 주목해야 한다.

리더십은 총체적이다. 리더십은 360도 전방위 인간관계, 사회관계에서 발휘된다. 따라서 단편적인 리더십 스킬 교육은 한계가 있다. 리더는 팀 내 다른 구성원들이 처한 상황, 환경 조건, 구조 등을 전체적으로 이해하고 문제점을 점검해 주고 삶의 전략과 방향성을 코치해 주는 안목이 있어야 한다.

또한 리더십은 통합적이다. 개인의 외적 관계와 내적 관계에서 균형적으로 발휘되어야 한다. 팀, 조직 혹은 사회에 기여하는 부분과 자기실현의 길이 분리되거나 유리되어서는 안 된다. 한 사람이 리더로서 발전하는 과정 자체가 리더십을 필요로 한다.

리더십은 고정불변의 실체가 아니고 시대적, 역사적 변화 발전 과정에 있다. 한 개인의 삶에서 리더십은 도전에 직면할 때도 있고, 시련 속에서 갈피를 잡지 못할 때도 있지만 부단한 자기 점검과 성찰, 타인에 대한 학습을 통하여 자신만의 고유 궤도를 찾아 갈 수 있을 것이다.

6. 맺는 말

지구화가 지역적 활동의 지구적 소통을 증폭시킬 수 있다는 인식에서 보면, 세계를 무대로 활약하는 사람들뿐만 아니라 자신의 작은 지역적 현장에서 여성주의라는 보편가치에 따라 활동하고 이 행위의 경험과 자원을 공간적으로 확산해 가는 여성주의 리더 또한 이미 글로벌 리더인 셈이다.

한국의 여성주의 리더들은 성평등 실현과 여성의 적극적 사회참여를 승인하는 글로벌 스탠더드의 확산 등으로 인해 기존 사회문화적 경계들이 이완되고 공간 구속력이 완화되면서 가능해진 각종 사이 공간들 안에서 한국사회의 가부장제적 문화와 관습을 바꾸어 나가는 행위성을 담보해 가고 있다. 소위 '공/사 영역'의 엄격한 젠더 상징체계에 따라 사회활동에서 여성의 진입을 배제하거나 여성에게 소위 사적 영역만을 할당했던 것 등이 가부장제하 공간 정치학의 내용이라면 여성주의 리더들은 이에 대항하는/대치되는/대안적인 공간 프로젝트를 수행 중이다.

인식론적 차원에서 볼 때 여성주의 리더들이 새로 창출한 공간들은 기존 세계의 억압 구조를 폭로하고 대안 가치들(평등, 자유, 이질성과 다양성의 공존, 복수적 세계관 등)을 모색하는 한, 스스로를 또 하나의 통제 중심 구조로 기능하게 해서는 안 된다. 여성주의는 "아래로부터의 해방이 모든 해방에 필수 불가결하다."는 인식적 관점을 견지한다.

가치론적 차원에서 볼 때 여성주의의 새로운 리더십 콘텐츠는 권력 집단이 자의적으로 자신들의 이익을 위해 행사하는 힘이 아니라, 공동체에 대한 책임과 봉사의 기회라는 인식의 전환이 있어야 실현될 수 있다. 정치적으로 리더십은 통치 행위라기보다는 공치 혹은 협치 행위다.

존재론적 차원에서 볼 때 리더십은 지도자와 추종자 간에 통제하는 권력의 행사가 아닌 서로에게 공유되어 확산되는 식으로 힘을 북돋아 주는 에너지로 보아야 한다. 리더 유일의 중심이 아닌 분산적 권한과 책임성을 함께 나누어 가질 수 있는 다중심적 주체들의 양성이 중요하기 때문에 리더십은 팔로워십과의 관계성하에서 규정될 수밖에 없다.

여성주의 리더십의 핵심 콘텐츠는 임파워먼트다. 리더는 팔로워가 지고 있는 모든 문제의 해결자를 자임함으로써 팔로워를 의존적으로 만들어서는 안 된다. 리더는 팔로워로 하여금 스스로 문제를 인식하고 해결할 수 있게끔 자극하고 지원하고 격려하고 돕는 자로서의 역할에 국한해야 한다. 동시에 이 새로운 리더십은 단지 여성의 권한 증진이나 사회의 성평등 실현을 위한 수단적 가치에 머무르는 것이 아닌 지혜나 행복과 같은 차원에 놓인 인간의 본질적, 목적적 가치라는 위상을 갖는다. 우리는 결국 여성주의 리더십의 철학적 기초로서 성찰적 개인의 리더십을 도출하게 되는데, 미래 지향적으로 자기 고유의 개성적 리더십을 창출하고, 자신의 정체성을 확고히 할 수 있는 방향이 더욱 적극적인 전망을 가능하게 할 것으로 본다.

우리 사회의 여성주의화는 그 안에 수없이 형성되어 있는 사회적 공간들의 삶의 내용을 여성주의적으로 실천해 가는 수많은 행위자들의 에너지가 결집되는 양과 질에 달려 있다. 여성주의자가 지구적 맥락에서 리더십의 행위성을 구현하기 위해서는 여러 관문을 넘어서는 용기와 실천, 실험들이 필요하다. 가부장제 사회의 문화적 효과 때문에 여성주의 리더의 역할 모형이 제대로 확립되어 있지 않기에 (혹은 제대로 발굴하지 못해서) 새로운 길을 닦아가는 선구자들이 많이 필요하다.

이 연구를 통해 현행의 여성주의 리더들은 자신의 경험을 전수하는 데 인색하지 않으며 동시에 자신의 경험만을 절대화하는 오류에 빠지지 않는 유연한 소통의 리더십을 구현해 왔으며, 앞으로 더욱 그런 방향으로 발전할 것으로 기대할 수 있다고 본다.

여성주의의 이론과 공간적 실험 자체가 세상을 바꾼다. 세상의 변화 가능성은 여성주의 리더의 공간적 상상력과 비례한다. 여성주의 리더로서의 정체성을 사회적으로 구현해 나가는 인간 나비들의 날갯짓이 더 많은 수의 팔로워, 차세대 리더군을 생성하는 폭풍을 만들고 함께 탈가부장제의 지평을 확연히 열어 갈 때까지 이들의 전망적 성찰은 중단 없이 진행될 것이다. 나비효과 이론을 원용하자면 마치 북경의 나비 한 마리가 날개를 펄럭이자 뉴욕에 폭풍우가 내리듯, 여성주의 리더들이 실천적 영향력을 통해 우리 사회를 변혁시키고 있음(윤혜린, 2005)에 대한 경험적 증거들이 축적되고 있다는 사실이 희망이다.

[표] 면접 대상자 자료(면접 시점인 2005년 기준임)

	연 령	주요 사회활동	현 직
사례 1	1976년생 29세	여성주의 학생운동, 국제연대활동	WTO 반대 단체 사무총장
사례 2	1965년생 40세	종교기관 교무활동	디자인회사 대표
사례 3	1961년생 44세	학생운동, 노동운동	미술학원장
사례 4	1962년생 43세	교원	교수
사례 5	1961년생 44세	학생운동, 노동운동	생협 이사
사례 6	1961년생 44세	학생운동, 기독교 인권운동	다큐멘터리 프로덕션 대표
사례 7	1971년생 34세	여성단체 활동, 정당 활동	전국급 여성단체 부장
사례 8	1966년생 39세	기독청년운동	이주노동자인권센터 소장
사례 9	1961년생 44세	빈민운동, 자활 공동체 운영	지역 여성의 집 사무국장

[참고문헌]

가이 브라우닝(2005), 『풀뿌리 리더십』, 형선호 옮김, 을유문화사.
강시현(2004), 「성별 인식과 리더십에 관한 연구」, 이화여자대학교 대학원 석사학위논문.
곽삼근(1998), 『여성과 교육』, 박영사.
김용운(1999), 『카오스의 날갯짓: 복잡성 과학과 원형사관으로 본 한국』, 김영사.
김재인 외(2001), 『여성교육개론』, 교육과학사.
김혜숙 외(2001), 『여성과 철학』, 철학과현실사.
다니엘 골먼 외(2003), 『감성의 리더십』, 장석훈 옮김, 청림출판.
데이비드 하비(2001), 『희망의 공간: 세계화, 신체, 유토피아』, 최병두 외 옮김, 한울.
미셸 푸코(1994), 『감시와 처벌: 감옥의 탄생』, 오생근 옮김, 나남.
버지니아 밸리언(2000), 『여성의 성공 왜 느릴까』, 김영신 옮김, 여성신문사.
사토 요시유키(2004), 『NPO와 시민사회: 결사(Association)론의 가능성』, 송석원 옮김, 아르케.
수잔 쿠즈마스키 외(1999), 『가치 중심의 리더십』, 홍기원 옮김, 학지사.
아이린 다이아몬드 외(1996), 『다시 꾸며보는 세상: 생태 여성주의의 대두』, 정현경 · 황혜숙 옮김, 이화여자대학교 출판부.
에티엔느 웽거 외(2004), 『COP 혁명』, 황숙경 옮김, 물푸레.
여성철학연구모임(1995), 『한국여성철학』, 한울.
E. 오리어리(2002), 『리더십』, 러닝솔루션 옮김, 피어슨 에듀케이션 코리아.
요아힘 부블라트(2003), 『카오스와 코스모스』, 염영록 옮김, 생각의 나무.

워렌 베니스 외(2002), 『퓨처 리더십』, 최종옥 옮김, 생각의 나무.
워렌 베니스 외(2003), 『시대와 리더십』, 신현승 옮김, 세종연구원.
워렌 베니스 외(2005), 『리더와 리더십』, 김원석 옮김, 황금부엉이.
윤혜린(2002), 「과학 기술 문명과 정보적 생활양식에 대한 철학적 반성」, 한국여성연구원 편, 『정보매체의 지구화와 여성』, 이화여자대학교 출판부.
_____(2005a), 「정보적 생활양식과 온라인 여성주의 공동체 연구」, 한국여성연구원 편, 『지구화 시대 여성주의 대안가치』, 푸른사상.
_____(2005b), 「카오스 나비효과를 통해서 본 여성주의 리더십」, <리더십 모형을 향한 4가지 시도>, 이화리더십개발원 2주년 기념 학술대회 자료집.
이상화(2005a), 「리더십과 권력에 대한 여성주의적 재개념화」, 『여성학논집』 제22집 1호, 이화여자대학교 한국여성연구원.
_____(2005b), 「지구화 시대의 지역 공동체와 여성주의적 가치」, 한국여성연구원 편, 『지구화 시대 여성주의 대안가치』, 푸른사상.
장필화(2003), 「여성학, 여성주의, 리더십」, 이화리더십개발원 세미나.
_____(2004), 「여성 리더, 여성적 리더십, 여성주의적 리더십」, <여성적 가치와 여성 리더십>, 이화리더십개발원 1주년 기념 학술대회 자료집.
정대현(2003), 「포스트 모던 시대의 여성적 가치」, 이화리더십개발원 세미나 자료.
제네비브 브라운 외(2005), 『여성 리더십』, 조병남 옮김, 예영커뮤니케이션.
제임스 글리크(1993), 『카오스: 현대과학의 대혁명』, 박배식 외 옮김, 동문사.
조형(2004), 「비공식에서 공식으로: 여성운동과 공공 영역」, <또 하나의 문화 20주년 기념행사 자료집>.

짐 아이프(2001), 『인권과 사회복지 실천』, 김형식 · 여지영 옮김, 인간과복지.

최정순(2004), 「여성 영업관리자의 리더십 유형이 리더십 효과성에 미치는 영향에 관한 연구」, 국민대학교 정치대학원 석사학위논문.

최종덕(2003), 『시앵티아: 과학에 불어넣는 철학적 상상력』, 당대.

캐롤 C. 굴드 편(1987), 『지배로부터의 자유: 여성철학의 새로운 시작』, 한국여성개발원.

캐롤 타브리스(1999), 『여성과 남성이 다르지도 똑같지도 않은 이유』, 히스테리아 옮김, 또 하나의 문화.

케이 듀오(1989), 『남녀의 행동연구』, 이혜성 옮김, 이화여자대학교 출판부.

프리초프 카프라(2003), 『히든 커넥션』, 강주헌 옮김, 휘슬러.

하비 세이프터 외(2003), 『리더십 앙상블』, 강미경 옮김, 세종서적.

허라금(2004), 「보살핌 윤리에 기초한 성 주류화 정책 패러다임 모색」, 『한국 여성정책의 뉴 패러다임 프로젝트』, 여성부.

황정미(2002), 「캐롤 페이트만과 탈가부장제의 정치적 상상력」, 『여성과 사회』 제14호, 창작과비평사.

Breines, Ingeborg(2003), 「평화의 문화와 안보」, 한국여성개발원 주최 <여성정책의 새로운 비전: 평등 · 발전 · 평화> 국제심포지엄 발표문(2003. 4. 17).

FORESEEN 연구소(2000), 『여성적 가치의 선택』, 문신원 옮김, 동문선.

Ainley, Rosa, ed.(1998), *New Frontiers of Space, Bodies and Gender*, London; New York: Routledge.

Astin, H. S. & Leland, C.(1991), *Women of Influence, Women of Vision: a cross-generational study of leaders and social change*, San Francisco: Jossey-Bass Publishers.

Blackmore, J.(1999), *Troubling Women: Feminism, Leadership and*

Educational Change, Buckingham; Philadelphia: Open University Press.

Cooper, R.(1996), *The Evolving Mind: Buddhism, Biology and Consciousness*, Birmingham: Windhorse Publication.

DAWN(2003), "Feminist Principles: The Feminist Principle of Leadership," http://dawn.thot.net/feminism11.html.

Friedman, S.(2001), "Locational Feminism: Gender, Cultural Geographies, and Geopolitical Literacy", in M. Dekoven ed., *Feminist Locations: Global and Local, Theory and Practice*, New Brunswick, N.J.: Rutgers University Press.

Giddens, A.(1992), *The Transformation of Intimacy: sexuality, love, and eroticism in modern societies*, Cambridge, UK: Polity Press.

Grosz, E.(2001), *Architecture from the Outside: essays on virtual and real space*, Cambridge, Mass.: MIT Press.

Harvey, D.(2000), *Spaces of Hope*, Berkeley: University of California Press.

Koestenbaum, P.(2002), *Leadership: The Inner side of Greatness, A Philosophy for Leaders*, San Francisco: Jossey-Bass Publishers.

Lefebvre, Henri(1991), *The Production of Space*, translated by Donald Nicholson-Smith, Oxford, UK: Blackwell.

Lugones, M.(1998), "Community", *A Companion to Feminist Philosophy*, A. Jaggar & I. Young eds., Malden, Mass.: Blackwell.

Maihofer, A. & Hunold, C.(1998), "Care", *A Companion to Feminist Philosophy*, A. Jaggar & I. Young eds., Malden, Mass.: Blackwell.

McDowell, Linda & Sharp, Joanne P., eds.(1997), *Space, Gender, Knowledge. Feminist Readings*, London; New York: Arnold.

Meyers, D.(1998), "Agency", *A Companion to Feminist Philosophy*,

A. Jaggar & I. Young eds., Malden, Mass.: Blackwell.

Pearsall, M., ed.(1999), *Women and Values: Readings in Recent Feminist Philosophy*, California: Wadsworth Publishing Company.

Sassen, Saskia(1991), *The Global City: New York, London, Tokyo*, Princeton, N.J.: Princeton University Press.

Shands, Kerstin W.(1999), *Embracing Space. Spatial Metaphors in Feminist Discourse*, Westport, Conn.: Greenwood Press.

UNDP(2003), *Human Development Report 2003*, 「밀레니엄 개발 목표: 인간 빈곤 종식을 위한 국가 간 협약」.

제 6 장

여성 리더의 역사의식과 공간의식

여성주의는 여성 개인의 성취를 넘어서는 집단적 기획이며 가부장제 사회 변화를 지향하는 특성을 지니는 실천적 담론이다. 바로 그 이유로 인해 여성주의는 변혁적 리더십과의 긴밀한 소통을 요구받는다. 여성주의가 리더십을 만나지 않으면 공허하고, 리더십이 여성주의를 만나지 못하면 맹목이다.

당대에 여성 리더십 논의는 시대적 전환점에 직면해 있다. 여성의 사회적 진입이 확대되고 사회 각 부문 및 영역에서 여성 리더의 등장이 더 이상 희소가치를 갖지 않게 되었지만, 그러한 현상 자체가 성평등 사회가 도래했음을 말해 주는 것은 아니다. 여성 리더 안팎에 전통적 역할에 매어 있는 리더십 기대가 잔존해 있으며 젠더 이념형에 따른 여성적 리더십 논의에서 여성주의적 관점이 별로 획득되지 못했다. 따라서 여성 리더십이 시대 맥락

* 이 장의 논문은 한국학술진흥재단의 2005년도 선정 중점연구소 2단계 지원에 의해 연구되었다. (KRF-2008-005-J02501)

에 조응하는 콘텐츠와 자원을 갖추어 가면서 의식적, 실천적 발전을 이루어 내기 위해서 그 방향과 방법론이 좀 더 정교하게 모색되어야 한다.

이러한 문제의식 속에서 필자는 집단적 역량으로서의 여성주의 리더십 함양을 위해 여성 리더들에게 시공간적 연결에 대한 상상력이 필요하며 이것이 역사의식과 공간의식으로 구조화될 때 메타적 리더십 자원으로 활용될 수 있다고 생각한다. 여성주의 리더십이 역사화되지 못하면 너무 짧고, 공간화되지 못하면 너무 좁다. 역으로 역사의식에 기반한 여성주의 리더십은 과거와 현재, 미래의 여성 리더들–팔로워들의 경험을 날줄로 엮어 주며, 공간의식에 기반한 여성주의 리더십은 지구촌 동서남북의 여성 리더들의 경험을 씨줄로 엮어 준다.

1. 들어가는 말: 이상주의자들의 이어달리기

이상주의자는 운동을 한다.
현실주의자는 스포츠를 한다.

이상주의자는 현실에 대해 절망한다.
현실주의자는 현실을 정당화한다.

이상주의자는 현실을 부정한다.
현실주의자는 현실을 인정한다.

이상주의자는 현실을 극복하고자 한다.

현실주의자는 현실을 영속화하고자 한다.

현실적 이상주의자는 현재에 발붙이지만 미래의 시간을 보고 있다.
관념론자는 현실을 무시한다.
관념론자는 자신의 현실에 무기력하다.

이상주의자는 이중으로 소수자다.
숫자상으로 소수이며
사회적 소수자의 이익을 대변한다는 의미에서 소수다.
현실주의자는 다수다.
그러나 이들은 미래의 공간을 아름답게 설계하지 못한다.

이렇듯 생각을 이어 가다 보니 아무래도 우리 여성주의자들은 이상주의의 친구다. 현상 유지가 아닌 변화 지향을 추구한다. 또 그저 이상주의자이기보다 관념론을 극복하고 현실적 이상주의자가 되는 것이 여성주의의 실현을 앞당기는 일임을 깨닫는다. 과거 지향적인 마인드를 버리고 새로운 전망과 더불어 전진해야 하는 시대적 국면에서 우리는 역시 이상주의자로서 갖는 인식적 위치성 안에서 가치와 실현 방법을 모색할 수밖에 없다.

왜일까? 여성이 처한 현실의 고통을 못 듣는 척, 못 보는 척, 모르는 척할 수 없는 사람들이기 때문이다. 조금이라도 세상이 평평해지고 밝아지고 맑아지고 다습게 되는 데는 우리의 노력이 동력으로 작용함을 알기 때문이다. “하늘은 스스로 돕는 자를 돕는다.”는 격언이 결국 스스로 돕지 않는 자는 하늘도 돕지 않는다는 뜻에 불과함을 알기 때문이다. 다른 사람이 겪는 현실의 고통 이전에 나의 삶 역시 고통스럽기에 함께 벗어나고 싶기 때문이다. 내가 나를 돌볼 때 힘이 커가고 삶이 나의 것이 됨을 경험하기 때문이다. 오로지 당위나 책임감, 사명감에서 말미암는 개인적 활동은 짧다. 기쁨과 상상으로 연대하고 함께 꾸려 가는 사회적 활동은 길다.

여성은 여성주의를 개념적으로 고안하고 이를 삶의 기준으로 수용하기 전에도 여성 주체로서 실천해 왔다. 우리가 선배 여성들의 어깨 너머로 세상을 보았을 때, 예컨대 허난설헌이 스스로 이름을 만들어 세상 속에 자기 목소리를 낼 때 그녀의 자유혼에 덩달아 신이 났다. 그녀의 문장은 날개를 달고 조선을 넘어 중국까지 날아갔다. 그녀는 강고한 가부장제와 성차별주의의 역사적 지배에도 불구하고 그저 타자로, 사회적 약자로, 수동적 인간으로, 희생자로 자리매김했던 것이 아니라 행위 주체로 자신을 세웠던 것이다.

우리를 감동시키는 여성 선배들은 역사상 이미 이름을 날린 위인에 국한되지 않는다. 많은 어머니들이 소위 공적 영역에 대한 명시적, 암묵적 진입 금지를 뜻하는 공/사 영역의 이분법으로 가정 안에 갇힌 처지에서지만 가족의 생계와 생활을 위해 헌신해 왔다. 창의적인 방식으로 의식주 문제의 해결에 아이디어를 내어 생활문화를 발전시키고 독창적인 창조문화를 창달한 여성들이 삶을 혁신시켰다(장필화, 2004:70). 살림을 제대로 살아낸 여성들의 살림 전문성(김정희, 2007:260) 또한 이 시대에 새로 재발견되는 유용한 가치다.

여성들은 때로는 가정의 울타리를 벗어나서 시대의 문제를 고민하면서 역사 발전에 기여하기 위해 '사회의 어머니'가 되었다. 제도적 교육의 혜택을 거의 받지 못했고, 사회생활의 기회도 별로 없었던 상황에서도 이들은 주어진 공간 안에 머물지 않았다. 단지 우리 시대에서 여성주의를 굴착 도구로 삼아 매우 두터운 고고학적 지층들을 뚫어 가면서 이들의 삶과 가치를 이제 막 발굴하고 조명하기 시작했을 뿐이다. 현 사회 우리 여성의 파워는 할머니의 할머니, 할머니, 어머니로부터 계승된 불굴의 문화적 유전자 덕분은 아닐까 생각해 본다.

하지만 나혜석의 자유로움과 스스로를 벼랑 끝으로 모는 삶이 가부장제 규범이 허용하는 선 이상을 넘어갔을 때, 그리고 까미유 끌로델이 그 창조적 재능을 남성 마스터에게 전유당한 채 예술계에서 고립되었을 때, 둘 다 끝내 길거리나 정신병원에서 생을 마감해야 했을 때,[1)] 그녀들을 지탱해 줄 여성 집단의 부재를 그 비극의 원인 조건으로 생각해 보게 된다. 더 나아가 사회적 약자로서의 여성의 존재성을 스스로 깨닫기 전에는 그렇게 희생된 선배 여성들이 가부장제 사회의 곳곳에 편재했다는 것이 역사적 사실이다. 이러한 가부장제의 레짐이 가동되면서 후세에 대한 경계는 지속되었으며 '그런 여자'에 대한 여성들의 백안시 역시 공모적이었다.

거다 러너(1998:26)는 역사적 가부장제의 억압에 저항하려는 여권의식이 뒤늦게 형성되었던 연유에 대해서, 첫째, 여성이 집합

---

1) 둘 다 거리에서 행려병자로 보낸 시간과 정신병원을 들락거린 공간적 경험의 공통성이 있다. 가부장제가 그어 놓은 선을 탈주했거나 그 규범의 안전지대 밖으로 내몰린 사람들이 모일 수 있는 사회적 공간의 부재가 비극적 공간의 삶으로 이어진 것이다.

적 존재라는 자각이 늦었고, 둘째, 교육을 통한 자원 전수가 일어나지 못했음을 들었다. 특히 여성에 대한 교육기회를 박탈해 온 사회가 여성에게 부과한 것은 한마디로 시계(視界) 제로(零)다. 즉 여성들의 존재에 대한 자기 인식 미비, 여성의 상황을 개념화하는 능력 부재, 억압 상황의 개선을 위한 추상적인 이념의 틀에 대한 설계도 결여 등은 그 결과물이었다. 간혹 가부장제 사회와 동떨어진 섬처럼 여성들에 의한 여성들의 공간이 산재하기는 했지만, 전반적으로 보았을 때 전통적인 성별 역할에서 벗어날 수 있는 공간은 매우 희소했다.2)

시대적 한계를 뛰어넘으려는 선배 여성들의 분투적 실천으로 인해 지금은 여성 교육의 대중화 및 그 효과로서 사회 진출의 증대와 같은 괄목상대한 변화가 야기되었다. 교육을 통한 여성 인재 발굴 및 사회적 리더군으로의 편입이 선순환을 이루면서 일어나고 있다. 이제 여성에게 한 걸음 더 내딛으려는 의지와 용기가 필요한 대목은, 집단적이고 사회적인 기획으로서 여성주의의 조직력이 성평등 사회의 발전을 위한 디딤돌이 될 수 있게 방향을 설정하고 새로운 비전과 사명을 공유하는 일이다. 이를 위해 여성주의는 리더십과 접목되어야 한다. 여성주의 없는 리더십은 맹목이고, 리더십 없는 여성주의는 공허하다.

---

2) 거다 러너(1998:75-76)는 여성 교육이 연속적으로 제도적으로 확보되지 않음으로써 여성들 간에 체계적인 진보의 이야기가 계승되지 못한 역사를 매우 실증적으로 고찰하였다. 여성들은 교육의 기회가 주어지지 않아서 사회적 능력이 함양되지 않은 것이지 애당초 무능력하여 성과를 내지 못한 것이 아님을 반복적으로 증명해야 했다. 글을 써서 생계를 유지한 최초의 여성인 크리스틴 드 피잔(14-15세기)도 자신의 글인지에 대한 진정성 혐의로부터 자유롭지 못했다고 한다.

구체적으로 여성주의가 어떤 리더십 콘텐츠와 자원을 갖추어 가면서 의식적, 실천적 발전을 이룰 때 성불평등 사회의 구조 변동과 평등 구조의 안착이 기약될 수 있을까? 필자는 집단적 역량으로서의 여성주의 리더십 함양을 위해 여성 개인들의 시공간적 연결에 대한 상상력이 필요하며, 이것이 리더의 역사의식과 공간의식을 구조화한다고 생각한다. 여성주의 리더십이 역사화되지 못하면 너무 짧고, 공간화되지 못하면 너무 좁다.

여성 리더의 등장이 진정 가부장제 사회 자체에 대한 여성주의의 도전으로 느껴질 때, 즉 여성주의 가치의 수용으로 사회구조의 패러다임이 바뀌는 결과를 담보할 수 있을 때, 여성주의와 리더십은 단짝으로 만나게 될 것이다.

2. 여성 리더, 여성적 리더와 여성주의 리더 사이의 연속성과 불연속성

사회적 존재로서 여성의 감성과 인식론, 이에 기반한 실천 및 경험 구조가 보편적 인간이란 기준에서 볼 때 약점이거나 사회적 무능력 인자(因子)가 아님을 깨닫는 데 꽤 많은 시간이 필요했지만, 당대에 일정 부분 진전이 있는 것 같다. 역사상 가장 오래되고 가장 많은 다수를 피억압 집단으로 만든 역사적 가부장제 문화를 전승받은 우리 사회지만, 21세기는 여성적 가치가 사회 발전을 위해 당당히 한몫하는 식으로 사회문화의 패러다임이 바뀌고 있다고 다들 말한다.

'여성의 시대'를 표어처럼 내세우는 사회적 분위기가 여성주의 리더십에 우호적인가? 이 물음에 대해 쉽게 긍정적이고 희망적인 답변을 내놓지 못하는 것은 안팎에 함정이 도사리고 있기 때문이다. 내부적 요인이라고 볼 수 있는 지점은 여성 리더들이 개개인의 성취 차원을 얼마나 여성주의적인 관점에서 사회와 연결시키고 있는지 확실하지 않으며, 외부적 요인으로는 우리 사회가 여성을 '저활용론'에 기반하여 한갓 신자유주의적 개발주의의 인력풀로서 활용하려는 기능주의적 사고 수준에 머물러 있는 것은 아닌지 생각하기 때문이다.

그럼에도 불구하고 여성의 사회 진입이 전반적 인식의 변화를 가져오는 기본 추동력이었다고 할 때, 이런 흐름이 더욱 가속화되어 가부장제 사회의 질서 자체를 바꾸게 되는 그런 세상을 상상해도 될 만하지 않은가? 과연 여성의 임계질량이 양질 전화 법칙의 적용을 받아 세상을 성평등적으로 변혁하는 에너지가 되게끔 할 수 있을까? 혹은 간혹 여성 시대에 편승하여 여성 대표성을 제대로 발휘하지 못하는 여성 리더가 있다면 이에 대해 옥석(玉石)을 가르는 기준을 제시해야 되는 것은 아닌가? 이런 무수한 질문들에 스스로 성실히 응답하는, 그리하여 근본적인 변화를 주도하는 여성 리더가 더욱 많이 생성되기를 희망하면서, 여성 리더들의 정체성을 구성하는 다중적 국면을 서술해 보자.

1) 여성 리더는 여성 리더십(female leadership)을 갖는가?

여기에서 여성 리더는 생물학적으로 여성으로 분류되는 집단에 속한 개인으로서 리더의 위치에 있는 여성을 뜻한다. 요즘처럼 사회 각 부문에 여성이 대대적으로 진입하기 전까지는 그 부문에 소수의 여성만이 리더로 활동할 수 있었다. 그리하여 여성 정치인, 여류 문인, 여성 언론인, 여교수 식으로 꼬리표가 붙거나 '○○부문 여성 1호'라는 수식어가 동원되고 있으며 아직 그 목록은 다 채워지지 않았다. 이들의 상징성은 후배 여성에게 매우 큰 영향력을 발휘하면서 때로는 좋은 역할 모델이 되기도 하고 또 때로는 반면교사(反面教師) 노릇을 하기도 한다. 이들의 선구자적 위치나 희소성의 가치보다 역사적 역할에 주목하여, 이들이 차세대 여성 리더의 재생산에 어떤 역할과 기능을 해야 하는지를 생각해 볼 때다.

현재 여성 리더들은 상사로, 상급자로, 의사결정권자로 사회의 여러 영역에서 다양하게 리더십을 발휘하기 시작했으며 차세대 여성 리더에게 힘을 주는 위치에 있다. 역으로 여성을 리더로 받아들이게 된 집단 혹은 사회 안에서는 남성들을 중심으로 하여 이들에 대한 견제와 흔들기 방식의 집단적 저항이 일어나기도 한다. 이들이 '리더' 역할을 잘하는가를 판단하기보다 '여자'라는 데 촉각을 곤두세우며 비호감 판정의 분위기를 형성할 때, 여성 리더의 처신은 매우 어려워진다. 그리하여 이들은 때로는 남성 중심적 조직문화에 대한 동화 전략을 쓰기도 하고, 때로는 조직 문화 자체를 변혁시키는 장기 전략을 상실하기도 한다.

여성 리더들 간에 어떤 공통의 리더십 속성이 있는가? 외적 특성으로 보면 남성화된 여성에서부터 누가 봐도 여자인 여성 등으로 개인들 간의 편차는 매우 크다. 예컨대 '치마만 둘렀지 남자'라는 평가를 받을 정도로 행동하거나(1970년대에는 심지어 남장을 한 정치인도 있었다), 여성으로서의 자신의 정체성을 전면적으로 부인하면서 우리 사회의 주류 문화인 남성 문화에 경도되어 사고하는 여성 리더도 있다. 그런가 하면 부드럽고 사교적이며 순종적이며 잘 섬기는 등 '천상 여자'라는 말을 들을 정도로 사회화된 여성성(femininity)이 물씬 풍기는 여성 리더도 있다.

내적 특성으로 볼 때도 리더 간에 인식 수준이 매우 다르다. 리더는 능력과 업적으로 승부해야 한다는 생각 속에서 개인적 차원의 성공과 출세에 몰두하고 여성 리더로서의 자신의 역사적 역할을 도외시하는 경우도 있고, 다른 한편에서는 사회적 소수자로 여성에 대한 의식을 갖고 여성 대표성에 대해 스스로 강한 사명감을 인식하는 여성 리더까지, 이들의 의식은 넓은 범위에 걸쳐 있다.

따라서 '여성 리더'에 대해 균질적이고 공통적인 의식과 실천의 속성을 부여하기는 힘들기 때문에, 여성 리더십을 단일한 범주로 구성하기는 어렵다고 본다. 여성 리더들이 경험적으로 보여주는 리더십의 다양한 면모들 때문에 내용적 특성화가 힘들다는 뜻이다. 여성 리더는 개인적 속성과 그 여성이 위치한 시대적, 사회적 맥락이 서로 상호작용하면서 여러 다양한 리더십을 표출해내고 있다. 여성 리더들을 아우르는 공통의 리더십이 있을 것이라는 생각은 일반화되기 어렵다.

2) 여성 리더는 여성적 리더십(feminine leadership)을 갖는가?

흔히 여성 리더는 남성에 비해 배려적이고 이해심이 많고 협력적이고 민주적인 측면이 강하다고 예단된다. 여기에서 가정되는 여성적 리더십이란 젠더 이념형이라는 이분법적 틀 속에서 여성에게 배속되는 리더십의 속성을 뜻한다. 여성이 여성적 리더십을 갖는다고 생각하는 데는 그간 여성이 주로 가정 안에서 가족 구성원을 보살피고, 정서적으로 지지하고, 공동체를 묶어 내는 역할을 했던 것을 공적, 조직적 사회생활 가운데서도 유지할 것이라는, 즉 젠더 역할의 유출(spill-over)에 대한 기대가 한몫하고 있다. 리더의 성별과 리더십의 젠더 성향 간에 절대적인 연관성을 찾기는 어렵지만 대체적으로 여성 리더가 여성적 특성을 구현할 개연성에 기초한 연구 결과들이 있다. 그리하여 굳이 이분법적으로 도식화한다면 여성적 리더십과 남성적 리더십은 다음과 같이 서술된다.

"여성의 리더십 스타일은 남성의 것과 다르며 그녀들은 소통을 강조하는 더욱 협동적이고, 양육적이고, 평등한 전략을 사용하는 경향이 있다."(Fine, 2007:181) 이러한 서술은 남성의 업무 중심성과 대비되는 여성의 관계 지향성과 팀워크 중심성에 대한 경험적 연구에 기초한 것이다.

여성적 리더는 이러한 이념형적 장점과 더불어 약점으로서 남성에 비해 네트워킹에 약한 점,3) 소통 능력과 발표, 설득, 협상 능력에서 남성에 비해 떨어진다4)고 지적되기도 한다. 또한 감정

---

3) 여성 리더가 사회적으로 성공하기 위한 발판으로서 사회자본 혹은 네트워크가 일반적으로는 남성보다 상대적으로 작다는 점은 인정된다. 그러나 반(反)여성적 성격의 사회자본이 아무리 크다 해도 그것이 오히려 젠더 평등화에 방해가 될 수 있다면 경계해야 할 것이다. 따라서 여성주의 리더십에서는 사회자본과 네트워크의 양적 크기보다는 질적 성격(가치 지향, 내부 구조, 내적 역동성 등)이 더 중요하게 평가되어야 한다는 조형(2007:128)의 지적에 유의할 필요가 있다.

4) 최고 의사결정권자인 여성이 조직구조 개혁에 임하면서 "나는 다음 임기에 관심이 없다", "나는 리더가 되려고 한 게 아니다"를 수시로 발언한다면 구성원들의 사기 저하는 물론이고 개혁 대상의 역공만 강화시킬 수 있다는 점 등을 가상 사례로 들 수 있다.

조절 능력에서 미숙성, 대인관계에서 결벽증, 원칙주의/완벽주의로 일을 추진하는 경향 등이 문제시되기도 한다. 어떤 경우는 성별 편견이 투사된 평가이고 또 어떤 경우는 맥락적으로 이해될 만한 요소가 있기도 하다.

우리가 여성 리더에게 이념형적으로 설정된 여성적 리더십을 통째로 할당했을 때 생기는 몇 가지 문제가 있다. 가장 크게는 탈위계적이고, 관계적 감수성이 있고, 화합을 잘 이끌어 내는 리더의 경우에 그것을 굳이 여성성을 갖는다라고 판단할 것 없이 요즘 시대가 요구하는 좋은 리더의 능력을 갖추고 있는 것이 아니냐고 문제제기할 수 있다. 이 점은 리더십 스타일에서 성별 차이보다 개인차가 더 넓은 스펙트럼을 갖는 것과도 연관된다.

둘째로, 문화적 배경의 차이 역시 개인차와 교차적으로 작용할 수 있다. 예를 들어 아시아계 미국 여성은 존중과 겸손함에 더 많은 가치를 부여하는 반면, 아프리카계 미국 여성은 단도직입적 주장을 가치 있게 생각할 수 있다(Jean, 2007:11)는 것이다. 즉 젠더뿐만 아니라 인종, 민족, 지위, 성적 지향에 따라 다양한 리더십 스타일이 가능하다.

마지막으로, 여성적 리더십에 남성 중심적 권력구조 자체에 대한 도전의지가 있는가, 아니면 주어진 역학구조 안에서 충실히 자기 일을 해내는 데서 만족하는가에 대한 자기 점검이 수반되지 않는다면, 이를 통해 시대 변화를 이끌어 가는 리더십을 구성하기가 어렵다.5)

5) 예를 들어 여성적 리더십의 핵심 자원 중 하나로 해석되는 '모성'을 정치 이미지화한 필리핀의 두 전현직 대통령(아키노와 아로요)은 여성정책의 측면에서 극히 부진한 모습을 보였다. 아키노는 필리핀 최초의 여

3) 여성 리더는 여성주의 리더십(feminist leadership)을 갖는가?

여성주의 리더십은 리더의 성별이나 리더십의 젠더가 아닌 리더의 이념, 가치, 비전의 측면에서 여성 리더십과 여성적 리더십으로부터 개념적, 차원적으로 구별된다. 리더의 뚜렷한 여성주의적 지향점, 윤리성을 담보한 비전, 세상을 성평등적으로 변화시키고자 하는 실천 능력과 용기가 핵심 콘텐츠다(윤혜린 외, 2007: 392). 그러므로 여성 리더라고 해서 모두 자동적으로 여성주의 리더십을 갖는 것은 아니고, 여성만이 그것을 담지할 수 있는 것이 아니라 여성주의자로서의 정체성에 기반한 리더십을 보여주어야 그 관문을 넘을 수 있다.

여성주의 리더는 기존 조직에서 주어진 업무를 훌륭하게 수행하는 것으로 만족할 수 없고 조직의 목표 설정, 조직의 구성과 형태, 조직원에 대한 훈련, 조직문화 등에서 여성주의적인 비전하에서 결정하고 실천하는 점에서 자기 정체성을 갖는다. 이와 관련하여 허라금(2007:354)이 '여성 리더십'과 '여성주의 리더십'을 구분하면서, 전자는 여성 리더가 자신이 속해 있는 조직에서 '어떻게' 그리고 '얼마나 높게' 성취했는가가 중요한 반면, 후자는 여성주의 의식 아래 여성의 해방적 목표를 향한 변화를 얼마나 열어 주고 있는가에 더 관심을 갖는다고 논의한 것은 적절하다.

여성주의자들이 추구하는 조직 형태는 관료 체제적 조직이 아닌 수평적이고 공동체적인 조직이다. 그 조직의 특성은 리더에

성 대통령이었음에도 불구하고 인공 피임을 반대하는 가족정책을 지지하는 등 보수적이었으며, 아로요는 여성 관련 및 소수자 정책의 부재로 인해 비판된다(김민정, 2007).

대한 권력 집중 대신 구성원 간 권력의 분산을 지향하면서 실험해 간다. 조직문화는 집단주의적이고 획일주의적인 틀을 지양하면서 구성원 개개인의 욕구의 차이와 다양성을 존중하고 공동의 참여를 증진시키는 방향에서 형성된다.[6)]

그리고 리더가 형성되는 방식에서도 단지 직위 권력에 따른 배치를 받아들이는 것이 아니라 영역별 전문성이나 역량에 따른 리더 순번제, 개방적 공동 리더 체제를 모색함으로써 자발적 참여 민주주의의 실험을 시도한다.

무엇보다도 특색이 있는 점은 리더십의 효과 측정 방식이다. 이를 위해서는 할당된 업무의 효율적 성취와 구성원의 만족도, 다면 평가 등을 받아들이면서도 조직 구성원의 능력 배양, 권력과 영향력 공유, 동료나 부하 여성의 리더십 향상에 기여한 정도, 조직의 구조 및 조직문화 변화 기여도라는 가시화되거나 표준화되기 어려운 질적 평가를 요청한다(조형, 2004:14). 그러나 이러한 항목들은 조직의 질적 발전에서 매우 중요한 대목들이다.

그러나 여성주의 리더가 소위 '생색내는 일'을 잘 못하고, 밑에서 받쳐 주려는 경향에 대해서는 일정하게 유의할 필요가 있다. 예를 들어 로트(Lott, 2007:27)는 여성주의 관리자가 집단 성원의

---

6) 여성주의 리더십 교육 현장에서 수없이 직면하는 질문 중 하나는 신속하고 효율적인 조직 운용 방식이 여성주의적인 가치에 기반한 (상대적으로 힘들고 더딘) 민주적 합의 과정과 충돌하는 경우 해결 방안에 관한 것이다. 어떤 여성주의 조직도 사회적 기구인 한 사회의 규칙 자체가 무한 경쟁과 속도전에 기반할 때 생존 가능성을 낙관하기 어려운 것이 사실이다. 여성주의 조직이 활동을 해야 그러한 사회가 바뀌고, 그러한 사회가 바뀌어야 여성주의 조직이 확장될 수 있는 순환성에서 벗어날 수 있는 방안이 모색되어야 할 것이다.

성장에 기여하고, 그들의 상호작용과 연관을 북돋울 때, 소위 여성적 방식이라 기대되는 바대로 '비가시적으로' 이런 일을 해서는 안 되며 명확하고 공개적으로 해야 한다고 강조한다.

또한 여성주의 리더십은 성평등의 가치뿐만 아니라 평화와 다양성, 생명과 상생, 포용과 보살핌(돌봄, 배려) 등의 대안적 가치를 존중하는 대안적 리더십을 구성한다(조형, 2004:13). 단지 살림이나 보살핌을 여성의 자연스러운 속성이라고 주장하지 않고 여/남 모두에게 확산적으로 실현되어야 하는 문화적 가치라고 생각하므로 보살핌의 여성적 특화를 경계한다. 동시에 가부장적 조직과 문화, 사회질서에 대한 비판과 대항, 평등사회에 대한 실천의 노력들을 병행하지 않는 평화, 다양성, 상생의 주장들은 공허하고 자기모순적임을 인식한다.

이상에서 살펴본 여성적 리더십, 여성주의 리더십은 리더십의 유형으로 명확하게 분류된다기보다는 여성 리더의 의식적이고 실천적인 지향성과 연관되어 맥락화되는 것이다. 그리고 리더 개인의 타고난 자질이나 품성이라는 인격적 요소와 결부되기보다는 집합적이고 조직적인 전망과 연동된다.

예를 들어 지난 20년 가까이 우리 사회에 만연한 여성폭력의 문제를 제기하고 성폭력 피해자 구제뿐만 아니라 새로운 성문화 창달을 위해 애써 온 조직으로서 '한국성폭력상담소'[7]의 활동은 집단적 여성주의 리더십의 한 전형이라고 할 수 있다. 필자가 보

7) 이하의 논의는 2008년 4월 3일, <한국성폭력상담소, 길을 찾다>라는 주제로 동 상담소 미래전망기획팀에서 진행한 한 포럼에서 발표된 내용에 기초하였다.

기에 우선 상담소가 존재해야 할 이유에 대한 여성주의자들의 논의가 있었고, 상담소의 기능 및 운영 방식에 대한 집단적 소통과 '피해 생존자'를 직접 만나는 상담 현장으로서 현장성을 담보한 사회 변화 지향성이 핵심적으로 유지되고 있다는 점, 그리고 상담소의 미래 비전에 대해 내부적 논의와 함께 조직의 외곽으로부터의 관여가 여전히 진행되고 있다는 점 등이 집합적 차원의 여성주의 리더십 속성을 잘 보여준다고 생각한다.

거기에 덧붙여 전국에 산재한 성관련 상담소들을 여성주의적으로 견인해야 하는 선도적 조직으로서의 사명과 여타 시민사회운동과의 연대 활동에서 젠더 감수성을 파급해야 하는 역할 등 복합적인 궤적을 드러내고 있다는 점 또한 여성주의 리더십 논의에서 조직의 사회적 연관성에 주목하게 하는 대목이다.

3. 역사의식

러너는 『왜 여성사인가』라는 책에서 여성 리더의 역사적 부재의 원인을 구명하면서 다음과 같이 설명한다. 여성들에게 전승되어 오는 억압-저항-문명 창조의 영웅사가 없고 과거의 훌륭한 선배에 대해 알고 있지 못한 것은, 그녀들이 남성들과 마찬가지로 역사에서 언제나 동인이자 행위자였지만 기록된 역사에서 배제되었기 때문이라는 것이다(거다 러너, 2006:394-395). 그리하여 여성 리더가 부재했던 것이 아니라 그들에 대한 역사적 기록이 부재했던 것이 된다. 또한 남성의 성취에 대한 기억과 여성의 분투에 대한 탈각은 동시적으로 진행되었다. 남성들에 의해 역사가 쓰이고 해석되고 그들의 활동과 의도에 초점이 맞추어진 구성을 드러내었다.

이렇듯 비가시적 존재 혹은 주변부적 존재로서 여성은 사회와 문명을 건설하고, 유력한 제도들을 형성할 힘을 거부당하면서 세계를 설명하고 그것에 질서를 부여하는 정신적 구성물을 창조하는 데서 미끄러졌다. 여성은 헌신과 노력으로 구체적 생활세계의 중요 부분을 담지하면서도 사회의 추상적 조직 제도 안에서 파워를 확보하지 못했다.

러너에 의하면 더욱 상황을 악화시킨 것은 여성들의 에너지가 가동되는 방식 역시 비남성적이었던 데서 연유한다. 즉 "그들이 교회, 국가, 법, 군대와 같은 제도에 가할 수 있었던 충격은 힘(power)이 아니라 영향력(influence)을 통해, 그리고 남성의 중재를 통해 주변부에서 행사되어야만 했다."(거다 러너, 2006:394-395)는 것이다. 이 말을 해석해 보면 가부장제하의 남성 권력이 체계 유지적으로 (때로는 여성을 포함한 사회 구성원의 이해관계에 반하여) 행사된 반면 여성의 힘은 체계 보완적으로 작동했다는 것이다.

만일 과거에 뛰어나게 활약한 여성 선배의 전례에 대해 알 수 있었다면 그것을 기반으로 하여 그 다음 세대의 여성은 그 성과를 좀 더 풍부하게 하고 그 길을 좀 더 확장할 수 있었을 터이지만, 그러한 계승의 부재 때문에 후대의 여성은 개인적 재능이나 불굴의 의지에 기반하여 똑같은 일을 다시 반복적으로 하게 되었다. 그 결과 '새롭게 다시 답사해야 하는 땅' 위에 여성들을 올려놓았다.

이러한 궤적 속에서 여성은 오랜 동안 '타자'였다. 타자란 억압적 관계망 안에서 주체성을 상실하고 주체에 의해 자원과 경험과 목소리를 전유, 지배당하는 자다. 이러한 '타자화' 상황에서 벗어나는 길은 자신이 여성주의자로 스스로를 정체화하고 구성해 가는 경험의 시간을 갖는 것이다. 이제 여성은 자신의 이야기를 남을 통해 대변하게 허용하지 않고, 남에 의해 왜곡되게 하지 않고 스스로를 말할 때다. 이런 주체의 의식화를 도모하는 상황에서 우리는 각자의 개성을 확인하고, 그 즐거운 차이를 서로 소통할 때 문화적 풍요로움이 확장된다.

내 생애의 시간 경험은 결코 균질적이지 않다. 청춘의 시간이 다르고 중년의 시간이 다르다. 새해의 시간이 다르고 연말의 시간이 다르다. 직장생활 초창기의 시간이 다르고 고참의 시간이 다르다. 리더의 자리에서 맺는 시간과의 관계는 달라진다.

사람은 오래 사귈수록 그 진면목이 드러난다. 각 개인의 인생 여정은 가변적이고 과정적이기 때문에, 개인 삶의 전체 궤적, 곡선을 볼 수 있는 자료가 축적되어야 한다. 한 사람의 일생에서 일어나는 사건들도 시간이 경과하고 어떤 매듭이 지어졌을 때 비로소 그 의미와 성격이 더 정확히 드러날 수 있다. 내 인생에서 가장 나답게 산 시간이 언제인가 혹은 언제일까? 나다운 삶의 성취 기준은 무엇인가? 자신의 삶의 역사성에서 획을 긋는 때는 언제인가?

생로병사 등 인간사의 고통은 몰(沒)개인적이다. 어느 누구에게나 닥쳐오며 피해 갈 수 없다. 하지만 실존 조건에 얽매이면 진정한 기투, 참여가 발동되지 않는다. 미래의 시간이 나에게 있다는 의식이 현재를 건강한 생활로 이끈다. 사람들 간의 공통의 시간인 역사의 방향에 대한 예상 없이 이러한 활력은 생길 수 없다. 역사의 방향은 더 평등한 삶으로, 더 자유로운 삶, 더 개성적 삶으로 나아가게 한다. 여성이 미래의 시간을 갖는다는 말을 실천적으로 해석하자면, 우리는 관념적 종말론이 아니라 현실세계의 구체적 발전을 위한 문화적 지향성에 합류할 수 있다. 현 사회의 구조적 문제, 갈등, 모순 속에서도 행위자의 행위성이 확보될 수 있는 기본 바탕은 역사의식의 변화에서 온다. 크게 두 가지만 강조해 보자.

(1) 실존적 시간 개념에서 역사적 시간 개념8)으로 의식을 확장하는 일 : 우리 각자는 각자에게 고유한 리듬을 갖고 있는 기억의 두께를 갖고 있어서 결코 평준화되거나 동질화될 수 없는 비(非)시계적 시간을 갖는다. 개인과 집단의 내적 시간성, 역사적 시간성은 시간과 시계로 표시되는 일상적, 통속적 시간과 구별된다. 통속적 시간성은 시간성의 역사화라는 특성을 놓쳐 버리고 일종의 거리로 양화된 것이다. 당대에 평균수명 연장도 좋고, 건강관리를 잘해서 노후에도 정열적으로 생활을 영위해 가려는 노력도 좋지만, 이 연장된 생애에서 내가 주체로 참여하여 우리의 삶을 더 발전시킨 시간이 얼마나 될까를 생각해 보면 좋을 것이다.

(2) 풍요로운 공동체의 시간을 개척하는 일 : 당대는 해방정치

---

8) 시간적 존재로서 인간은 매우 중층적이고 다차원적인 시간 경험의 구조 안에 위치해 있다. 크게 물리적, 심리적, 실존적, 역사적 시간으로 나누어 설명해 보면 다음과 같다.
-- 물리적 시간 : 균질화되고 계량화된 시간. 물리적 양으로서의 시간.
-- 심리적 시간 : 개체적 마음이 느끼고 경험하는 다양하고 주관적인 질적인 시간.
-- 실존적 시간 : 한 개인의 생애에서 자아 실종과 회복, 몸과 마음을 함께 던지는 행위 등 결단과 참여적 사건이 매듭지어진 시간.
-- 역사적 시간 : 개인이 속한 사회 공동체 차원에서 집단적인 의미를 생산하는 시간.

(식민지배, 군사독재, 빈곤 등에서의 해방)에서 '생활정치'(성평등, 환경, 평화, 교육, 문화 발전을 일궈 내는 일상성의 구성)로 생활세계를 꾸려 가는 일이 무엇보다 중요한 시대다. 또한 국가주의적 폐쇄성을 닫고 지구시민사회와 연결되는 시대정신이 요구되며 타자와의 소통, 평화 감수성 훈련, 국적, 출신지, 성별, 성정체성, 사회 경제적 지위, 연령, 장애 여부, 학력 여부 등과 무관하게 인권을 존중하는 사회 만들기 등 이 모든 국면들이 동시적으로 진행되어야 할, 즉 통합적 민주화가 이루어져야 할 때다.

이를 위해 여성주의적 리더십이 새로운 사회 구성의 자원으로 역할을 할 수 있다. 즉 여성주의 임파워먼트를 통해 양성이 사회적으로 평등하게 되고, 모든 소수자에 대한 보살핌과 배려, 공존, 연대 등 여성주의적 가치가 주도하고 주류화되는 사회의 내적 발전을 견인할 수 있다. 1990년대 중반부터 세계 경제 전문가들은 성평등 증진이 결과적으로 경제적 효율성을 제고한다고 하였고, 1995년 베이징 여성대회에서도 여성주의적 주류화는 공익 전략이 됨이 천명되었다. 성평등은 경제적 효율성, 합리성 면에서 더 효과적일 뿐 아니라, 우리가 추구해야 하는 이상적 가치이므로 실현되어야 하는 당위성을 갖는다.

나는 여성 리더가 역사의식을 가질 때 리더 개인의 성취를 위한 그림뿐만 아니라 사회적 행위자 집단으로서 여성의 역사적 매듭을 어떻게 풀 것인가에 대한 비전도 확보된다고 생각한다. 역사에 흔적을 남겼거나 그냥 명멸했거나 간에 우리 여성 선배들의 신산하고 또 뿌듯한 삶의 갈피들에 대한 상상력을 통해 뒤돌아보면서 동시에 앞을 보는 일을 할 수 있다고 생각한다.

4. 공간의식

에반스(거다 러너, 1998:308)는 (어떤 가치 지향적 운동이든 간에) 반동적인 집단 정체감을 발전시키는 데 필요한 전제조건으로서 다음의 다섯 가지 요소를 들고 있다. 첫째, 피압박 집단이 이류 시민이라든지 열등 시민이라는 기존 개념에 맞설 수 있도록 독자적인 가치의식을 키울 수 있는 사회적 공간. 둘째, 피동성의 양태를 깰 수 있는 사람들의 역할 모델. 셋째, 억압의 근원을 설명할 수 있는 이데올로기. 넷째, 기존의 문화 정의와 맞설 수 있도록 만드는 새로운 자아의식의 발현. 다섯째, 새로운 해석이 퍼져 나가면서 반동적인 의식이 사회운동으로 활성화될 수 있는 소통 조직이나 우애 조직.

이러한 일반적 그림을 여성주의의 판본으로 재해석하면 여성들이 부정적인 자기 평가와 저급한 사회적 인정을 극복하는 행위성을 발휘하기 위해서는 해방적, 자율적, 자유로운 사회 공간이 선차적으로 필요하게 된다. 역사적 선례로 러너가 들고 있는 것은 1617년의 랑부이에 부인의 살롱이며, 이를 효시로 하여 유사한 살롱들에서 남녀의 역할과 결혼제도에 대한 찬반 논의가 이어졌다고 한다. 그렇듯 일반화된 사회적 통념과 성별 역할 담론으로부터 이념적으로 물리적으로 거리를 확보한 공간은 고도로 발달된 담화 공동체, 즉 대안적 공간이다.

시대적 맥락에서 볼 때, 현대 사회는 그때와 공간적 구성에서 확연히 차이가 있다. 여성들의 사회적 활동 기회가 많이 늘어났고 '단지 여성이기 때문에' 진입조차 안 되는 영역은 거의 사라졌다. 여성의 고등교육의 기회 확충이라는 인프라가 생기면서 성차별의 기본 기제들이 무력화되고 사회 각 부문에서 여성의 과소대표성이 문제되기 시작했다. 이러한 토대 위에서 여성은 소위 '사적' 공간의 전통적인 거주자이길 거부하고, 공이든 사든, 나라 안이든 밖이든, 자유로이 이동하고 취업하고 각양각색의 경험을 쌓는 사태가 함께 일어나고 있다. 온라인이든 오프라인이든 여성의 공간을 만들어 낼 수 있는 가능성도 비약적으로 커가고 있다.

체 게바라의 『모터사이클 다이어리』의 서두에 이런 대목이 나온다. "아르헨티나 땅에 발을 디뎠던 그 순간, 이 글을 쓴 사람은 사라지고 없는 셈이다. 이 글을 다시 구성하며 다듬는 나는 더 이상 예전의 내가 아니다. '우리의 위대한 아메리카 대륙'을 방랑하는 동안 나는 생각보다 더 많이 변했다."

우리나라에서도 과거 젊은이의 문화적 코드 중의 하나는 무전여행이었다. 낯선 동네를 돌아다니면서 주인장 잘 걸리면 밥을 얻어먹고 헛간이라도 빌려 잘 수 있지만 그렇지 않은 날은 공치는 남루한 삶의 풍경이 뻔히 예상되는데도 그렇게들 떠나갔다. 그리고 다시 돌아왔다. 그들은 같은 사람인가? 아닐 것이다. 영혼에 무언가가 덧붙여져 더 무거워졌을 것이다. 공간은 개인의 환경, 물리적 외적 조건으로만 규정되는 것이 아니라, 개인의 삶의 방식을 구성하는 힘이 있기 때문이다.

그리하여 나는 남북을 관통하는 여로가 생기고 중국, 시베리아까지 철로가 연결되고, 다시 유럽 대륙을 마저 잇게 되면, 우리 젊은이들의 시각은 괄목상대해질 것이라고 믿는다. 이들이 곳곳의 자연경관, 문화경관을 만나고 또래의 젊은이들과 생각을 나눌 때 이들의 세계관은 비약적으로 변화할 것이라고 생각한다. 공간 이동은 공간 체험을 축적시킨다. 이 체험은 다시 새로운 의식이

되어 우리가 다시 자기의 고장으로 돌아올 때 우리는 새로운 '나'가 된다. 여행은 돌아오기 위해 떠나는 것이되 새로운 나로 돌아오는 여정이다.

삶의 질곡에 허덕일 때, 일이 여의치 않게 잘 안 풀릴 때, 매너리즘에 빠져 내가 지금 무엇을 하고 있는 것인지 확신이 없을 때 '환경을 바꾸어 보라' 혹은 '여행을 떠나라'의 지침은 단순한 콧바람 쐬기나 기분 전환을 뜻하지 않는다. 지금 내가 하고 있는 일과 비슷한 일을 다른 나라, 다른 지역 사람들은 어떻게 하고 있는가, 왜 하는가, 어떤 전망을 갖고 활동하고 있는가를 내 환경과 대조하여 관찰하고 궁금한 점을 서로 얘기하고자 하는 것이다. 이는 그냥 여행이 아니라 '초점화된 공간 이동'이다. 어느 정도 경험이 축적되면 다른 나라, 지역 활동가들과도 만나서 내 고장에서 함께 이야기해 볼 수 있다.

우리 사회에는 그 공간에서 여성들이 부자유하고 심지어 병까지 나는 곳이 너무 많다. 가부장제 문화로 옥죄는 시댁, 맘 편하지 않은 친정, 가정폭력의 현장인 우리 집, 권위주의와 이상한 위계로 찌든 직장, 여성비하적 발언이 횡행하는 대학 캠퍼스 등은 모두 다 사람들을 취약하게 만드는 장소들이다. 이 현실에 눈감을 수 없는 자들이 대안 공간을 모색할 수밖에 없는 이유다. 공간을 변화시키고자 하는 실험들 몇 가지를 들어 보자.

(1) 지성의 획일화, 표준화, 권력화를 거부하고 개성적 리더십을 훈련시키는 대안적 교육 공간 만들기.

(2) 세대 간 대립과 갈등에서 벗어나 다양성과 차이에 대한 수용을 지향하는 가정 만들기 : 자녀들이 성인과의 관계에서 협동

과 상호 존중과 평화의 감수성을 체험할 수 있고, 여성 남성 간에 동등하게 책임과 권한을 공유하는 민주 평등 가정.

(3) 책상 뺏기, 텃세, 밥그릇 지키기 등 집단 내, 집단 간의 권력 게임에서 벗어나 상호 인정을 지향하는 노동 공간 만들기 : 성원들이 서로 경쟁하면서 동시에 협력하며 더불어 살아가는 세상.

(4) 성평등과 사회정의, 평화, 생명, 보살핌 등의 가치를 선도하는 여성주의 공간 만들기 : 여성부, 여성운동단체, 사회운동단체들의 공통적 지향성의 지평.

우리는 다중의 사회 공간들을 경유하면서 삶을 꾸리기 때문에 결국 내가 거점으로 삼고 있는 공간에서부터 시작하여 사회 전체가 다 질적 변화를 해야 한다. 한 아이를 온전히 키우려면 마을 전체, 아니 나라 전체가 필요하다고 말할 수밖에 없는 것이다. 사회변혁운동 안에 아직도 여성주의의 목소리가 작은 시민사회, 운동의 중심과 주변을 나누는 사고방식이 바로 서구적 중심과 제3세계 주변부라는 이분법의 재현임을 알아야 한다. 우리의 공간의식이 바뀌어야 지구시민사회가 형성된다.

우리의 의식계를 사회로부터 자연으로 확장해 보자. 과거 우리의 이상향으로 표현된 대동사회의 모습은 일차적으로 담이 없다는 것, 즉 천하가 공유물이라는 의식에 바탕을 두었다. 이러한 공간적 소통 구조가 지구/지역적으로 확산되는 길은 없는 것일까? 더 거시적으로 보면 인간사회 내 억압 구조가 인간 대 자연의 관계에서도 재현된다고 할 때 이러한 억압의 재생산을 차단하려면 어떠한 공간의식이 필요한 것일까?

나는 자연이 우리를 여태 수용해 왔던 것처럼 우리도 자연조건을 수용할 수 있어야 한다고 본다. 자연을 정복하고 다스리는 서구적 근대의 정신으로서 '양의 사유(Positivism)'와 달리 소극적 지향성으로 등장하는 '음의 사유(Negativism)'는 인간과 자연의 관계를 회복시킨다. 자연조건을 수용하고 자연이 허용해 주는 한도 내에서 삶을 설계하는 것이 오히려 자연과 맺는 적극적이고 가치 있는 대안적 관계 방식이라고 할 수 있다. 스스로 적극적인 주체이면서도 타자와의 관계에서 지배적이지 않은 상호관계를 맺는 일은 근본적으로 공간적 수용성 안에서 차오르는 의식의 충만감과 연관된다.

나는 여성 리더가 포괄적이고 중층적인 공간의식을 가질 때 어느 곳의 누구와 연대하면서 네트워크를 만들어 갈지에 대한 아이디어가 창출된다고 본다. 더 적극적으로는 국가, 시민사회, 기업, 직장, 마을, 거주단지 등 각종 층위의 사회적 공간에서 여성주의의 가치가 넘실거리게 할 비전도 확보된다고 생각한다. 또 나와 너의 관계의 공간에서, 사회적 공간에서, 자연과 우주 안에서 함께하는 존재들의 앙상블이 만들어질 수 있으리라고 본다.

5. 시공간 좌표상 나의 현장에서 다시 출발하기

순수 자아는 추상적인 형식성이다. 인간이란 어떤 경우든 단독자로 존재하지 않으며, 특정한 양상의 세계 속에 던져진 세계-내-존재다. 자아는 이미 특정한 역사와 사회의 규정성이 새겨진 특정한 공간적, 시간적 존재다.

우리 각자는 자신의 의지에 의해 이 시간 이 땅에 태어났던 것일까? 세상에 던져진(피투된) 존재일 뿐인가? 왜 하필이면 이 시공간적 좌표상에서 삶을 시작하게 된 것일까? 생애의 기획을 통해 존재의 이유를 스스로 구명해야 할 엄청난 과업을 수행함으로써 해답은 주어지는 것이 아니고 구성해 가는 것임을 알게 하는, 우리도 모르는 어떤 숨은 힘이 있는 것일까? 내가 다른 시대, 다른 지역에서 존재했더라면 내가 다른 인간으로 구성될 수 있었을 텐데, 그렇지 않고 지금 여기에 있는 까닭은 무엇일까?

내가 어떻게 존재하게 되었나를 묻는 것과 내가 왜 존재하나를 묻는 것은 다르다. 전자는 경험적이고 후자는 선험적이다. 전자는 과학적이고 후자는 철학적이다. 전자는 인과적이나 후자는 자율적이다. 전자는 몰개체적이나 후자는 개성적이다. 우리에게 필요한 것은 인간의 공간적, 시간적 모듬살이의 궤적을 확인하고 나의 삶을 그 좌표에 확연히 새기는 일이다.

"선진국에 태어나면 복권에 당첨된 것과 같다."는 우스갯소리를 그냥 넘길 수는 없다. 우리의 의식이 아무리 선진적이더라도 사회의 저발전 상태에서는 삶의 질이 낮을 수밖에 없다. 따라서 사회의 기본적인 물질적 기반을 확고히 하면서 좀 더 문화화되고 성숙한 생활의 내용을 구성해 간다면 더욱 진취적인 사회성원으로서 주체가 될 수 있다. 동시에 당대처럼 지구적 정치 경제의 힘이 일국가의 경계를 넘어 확산적으로 적용되는 국면에서는 세계문화와 가치 구조의 재구조화 역시 필요하다고 생각한다. 이 점에 대해 아시아 여성학 리더 중의 한 사람인 다나까 교수(2007: 137-138)의 말을 인용해 보자.

> "근대화 과정에서 거의 모든 사회들은 서구 지식에 의해 크게 영향을 받아 왔다. 지식의 위계하에 비서구인들은 2류로 간주되고

그들의 사상은 덜 가치 있는 것으로 간주된다. 우리가 기술 발전과 평등 및 인권을 강조하는 현대 사상의 확대에 의해 이익을 받아 왔던 것은 사실이다. … 아시아의 여성주의 관점에서 지식 생산을 생각할 때 우리가 서구의 중심적 지식의 존재를 어떻게 다룰 것인지에 대해서 생각하는 것은 중요하다."

이로써 여성주의 지식 생산의 문제에서 특히 탈식민적 의식과 실천을 배양함으로써 지구 지역적으로 수평적인 상호작용, 쌍방향적인 교류를 도모할 수 있다는 확신과 공감대가 형성되고 있음을 알 수 있다. 이하에서는 세계적 차원에서 소통 가능한 세 가지 푯대를 제시해 본다.

(1) 생활세계의 식민화에 대한 제어 : 지구적으로 만연해 가는 소비주의, 삶의 양식의 표준화에 대한 저항과 대안적 생활양식의 제시가 무엇보다 필요하다. "나는 소비한다, 고로 나는 존재한다."의 악순환을 끊고 소비 지향적 삶에 대한 반성을 이루기 위한 대대적인 성찰이 필요하다. 현황대로 소비가 자원 재생산을 앞지르는 상태가 계속된다면 제인 구달의 말대로 우리는 지구를 서너 개쯤 필요로 할 것이다. 공간의 사유화(privatization)를 제어하고 공유 정신을 확장할 수 있는 활동들이 긴급하다.

(2) 평등주의적 이상의 계승 및 발전 : 세계 안에서 지역적으로 심화되는 불균등 발전을 문제시하면서 현재의 불평등 구조를 극복하려면 관념적 이상주의의 선포가 아닌 실행 가능한 변혁 프로그램을 짜야 한다. 세계체제론을 주창한 월러스틴의 표현으로 하면 관념적 유토피아론 대신에 유토피스틱스(Utopistics)가 작동되

어야 한다. 즉 사회적 가치의 재분배를 이루고 자원에 대한 공유의식을 확산하면서 노동세계의 협상력 증가를 도모해야 하는 것이다. 그러나 한 사회 전체가, 혹은 세계 전체가 일거에 변혁되는 것이 아니라 미시적, 일상적인 삶의 공간이 내용적으로 변화되면서 전체 사회에 영향을 주게 되는 과정이 현실적이므로 실천적 낙관성을 견지할 필요가 있다.

(3) 지구 지역적 여성주의들 간의 소통 : 우리의 시야를 좀 더 넓혀 보면 자신의 현장을 넘어서서 다른 지역의 여성주의자와 연대하고 서로의 경험을 참조하게 된다. 이 점에서 우리는 중국뿐만 아니라 아시아 여성학의 리더 중의 한 사람인 두팡친 교수(2007:11)의 다음의 말을 경청할 필요가 있다.

> "세계여성운동 목표의 실현은 로컬적인 해석과 실천을 필요로 하며 로컬적인 경험의 수집, 정리, 이론화와 맥락화하는 연구의 기초가 되지만 지역적 비교의 참조물도 필요한 것이라고 생각합니다. 평등, 발전과 평화의 총 목표나 구체적인 국제법적 효력을 갖고 있는 공약 등은 이웃 나라의 경험을 참고한 기초 위에서 각국의 배경 연구, 현황 조사, 입법정책 제정 등을 추진할 수 있다면 꼭 더욱 좋은 효과가 있을 것이라고 생각합니다."

여성주의자의 현장은 각기 다양한 지역을 기반으로 하기에 그 특수성과 기반의 차이에 대해 의식하지 않을 수 없다. 어떤 이론도 보편적으로 현실을 변화시킬 수 있는 절대성을 주장하기 어렵다. 그럼에도 불구하고 구체적인 지역 현실 안에서 여성이 다중적으로 억압당하고 차별받는 지점에 대해 서로 대화하고 소통하고 해결책을 모색함으로써 시대를 발전시키는 행위성이 발휘된다고 본다.

6. 여성 리더들의 이어달리기

제임스 맥그리거 번스는 『역사를 바꾸는 리더십』에서 팔로워 논의가 상대적으로 적음을 문제시한다(2006:237-238). 우리는 리더에 대해서는 자서전, 비망록, 서신, 문서 등 수많은 기록물들과 증거 자료를 갖고 있으나 팔로워에 대해서는 별로 아는 게 없다. 대학은 리더를 훈련하는 장소라고 총장들은 말하지만 팔로워를 교육하겠다고 천명하지는 않는다는 것이다.

얼핏 보기에 리더와 팔로워의 역할은 분리되어 있는 것 같고 그 토대 위에서 각기 맡은 바 최선을 다한다고 생각한다. 리더는 이끌고 팔로워는 따르면 되고, 리더는 비전을 제시하고 주도권을 잡으며 팔로워들과 협력 관계를 맺고 행동을 시작한다. 팔로워는 부름을 받고 꿈을 공유하며 리더의 선창에 반응한다. 조직의 발전은 리더가 훌륭한 리더십을 발휘하는가 아닌가에 달려 있다고 생각한다.

번스는 더 가까이 살펴보면 문제가 단순하지 않다고 한다. 팔로워들이 과연 리더의 말을 순순히 듣기나 하는 것일까? 정치든 비즈니스든 조직 사업이든, 메아리 없는 목소리는 일상적이다. 사람들을 변혁시켜 팔로워로 만들려면 무언가가 일어나야 한다. 직위 권력의 동원 이상으로 강한 주도성과 열정을 녹여 터뜨리는 행위(쟁점을 만들고, 조직 개편을 하고, 물리적 시위를 벌이고 등등)는 팔로워들의 반응과 피드백에 의해 영향을 받고 추동된다.

심지어 리더–팔로워 관계의 초기 단계 — 또는 그 관계가 형성되기 이전 — 에서도 팔로워가 이끌고 리더가 따라가는 현상도 종종 발생한다. 그리하여 번스는 리더십과 팔로워십이 서로 얽혀 있고 유동적이어서 개념적으로 구분하기 어렵다는 점을 '번스 패러독스'라고 명명한다.

구성원들의 아이디어를 상향적으로 수렴하는 민주적인 리더나 팔로워 개개인의 잠재력을 최대로 끌어올리는 방향을 고민하는 변혁적인 리더, 팔로워의 욕구와 성향, 강점에 기반하여 코치하는 리더일수록 리더십과 팔로워십의 융합은 더 긴밀하다. 그냥 끌어가고 따라가는 것 이상의 역학이 작동한다. 이 경우는 팔로워들이 성공적인 리더십에 공헌할 수 있는 자원을 공유한다. 결국 조직의 발전을 위해서는 리더와 마찬가지로 계몽적이고 책임감 있는 팔로워들이 필요하다. 더욱 전향적으로는 팔로워를 차세대 리더로 육성하는 일이 필요하다.

다른 각도에서 볼 때도 현 리더는 전임자 리더에 대해서 팔로워가 된다. 조직의 발전을 위해서 그로부터 무엇을 승계하고 어떤 유산을 정리할지를 성찰하는 역할을 한다.

리더든 팔로워든 다 바쁘다는 공통점이 있다. 리더는 경험을 나누어 주기에 바쁘고 팔로워는 리더 따라잡기에 바쁘다. 경쟁사회다 보니 리더십 교육도 속전속결로 단기 완성으로 진행되는 경향도 있다. 그러나 리더십은 시간 속에서 축적되고 변화, 발전하는 것이므로 마음의 여유를 지녀야 한다. 머릿속으로 리더십의 이론을 정리해 놓았다고 해서 내 몸이 리더십을 곧바로 구현하지는 못한다. 오랜 훈련과 실천, 자기 성찰을 통해 스스로 체화된 리더십을 가질 수 있도록 장기 전망을 확보할 때다.

여성주의 리더십을 역사화하면 실천에서 어떤 변화가 오는가? 리더는 정의상 팔로워를 필요로 한다. 리더십의 발전을 위해서는 리더-팔로워 간의 세대 간 이어달리기를 의식할 수밖에 없다. 리더가 차세대 리더 역할을 할 팔로워 양성에 주력하지 못한다면 가치의 계승과 실천적 발전은 연속적으로 이루어지기 힘들다. 리더십의 세대적 진화를 기약하기 위해서 전망을 좀 더 먼 곳에 두면서 교육과 연구에 힘을 쏟아야 한다. 여성 리더들 간의 세대 차나 의식의 간극은 일상적으로 생기는 일이지만 좀 더 중요한 것은 세대 간의 소통과 대화, 협력이 원활해짐으로써 여성주의 공동체 전체의 발전을 기약할 수 있다는 것이다.

여성주의 리더십을 공간화하면 실천에서 어떤 변화가 오는가? 여성 리더들 각자가 속한 사회적 위치성이 매우 다양할 수 있지만 공간 간 연결(cross networking)을 통해서 시너지 효과를 도모할 수 있다. 여성학자들은 현장의 풀뿌리 활동가들과 긴밀히 연대함으로써 현실에 즉한 이론과 전망을 함께 생성하는 역할을 분담할 수 있다. 여성 기업인이나 정치가들은 여성주의 활동가들과 교류함으로써 개인의 성공이나 출세에 만족하지 않고 사회의 진보를 위해 기여할 수 있다. 여성정책 입안자들은 중앙과 지역 간의 양방향 소통을 증진하는 통로를 열어 감으로써 정책의 내실을 기할 수 있다. 공적 영역에 직위를 갖고 있는 리더(positional leader)와 직위 없는 여성주의자들(non-positional leader) 역시 가치적으로 연결됨으로써 여성주의는 더 큰 사회적 역량으로 거듭날 수 있다.

진(Jean, 2007:355)의 커피콩 유비를 빌리자면, 성공적인 여성 리더십은 커피를 끓이는 과정과 같다. 당근이나 계란이 삶아지는 방식과 다르게 커피콩은 물의 상태와 성질을 변혁(transform)시킨다. 리더가 조직의 기능을 수행할 때 그 환경마저 통째로 변혁시키고 있는 것이다. 당장은 가부장제적 조직문화의 변화에서부터 더 넓게는 사회구조의 변혁까지를 염두에 둘 때, 여성 리더십의 이러한 작동 방식은 영감을 던져 준다.[9]

지금까지 우리가 여성주의 리더로서 생각해 보아야 할 몇 가지 대목들을 역사의식과 공간의식을 중심으로 하여 살펴보았다. 가장 소박하게 표현하자면 여성 리더는 자기의 일을 창의적으로 열심히 성과 있게 해내기를 바라며 노력하고 실천하는 사람들이다. '여성의 이점(female advantage)'론에 편승하기보다 여성의 대표성에 대한 정확한 자각과 사회적 공간의 주체로서 정치적 인식을 바탕으로 한다. 스스로 명확한 목표의식 혹은 집단적 여성주의 전망을 확실히 갖추었다는 자신감 또한 갖고자 하며, 나도 집단도 사회도 한 단계 한 단계 성장하길 희구하기에 어렵게 한 걸음씩 또 딛는다.

여성들 가운데는 엄연히 리더의 자리에 있으면서도 스스로를 리더로서 정체화하지 않는 경우들이 있다. 이를 겸손함의 표현으로 긍정적으로 해석하기보다 책임감 부재의 원인으로 무겁게 받아들인다면 개인이 시공간 좌표가 요구하는 리더십을 갖추기 위해 분발할 수 있는 계기가 주어질 것이다.

우리의 일상은 각종의 일들로 꽉 차 있다. 모듬살이를 해가는

---

9) 일반적으로 변혁적 리더십(transformational leadership)은 리더십 행동 차원에서 구성원들의 임파워링을 통해 팀의 효율성을 증진시키는 것으로 좁게 이해되기도 하지만 여성주의 리더십을 변혁적 리더십으로 연결시키는 맥락에서 볼 때는 이에 덧붙여 성평등 사회를 위한 투쟁 동력으로서 갖는 과제의 차원이 주어진다.

가운데서 부딪치는 여러 관계의 갈등 상황들, 당장 해결하기 어려운 난제들도 쌓여 있다. 하지만 일을 하지 않으면 문제도 없다. 역으로 일을 새롭게 하려는 실험과 도전이 없으면 발전도 없다. 우리가 문제의 소재를 확인하고 문제의 성격을 규명하면 해결의 길로 이미 들어선 셈이다.

혼자 꾸는 꿈은 그저 공상일 수 있지만 함께 꾸는 꿈은 현실이 되고 역사가 된다. 개인의 차원에서 인생이 "아무것도 이루지 않기에는 너무도 길지만 무언가를 이루기에는 너무도 짧은 것"(나카지마의 단편 「산월기」, p.44)이라면 집단의 차원에서 역사를 함께 만드는 타이밍이 중요하다. 역사를 만드는 현장이 중요하다.

[참고문헌]

거다 러너(1998), 『역사 속의 페미니스트』, 김인성 옮김, 평민사.

_____(2006), 『왜 여성사인가』, 강정하 옮김, 푸른역사.

김민정(2007), 「필리핀의 정치위기와 여성 리더십」, 『위기극복의 정치리더십』, 이매진.

김성남(2003), 『허난설헌』, 동문선.

김정희(2007), 『풀뿌리 여성정치와 초록리더십의 가능성』, 대화문화아카데미.

나카지마 아츠시(1993), 『역사 속에서 걸어 나온 사람들』, 명진숙 옮김, 다섯수레.

다나까 가즈코(2007), 「젠더분석: 보이지 않는 것을 보이게 하기」, <한국여성연구원 30주년 기념 국제학술대회 자료집>.

윤혜린 · 김영옥 · 양민석 · 조형 · 정지영(2007), 『여성주의 리더십 새로운 길 찾기』, 이화여자대학교 출판부.

이상화(2005), 「리더십과 권력에 대한 여성주의적 재개념화」, 『여성학논집』 제22집 제1호, 이화여자대학교 한국여성연구원.

장필화(2004), 「여성 리더, 여성적 리더십, 여성주의적 리더십」, <여성적 가치와 여성 리더십>, 이화리더십개발원 1주년 기념 학술대회 자료집.

조형(2004), 「비공식에서 공식으로: 여성운동과 공공 영역」, <또 하나의 문화 20주년 기념행사 자료집>.

제임스 맥그리거 번스(2006), 『역사를 바꾸는 리더십』, 조중빈 옮김, 한국방송통신대학교 출판부, 2006.

체 게바라(2004), 『모터사이클 다이어리: 라틴 아메리카 여행기』, 홍민표 옮김, 황매.

한국성폭력상담소 미래전망팀(2008), 「한국성폭력상담소, 길을 찾다」, <이화여성학포럼 자료집>.

Du Fangqin(2007), "Vision for Women's Studies and Feminisms in Asia", <아시아여성학회창립 국제학술대회 자료집>.

Fine, Marlene(2007), "Women, Collaboration, and Social Change: An Ethic-Based Model of Leadership", *Women and Leadership: transforming visions and diverse voices*, Jean Lau Chin, et. al., eds., Blackwell Publishing Ltd.

Jean Lau Chin(2007), "Conclusion: Transforming Leadership with Diverse Feminist Voices", *Women and Leadership: transforming visions and diverse voices*, Jean Lau Chin, et. al., eds., Blackwell Publishing Ltd.

Lott, Bernice(2007), "Introduction", Part I. Models of Leadership and Women: Reconciling the Discourses on Women, Feminism, and Leadership, *Women and Leadership: transforming visions and diverse voices*, Jean Lau Chin, et. al., eds., Blackwell Publishing Ltd.

부 록

독자에게 새로 말 걸기

지금까지 이 책을 읽으면서 어떤 생각을 하고 계신지요? 이젠 여남소노 막론하고, 가정이든 직장이든 막론하고 모든 곳에서 모든 사람들의 리더십이 요청되는 시대라고 하잖아요? 사실 많은 일 자체가 힘겹기보다 일을 둘러싼 사람들 사이의 관계가 잘 안 풀릴 때 스트레스가 많아지잖아요? 이런 문제를 해결하는 데 '리더십 10주 완성' 식의 지름길은 없는 것 같아요.

이제 오늘 머리와 가슴을 짓눌렀던 생각들, 걱정들, 고민들 다 내려놓고 한번 얘기해 봅시다. 제 경험으로 볼 때 리더십 교육이란 강의나 학습을 통해서가 아니라 대화와 소통의 경로를 따르면 더 효과적이고 더 성찰적이어서 여운을 더 오래 남기는 것 같아요. 예컨대 성교육이 성지식 전달 혹은 계몽의 하향적 지도 방식이란 틀을 벗어나 자신들의 성적 실천에 대한 대화이어야 효과적이듯이, 리더십 교육 역시 여러 훌륭한 말씀과 이론 이전에 자신의 리더십 실천에 대한 대화여야 하지 않을까 하는 것이지요.

사실 어떤 부문의 활동가라면 그리고 시대의 흐름을 외면할 수 없는 사람들이라면, 그간 수없는 리더십 교육을 접했을 거예요. 임파워먼트 전략이나 자기 주도성과 자아 효능감을 증진할 수 있는 방안, 그리고 조직을 살리는 창조적 리더십, 가치가 이끄는 삶 등 내용이 참 풍부하고 다양하지요. 그런데 그러한 교육 이후에 나에게 남아 있는 내용이 무엇인지, 그 교육 이후에 나는 어떤 발전을 이루었는지, 자기 개발에 대한 일회적 자극에 일회성 결심에 그쳤다면 그 원인은 무엇인지 생각해 볼 때입니다. 리더로서 오래 일해 온 사람일수록 조직문화에 더 회의적이 되고, 팔로워 위치에 있는 사람은 리더에 대한 불만에 싸여 있는 이 현상을 어떻게 봐야 할까요?

지금 우리 사회를 휩싸고 있는 리더십 열풍이 지나친 감이 있지만 방향만 제대로 잡는다면 긍정적인 측면을 보여줄 수 있을 것 같아요. 혼자 알아서 크라고 하지 않고 조직적으로 훈련시키는 공간들이 많이 마련되어 가기 때문에 기대감이 일정 정도는 생겨요. 리더들끼리, 또 팔로워들과 함께 서로 만나면 어떤 일이 생기나요? 서로 직장생활 하는 데 필요한 정보도 얻게 되고 멘토-멘티 관계도 만들어지고, 역할 모델도 발견하게 되잖아요. 어떤 사람이 긍정적 모델인 경우 저 사람이 저만큼 성취했으니까 나는 한 발짝 더 나가겠다는 식으로 리더십 릴레이가 일어납니다. 또 부정적 모델인 경우도 저렇게 하면 안 되지, 나는 이렇게 다른 모습을 보여야겠다, 즉 반면교사적 리더십 효과가 나옵니다. 물론 "욕하면서 닮는다."고 어느덧 스스로 부정적 모습을 보일 때 자기 성찰이 필요한 것은 더 말할 나위가 없지요.

우리가 리더십에 대한 역사의식을 가지면 무엇을 계승하고 무엇과 단절할 것인지를 파악할 수 있습니다. 우리가 리더십에 대한 공간의식을 가지면 섹터 간 연합 모임을 통해서 자기 현장 아닌 곳과 네트워킹하는 경험을 소중하게 갈무리할 수 있지요. NPO 활동가는 공직사회와 소통하면서 더 좋은 정책을 만드는 데 함께 힘을 쏟고, 기업인과 소통하면서 현실의 문제에 더 깊이 천착할 수 있지요. 공직자는 정치인과 대화를 하고, 정치인은 다시 생활정치를 일구어 가는 사람들과 가치를 공유할 수 있는 방안을 궁리하게 되고요. 혹 돈을 많이 버는 사람이라면 가치 있게 돈 쓸 수 있는 영역을 발견할 수 있으니 얼마나 좋습니까?

우리 각자는 자신의 현장은 달라도 그 일이 궁극적으로 무엇을 위한 것인가의 비전을 확실히 할 필요가 있습니다. 리더십 함양은 개인적 출세, 성공, 명예와 권위 발휘 등의 수단일 수도 있고 우리 사회 변화를 위한 촉매제일 수도 있으니까요.

리더가 되면 무엇이 좋을까요? 새로운 활동에 대한 구상력과 창의성을 바탕으로 한 의사결정 직급에서 오는 집행력이 있으니 자유도도 높지요. 그만큼 조직성과나 비전 제시에 대한 책임감이 따르지만요. 그 어려운 과정을 다 소화하고 나면 기분 좋게 오래 살 수 있다고 합니다. 팔로워일 때는 무엇이 좋을까요? 힘든 게 더 많기 때문에 좋은 점이 생각나지 않는다고요? 물론 상사마다 다른 리더십 스타일에 맞추기 힘들어서 기관장이 바뀔 때마다 휴가를 내는 중간 관리자가 있기는 하지요.

이때 리더-팔로워 관계의 역설을 한번 생각해 보면 마음이 달라집니다. 아무리 리더가 조직 혁신에 대한 참신한 비전을 제시한다고 해도 팔로워들이 응해 주지 않으면 추진력이 나오기 어렵습니다. 관성에 젖은 조직일수록 변혁은 참 어렵지요. 리더는 상대적으로 소수이고 팔로워는 다수이니 눈치 봐야 할 대목이 더 많지요. 더 적극적으로 팔로워의 힘을 생각해 볼까요? 팔로워는 리더의 선창에 호응하는 역할뿐 아니라 때로는 용기와 패기, 과감한 아이디어를 통해 조직의 환골탈태를 주도해 가기도 합니다. 기득권에 만족하면서 적당히 조직을 유지하려고 하는 리더에게는 팔로워가 리더 역할을 접수하는 일도 생깁니다. 이들은 상대적으로 나이가 어리고 기존의 조직문화의 습성으로부터 덜 감염되어 있는 계층이기 때문에 현실의 권력에 연연하지 않을 수 있고요. 더욱이 현재 팔로워의 위치지만 결국은 차세대 리더군으로 편입되면서 리더십 릴레이를 해낼 사람들이니 더 소중한 역할이 담지되어 있는 거고요.

리더십은 인기도에 비례하지 않는다고 하지요. 조직의 외형을 키우는 것보다 체질 개선이 더 어렵고 저항도 많습니다. 비전을 새롭게 쓰는 단계에서 의식의 공감대를 만들어 내는 일에 이르기까지 진정 많은 난관을 스스로 각오하는 것입니다. 그저 주어진 일만 하면 되던 것에서 일을 만들어 수행하기란 훨씬 어려우니 제 발등 제가 찍었다는 비아냥거림을 당할 수도 있지만 더 발전적으로 더 가치 있는 일을 하고 싶은 마음을 어떻게 억누를 수 있겠습니까?

여성주의 리더도 마찬가지입니다. 이들은 항상 문제제기만 한다, 성격도 까칠하다, 자기중심적이다, 투쟁적이다, 이제 그만 만족해라 등등 온갖 질시와 편견을 뚫고 나가야 하는 이들에게 누가 지원 세력이 될까요? 가부장제 사회의 기득권층은 물론 아닐 테지요. 그들은 이대로 '고(go)'하자고 하지요. 뭐가 문제냐면서요. 그럼에도 불구하고 한국을 포함하여 세계의 동서남북의 여성주의자들이 몸으로 닦아 놓은 길 위에서 우리는 또다시 이어달리기를 시도합니다.

여성 리더가 희소할 때는 리더로서보다는 여성으로서 인식되고 평가됩니다. 즉 친절하고 다정다감하고 한없는 보살핌을 주는 여성적 리더의 상은 제한된 젠더 역할만 하라는 가부장제의 주문인 셈이지요. 조직 구성원들을 누이처럼 보살펴 주고 아내처럼 챙겨주면서 승진이나 고위직 진출 같은 남성 세계의 어두운 게임에는 끼지 말라고 하지요. 여성들은 공사를 구분하지 못한다는 오랜 편견을 역으로 직장에서 발휘하라고 하는 셈이지요. 가정에서 여성의 성역할이 그대로 유출될 것을 기대하는 남성 중심 조직문화에다가 힘없는 하위 직급만 맡으라는 눈에 보이지 않는 유리벽과 유리천장의 존재는 참 힘겹습니다. 자격과 능력을 충분히 갖춘 한국 여성들의 사회 참여 비율이 매우 낮은 데는 양육과 가사 부분의 사회화 기반이 약한데다 엎친 데 덮친 격으로 이런 보이지 않는 텃세와 관성이 무섭게 작동합니다.

여성주의 리더십은 이러한 비대칭성을 정당한 것으로 보지 않는 비판적 인식을 하면서 대안사회를 만들어 내기 위한 동력으로 작용합니다. 성평등을 포함하여 우리 사회를 좀 더 평평하게 만들려고 하는 이상주의적 의식을 갖춘 리더들이 많이 나올수록 그 시기는 앞당겨질 것입니다. 사회적 기회가 적은 사람들에게 두 번째, 세 번째 기회를 제공하고 사회적 약자를 지원하는 일을 가치 있게 생각하는 사람들의 존재는 희망입니다.

[부록 1] 여성주의 리더십에 대한 6개의 물음

(1) 여성주의 리더십 WHO

여성주의 리더십은 '팀십(teamship)'에 기반한다. 여성주의 리더와 팔로워는 같은 'ship'을 타고 있다. 사공이 많으면 'ship'이 산으로 가는 게 아니라 더 똑바른 방향으로 간다. 팔로워는 리더의 추종자나 팬, 실무자, 부하 직원, 꼬붕이 아니고 차세대 리더다. 리더와 팔로워는 상대방을 필요로 한다. 리더 또한 한때는 팔로워였다.

(2) 여성주의 리더십 WHEN

여성들이 너무 득세하여 남자들이 기를 못 편다는 잘못된 역차별 논리와 역사의 진보에 역주행하는 반동적 정서가 형성되고 있는 이때, 여성 리더들이 자신의 성공 이후를 전망하지 못하는 이때, 지금이 타이밍이다.

(3) 여성주의 리더십 WHERE

바로 우리 일터, 쉼터, 살림터 안에서 가부장제적 유제를 청산하고 여성주의적 행동과 실천에 착수한다. 민주적 의사결정구조의 안정화, 탈중심의 수평적 문화 정착, 조직의 비전과 사명에 대한 여성주의적 재개념화를 이룬다.

(4) 여성주의 리더십 WHAT

정체성의 세 관문 넘어가기

"나는 여성이다."라고 선언하기 : 이는 "저를 여성, 남성을 떠나 한 개인으로 봐주세요."라는 말 속에서 여성으로서의 대표성이 실종됨을 경계하기 위함이다 .

"나는 리더다."라고 선언하기 : 이는 "저는 리더가 되려고 했던 게 아니거든요."라는 말 속에는 권력의지로부터의 순수성을 발견하기보다 리더로서의 역할 책임을 방기하는 것으로 흐를 수 있음을 경계하기 위함이다.

"나는 여성주의 리더다."라고 선언하기 : 이는 "여성주의에 무슨 리더십이 필요해요?"라는 반응은 여성주의 리더십이 곧 사회 변화를 추구함을 망각하는 것에서 올 수 있음을 경계하기 위함이다.

(5) 여성주의 리더십 WHY

리더십이 여성주의와 만나면 비전이 생긴다. 여성주의가 리더십을 만나면 실탄이 생긴다. 여성주의 리더 풀이 커질 때 여성 억압과 성차별로부터의 해방이라는 소극적, 저항적, 부정적 여성 투쟁으로부터 환골탈태하여 대안사회 창출이라는 적극적, 포용적, 긍정적 지평이 전개된다.

(6) 여성주의 리더십 HOW

다른 현장의 여성 리더들과 네트워킹하고 힘이 부칠 때는 자신을 북돋아 줄 지지 세력들을 모아 가면서, 스스로 자신의 일감을 책임감 있게, 성과 있게, 의미 있게 꾸려 갈 수 있게 한다. 리더 각자가 자기의 개성적인 리더십을 조형하기 위해 셀프 리더십을 가꾸어 간다.

[부록 2] 여성주의 리더십-팔로워십을 생각해 보다

여성들을 이끌고
성차별의 벽을 넘었다.
주말에는 좀 쉬면서
의식이 낡아 가는 것을 경계할 때가 되었다.
리더가 되면 될수록
더욱더 중요한 일은
십년의 비전을 설계하는 일이다.

여성 선배들에게서 가치 있는 삶을 배우고
성에 찰 때까지 달린다.
주말에도 일하다 보니
의기소침해지기도 한다.
팔자가 그러려니 낙담하지 말고
로맨틱한 일도 가끔은 좀 하자.
워낙 잠재력 있는 인간이다 보니
십년이면 나도 근사한 리더가 되지 않겠는가.

여성이지만 여성주의자가 아니었던 사람들이 환골탈태하여
성공이 아닌 성취를 향해 정진하다.
주변에서 시작해서 사방으로 영향력을 펼쳐 가니
의로운 길은 결코 홀로 외롭지 않으리.

[부록 3] 여성주의 셀프 리더십을 기르기 위한 12개의 물음

아무 일도 안 하고 모든 비난이나 비판을 봉쇄할 것인가, 아니면 소신에 따라 일을 하고 평가를 받을 것인가? 어느 쪽이 자기 발전적일까? 당연히 후자라고 생각한다. 설령 자신이 목표한 바를 온전히 이루지 못했을지라도 목적지까지 도달하려고 노력한 과정에서 축적된 역량은 그 길을 떠나기 전의 본인의 수준보다 훨씬 커 있는 경우가 많기 때문이다.

리더가 되기까지 고난의 역사가 없는 사람은 없었다. 그래도 이만큼 이루고 보니 "나 참 괜찮은 사람이야." 속으로 웃는다. 리더가 되고 보니 일이 끝난 게 아니라 다시 산더미 같은 일이 닥치니 예전에 하급자였던 시절이 편하다는 생각도 저절로 든다. 그래도 의사결정구조에 들어온 이상 조직이 제 방향을 잡을 수 있게 기여하고 뭔가를 이루고 내가 떠났을 때 나를 후배들이 좋은 마음으로 기억해 주었으면 하는 바람도 갖는다. 우리에게 일은 자기에 대한 도전이고 자신을 발전시킬 수 있는 계기다.

자기 효능감과 자기 존경감을 통한 자기 긍정을 훈련하는 과정이 셀프 리더십이다. 셀프 리더십은 주어지는 것이 아니라 획득되는 것이다. 몇 가지 가설적인 사유(와 실천) 지침을 생각해 본다. 새로운 사유 방식은 리더십에서 상위 차원의 자원이다.

(1) 자기가 하고 싶은 일을 자기가 해야 하는 일로 연결한다. 'you should～'(노예의 도덕) → 'I will～'(주인의 도덕) "나는 성취할 것이다. 왜냐하면 그래야 하기 때문(혹은 누군가 그래야 한다고 말하기 때문)이다."가 아니라, "내가 그러고 싶기 때문이

다.”로 자주적으로 생각하는 것이다. 외부의 권위나 명령 혹은 당위성에 기반한 실천은 오래가지 못할 뿐더러 나의 주체성을 발전시키는 데 도움이 되지 않는다. 여성주의 리더뿐만 아니라 수많은 사회운동가들이 하나의 당위로서, 시대적 소명으로서 어떤 활동에 몸담게 되었을 때 의식화된 것과 체화된 의식과의 차이를 노정하였다. 자신의 경험을 살리고 자신의 목소리를 낼 수 있는 토양이 척박했던 것이다. 활동 가운데서도 자유로운 선택지들에 대한 고민들이 하나의 소시민적 불철저함으로 낙인 찍혔을 때 그러한 집단적 검열은 구성원들의 창의성을 고갈시켜 왔다.

§ 나는 왜 이 활동을 하는가? 당위인가 선택인가?

(2) 감정 청소는 스스로 한다. 타인과의 관계에서 쌓인 스트레스를 상대방이 풀어 줄 것으로 기대하고 그 기대가 충족되지 않을 때 실망하는 것이 아니라 스스로 정리한다. 혼자서 잘 사는 사람이 함께도 잘 산다고 한다. 우리의 사회적 관계망이 복잡해지고 커지고 촘촘해질수록 관계에서 오는 스트레스가 많아지고 이를 관리하는, 즉 정서적 관리 비용도 많아진다. 나의 혼탁한 감정이 타인에게 전가되지 않게 하는 방법을 스스로 고안할 필요가 있다.

§ 감정 노동은 지금까지 주로 하급자에게 전가되어 왔다. 집안의 가부장, 직장의 상사들은 모든 인간이 당연히 수행해야 할 감정 노동을 비주체적인 방법으로 해소해 온 반면 자기 외적인 감정 노동을 해온 사람들은 이상한 늪에서 헤어 나오기 어렵다.

§ 자기를 보살피는 사람과 그저 이타적이고 자기 부정적인 보살핌 수행자의 차이 : 전자는 에너지가 넘치고 마음이 열려 있으며 자신의 의식, 행동을 인식한다. 자긍심과 자존감이 충만해 있다. 후자는 지쳐 있으며 화를 잘 내고 타인으로부터의 보살핌이 부족할 때 박탈감 속에서 마음속에 분노를 심는다. 즉 베풀기 증후군에 빠짐으로써 무력감, 권태, 분노로 상징되는 부정적 에너지 장에 갇힌다.

§ 나는 행복한가?

(3) 새로운 작은 행동과 실천이 새로운 나를 만든다고 생각한다. 내가 새로워지면 세계가, 더 나아가 우주도 새로워지는 것이다. 나는 시대적, 역사적 좌표 속에 던져진 존재가 아니라 스스로 생성해 가고 있는 과정 중의 존재다. 나의 성장 일지를 마련하여 성실하게 기록하고 기억함으로써 자기 삶의 역사성을 무겁게 인식할 수 있다. 의식이 바뀌고, 실천이 바뀌고, 행동이 바뀌고, 몸이 바뀌는 환골탈태의 과정을 기억하고 기대하고 설렘으로 예감하자. '일신우일신'은 내게도 일어나는 사건이 될 수 있다. 기획안을 만들 때, 작은 아이디어를 내가 내서 실천해 볼 때, 그에 대한 피드백이 확인될 때, 나의 의식과 행동은 또 다른 전기를 만든다. 나는 부품도 아니고 언제라도 대치 가능한 인간도 아니다.

§ 나의 우주론적 무게는 얼마나 될까?

(4) 자신의 장점을 부각시키고 단점은 성찰한다. 약한 모습도 나의 일부임을 인정한다. 성장 과정의 아픔이나 상처는 내게 고유한 경험이 아니라 종류가 다를 뿐 타인들도 관통해 온 터널들

이다. 자기 안에 '성인 아이'가 있다면 직시하면서 함께 성장할 수 있다. 자기 부정이 자기 긍정으로 한 단계 올라가는 순간 마음이 커져 있다.

§ 어떤 리더는 타인들을 잘 받들어 주는 서번트 리더십을 잘 발휘하고, 또 어떤 리더는 지원해 주고 격려해 줌으로써 팀원의 사기를 진작시킨다. 혹은 양치기처럼 집단을 잘 이끌고 가는 사람이 있는가 하면 청개구리 같은 창발적인 행동으로 조직의 노선에 쇄신을 가져오는 사람도 있다. 거미줄 같은 네트워크를 잘하는 리더도 있고, 조직의 위기 시에 리더십 부재를 타개하면서 집단을 새롭게 끌고 가는 기러기형 리더도 있다. 내가 그 모든 능력을 발휘하는 리더의 종합 완결판이 될 수도 없고 되려고 해서도 안 된다. 나에게 독특한 장점을 살려서 개인의 서명이 실린 리더십을 창출해 볼 수 있다.

§ 나의 리더십 브랜드는 무엇인가? 리더십이 나의 경험과 나의 인식틀 안에서 생성되고 있는 과정 중의 콘텐츠라면 어떤 색깔과 어떤 디자인으로 형상화될 수 있을까?

(5) 몸이 아프면 땅속 세 자 깊이에 묻고, 마음이 아프면 몸을 움직인다. 오른팔을 많이 써왔다면 왼팔로 바꾸어 일을 해본다. 몸의 좌우상하 균형을 의식한다. 몸과 마음 간에 차원적으로 공간 이동이 생기면 새로운 활력이 들어온다. 몸이 보내는 신호에 민감하게 반응하고 대처할 때 정신의 활동 기초가 마련된다. 운동은 몸만으로 하는 것도 아니고 마음, 의식만으로 움직여지는 것도 아니다. 어느 한쪽으로 고착화되면 자신의 총체적인 발전이 저하된다.

§ 영혼 공간 : 맑음, 자기 성찰성, 자기 치유, 자유로움

의식 공간 : 예리함, 창의성 / 사회적 차원 : 효능감, 경제적 주체성

정서 공간 : 풍요로움, 감수성

몸의 공간 : 신체적 자기결정권

§ 여성주의 리더의 표정 혹은 분위기는 어떤 것일까?

(6) 문제가 생기면 고민하지 말고 궁리하라. 고민은 불안감과 자괴감, 자기 능력에 대한 불신, 상황에 대한 불만으로 이어지지만, 궁리는 미래 지향적으로 실천 방안을 고안할 수 있게 해준다. "궁하면 통한다."는 말도 있지 않은가? 내가 해결할 수 없는 문제는 문제로서 주어지지 않는다고 생각한다. 내가 그것을 문제로 인식하는 순간, 더구나 그 문제를 철저하게 분석하고 문제의 성격과 종류를 이해하는 과정에서 이미 해결책은 섬광처럼 머릿속에 빛나게 된다.

§ 요즘 나를 사로잡고 있는 문제는 무엇인가? 문제를 느끼는 것 자체가 해결의 시작인 셈인가?

(7) 여분의 에너지를 항상 비축하자. 200퍼센트를 쓰지 말고 70-80퍼센트를 쓰면서 더욱 창의적인 장차 계획을 할 수 있어야 한다. 자신의 저력이 다 고갈되면 새로운 시대정신을 받아들이기가 어려워진다. 이제는 별로 쓸모가 없어진 것들로 가득 차 있는 책상 서랍을 비우면 더 좋은 것들을 담을 수 있는 여유 공간이 확보되듯이 머릿속의 복잡하고 너절한, 진부한 생각들을 덜어 냄으로써 새 물이 고이게 한다.

§ 요즘 버린 생각이 무엇인가? 새로 받아들인 생각이 무엇인가? 내가 새로 한 생각이 무엇인가?

(8) 남들이 나와 다르다고 실망하지 않는다. 남들이 나를 몰라준다고 의기소침해 하지 않는다. 내가 나를 인정하는 것이 기본이다. 이 세상에 똑같은 것은 아무 데도 어느 것도 없다. 남들이 나와 다르기에 재미있는 세상이라고 생각한다. 특히 팀 활동의 경우 동질화 압력(구심점 형성)에 대한 요구가 강하지만 기본적인 전망에 합의하면서도 다양한 해결 방안을 모색하게 하는 차이화 전략(원심력 발휘)이 가능하다.

§ 세상에 나 같은 사람만 있다면 어떨까? 편안할까, 징그러울까? 어느 쪽이든 발전은 없다.

(9) 하루 안에 하는 여러 가지 일들 중에서 가장 가치 있는 일에 시간과 정열을 많이 쏟아 붓자. 일에서 긴장과 이완의 리듬을 잘 살려 최대로 집중할 수 있는 상황과 조건에서 가장 도전적인 일들을 해내고, 두 번째로 생계를 위한 노동시간에 할애하고, 나머지 시간은 헐렁하게 이런저런 가능성에 대한 탐색, 호기심에 대한 충족 등으로 보낸다.

§ 이 말이 이상주의자의 말같이 느껴지더라도 작은 것부터 실천해 보면 여유와 창의성의 두 마리 토끼를 잡을 수 있다고 믿는다.

(10) 새롭고 유연한 사고를 위해서는 젊은 세대, 어린 세대들과 좀 놀 필요가 있다. 비보이나 비걸의 터질 것 같은 몸 놀이도 구

경하고 말썽꾸러기 10대들의 공연도 즐기자. 그들은 우리보다 훨씬 더 풍부한 문화적 감성과 새로운 시대의 문법을 읽을 수 있는 참신한 의식을 갖고 있다. 그들 또한 차세대 리더로서 역할을 할 수 있기에 우리와 함께 항상 소통해야 하며 세대 간 대화의 단절은 피해야 한다.

§ 마음이 몸을 통제할 수 있는 것은 잠시다. 대부분의 시간에 우리는 몸이 허용해 주는 만큼 살게 되지 않는가?

(11) 식물, 동물 등을 키움으로써 생명체를 북돋우고 그들과 맺는 관계적 경험을 인간사회로 연장할 수 있는 배움의 기회로 삼을 수 있다. 한 예로 필자가 식물들과 함께 시간을 보내면서 하게 된 생각 중 한 토막을 소개해 보자. "거목을 보면 존경하되 기죽지 말자." 그들도 한때는 어린 나무였고, 그 이전에는 씨앗이었다. 너나 할 것 없이 우리는 리더로 태어난 것이 아니다. 만들어지는 것이다.

§ 모든 생명 있는 것들은 공동체 안에서 일면으로 경쟁하고 또 일면으로 화합하는 삶을 우리에게 보여주는 스승이 아닌가?

(12) 나의 삶을 성찰할 수 있는 혼자 있는 시간과 공간을 만들자. 내가 문제의 근원이 아닌지 살펴본다. 나의 삶을 기록한다. 내가 성장하면서 만났던 역경과 순경, 희로애락을 진솔하게 글로 표현하다 보면 이후의 궤적도 자연스럽게 상상이 된다. 나의 허전한 삶을 받아들인다. 자아실현의 상태는 완전 고립무원의 경지와 같다고 한다. 절대고독 속에 존재감의 충만이라는 역설적 상

태를 경험해 보자.

§ 혼자 있어도 외롭지 않고 함께 있어도 부자유하지 않은 경지가 될 때까지 수련할 수 있지 않을까?

윤혜린은 이화여자대학교 한국여성연구원 연구교수로 재직 중이며, 한국학술진흥재단에서 지원한 <지구화와 젠더> 프로젝트를 6년간(1999-2005) 수행했고 현재는 <탈식민 아시아 여성주의 공간철학> 9년 연구 프로젝트(2005-2014)를 진행하고 있다. 철학 박사 학위 논문으로 「사회의 마음: 그 실재성과 지향성」(1997)을 썼고 현재 여성철학, 문화철학, 논술철학, 여성주의 리더십 등으로 연구 및 교육 내용을 확장하고 있다. 철학의 대중화 실천의 일환으로 이화여대 평생교육원에서 철학적 글쓰기 강의를 하고 있고, 서울시 늘푸른여성지원센터의 길거리 상담 모니터링을 하고 있으며, 『한국일보』의 <삶과 문화> 칼럼에 글을 싣고 있다.
주요 저서로는 『초등논술 리더의 철학』(2007), 『베란다 정원의 철학』(2008), 『지구화 시대 여성주의 철학』(2009), 『여성과 철학』(공저, 1999), 『정보 매체의 지구화와 여성』(공저, 2002), 『나의 삶 우리의 현실』(공저, 2004), 『지구화 시대 여성주의 대안가치』(공저, 2005), *Globalization and Feminism in Korea* (공저, 2005), 『지구화 시대의 현장 여성주의』(공저, 2007) 등이 있으며, 특히 여성 리더십 시리즈인 『여성주의 가치와 모성 리더십』(공저, 2005), 『여성주의 시티즌십의 모색』(공저, 2007), 『여성주의 리더십 새로운 길 찾기』(공저, 2007) 등을 통해 여성 리더십의 철학적 기초를 확립하는 데 힘을 쏟고 있다.

여성 리더십의 공간과 철학

·

2009년 2월 15일 1판 1쇄 인쇄
2009년 2월 20일 1판 1쇄 발행

지은이 / 윤 혜 린
발행인 / 전 춘 호
발행처 / 철학과현실사
서울시 종로구 동숭동 1-45
전화 579-5908 · 5909
등록 / 1987.12.15.제1-583호

ISBN 978-89-7775-681-6 03100
값 13,000원